DIE ANDERE GLOBALISIERUNG by Johan Galtung

ガルトゥングの平和理論
グローバル化と平和創造

ヨハン・ガルトゥング◆著

木戸衛一
藤田明史◆訳
小林公司

法律文化社

DIE ANDERE GLOBALISIERUNG by Johan Galtung
Copyright © 1998 Thomas Dominikowski
Japanese translation published by
arrangement with agenda Verlag GmbH & Co.KG
through The English Agency (Japan) Ltd.

日本語版への序文

　本書が書かれてから，新しい千年期の幕が開けた。そして歴史は，たしかに時を刻み続けている。新しい千年期が開けて，すでに5年が経った。いろいろな出来事があったが，大半の人は，2001年9月11日の，米国の経済的・軍事的グローバル化の中枢，すなわちニューヨークの世界貿易センターとワシントンのペンタゴン（国防総省）へのきわめて象徴的でまた陰惨な攻撃を挙げることであろう。グローバル化は，実に醜悪な相貌を見せてきた。つまりそれは暴力のグローバル化で，軍人または民間人が，軍人または民間人を標的にしている。要するに，軍人（政府が背後にあると否とにかかわらず制服を着ている）対軍人は，いわゆる戦争である。軍人が民間人を狙うのは，国家テロである（ドイツの諸都市，東京や，広島・長崎への連合国の爆撃も，そこに含まれる）。そして，軍人または民間人を標的にした民間人による攻撃は，テロと呼ばれる。テロに対する国家テロは，今日，ポストモダンの戦争形態となっている。

　このことについての唯一の驚きは，驚いた人々がいることである。かつて，21世紀で最も重要な紛争は何かとよく尋ねられた。これには5つの答えを用意していたが，後ほどもう1つの答えを加えよう。

　世界資本主義。世界中で，金持ちをますます富ませ，貧乏人をますます貧しくさせている。

　ジェンダー。世界中で，少女たちが中絶させられ，殺され，性的に搾取されている。

　キリスト教対イスラム教。米国と西アジアで，原理主義が台頭している。

　国民国家の矛盾。200の国家に，2000もの民族が含まれている。

　米国／NATO／AMPO（日米安保）。ロシア，中国，そしておそらくはインドをも包囲する。第三次世界大戦？

　核心は，最後の点を除いて，すべてがグローバルな特徴を有していることで

i

ある。暴力のグローバル化は，紛争のグローバル化の原因であり結果である。そして，5番目の点は，人類の4割を囲んでいる。

　しかしながら，このすべてを考慮してもなお，もう1つの紛争がある。それはアメリカ帝国である。米国は至るところで殺戮・抑圧・操作・洗脳を行い，第二次世界大戦以降70回もの介入により，1200万人から1600万人もの人々を犠牲にした。なかには，経済システムそれ自体を支えるために必要とされる暴力もあるのかもしれないが，それで，1日に何千人も殺すのだろうか。

　しかし，米国の介入の仕方，そしてキリスト教とイスラム教との間の緊張は，9.11のような何かを予測させるものであった。紛争は，イスラエル対パレスチナ，あるいはアフガニスタン，あるいはイラクに還元できるものではない。紛争は，もっと広範なものであり，また長期にわたるであろう。とりわけ，米国とその同盟国（日本・イギリス）が，紛争を解決可能なものとして見るのを拒んでいるからである。そうした否定的な見方は，国際世論ではそれほどでもないのに，メディアでは広く行き渡っている。だから，9.11のサプライズ効果があるのである。

　上に述べたグローバル化における6つの紛争の中で，通常よく言われる経済のグローバル化は，それらのうちの1つにすぎない。奇妙に聞こえるかもしれないが，男性と女性は，国家と国民のように，類似性がある点で非常にグローバルな広がりを持っている。そしてキリスト教とイスラム教の布教活動も，やはりグローバルな野心を伴っていた。だが，究極のグローバル化は，アメリカ帝国である。米国は，世界の多くの国々に介入し，常に何らかの経済的再配分を妨害し，コソヴォやアフガン，イラクにおけるように，しばしば自国の基地を残してきた。

　そこで，米国の殺戮・抑圧・操作・洗脳に抵抗し，主に西洋のごくわずかな国々と日本の主に白人上流階級男性，これら諸国のごくわずかな諸民族から構成される世界経済フォーラムに対抗する諸勢力を結集した世界社会フォーラムを見ておこう。その結果は，予測可能である。すなわち，帝国は現れては消え，

日本語版への序文

アメリカ帝国もその1つだということである。矛盾は，至るところで高まっている。それは，社会的には無数の組織や声明，経済的には多くのオルターナティブ経済プロジェクト（必ずしも十分ではないが），軍事的にはテロリズムと（ひょっとしたらいつの日か起こるかもしれない）ロシア—中国—インドと米国の対決，政治的には欧州連合（EU）と台頭する中国，そして文化的にはイスラム教徒と極端な物質主義を拒否する他の多くの人々によるものである。

アメリカ帝国は，衰退し没落するであろう。だが，グローバル化はそうならない。労働単位もしくは資本単位当たりのバイト数の飛躍的増加によるコミュニケーションの生産性革命や，トン数／乗客の輸送キロ数の圧倒的な増大による輸送の生産性革命は，何千年も前の農業における生産性革命に匹敵する。農業革命は，多くの人々を土地から追い払い，手作業から切り離した。コミュニケーションと輸送手段の革命は，世界中で，多くの人々を他者と共生すべき場所から追い払う。このことは，不可逆的である。

世界は1つの国家に，人類は1つの国民になろうとしている。今世紀において，誰もが他者と平等である世界をデザインすることは，われわれにかかっているのである。

しかし，本書が執筆されて以降，平和的手段による紛争転換のための国際ネットワークであるトランセンドの代表として，私自身の人生に根ざしたより個人的な考えを述べることをお許しいただきたい。私は，ヨーロッパの北アイルランド・ユーゴスラヴィア・バスク，中東・西アジア全域，ネパール・カシミール・スリランカ，タイ・インドネシア・フィリピン，コリア・中国・日本で調停者として活動し，今メキシコのチャパスで奥深い調停を終えてこの序文を書いている。そういうわけで，私は世界全体を鳥瞰している。紛争が暴力化すると，至るところで人々が途方もない苦難に病み疲れることは，別段新しいことではない。ある者は，それをストイックに受け取り，戦争を，初めから諦めて自然の法則と見ている。

しかし，私が観察しているのは，ある種，コーナーを曲がったところである。まさにそれとは反対に，人々は戦争と暴力を，単に身の毛のよだつ破壊的なも

のとしてだけでなく，全面的に不必要なものと見なしている。オルターナティブとは，暴力の絶頂を通じておぞましいやり方を演じさせるよりも，紛争を解決することである。紛争当事者は，いよいよ金持ちになり，技術的にも洗練されている。アメリカ帝国然り，アルカイーダ然りである。

　私は，平和と紛争転換の文化が広がっている，しかも急速に広がっていると感じている。似たようなことは，何世紀か前，疾病がもはや不可避とは見なされず，健康と疾病管理の文化が広がり始めた時に起こったに違いない。そのことは，私を楽観的にしてくれる。そしてまた，その一部であることを，幸せで誇りに感じさせてくれる。しかも，幾分かは暴力の文化，幾分かは防衛または攻撃する構造的特権のせいで，ほとんど暴力中毒になっている方面にまで，この高波が押し寄せているだけに，その思いは強まっている。

　日本語版への序文であるので，日本外交のオルターナティブのために，いくつか提案をさせていただきたい。

　日本は，ドイツとの比較から，多くのことを学ぶことができる。1945年，両国は，軍事的にも精神的にも打ちのめされた。両国の企ては，歴史のゴミ箱に捨てられた。日本とドイツは，新たな神を受け入れた。その名は「ワシントン」である。両国は，かつての資本主義と議会主義に復帰した。しかしその後，ドイツは4つのことを行い，日本は行わなかった。

　ドイツは，教科書問題というアプローチを用いて，かつて残忍な仕打ちをした国や国民と和解した。日本は，決してそうしようとしなかった。

　ドイツは，かつての敵国とともに，欧州共同体（EC, 後のEU）に居場所を見出した。他方，東アジア共同体はない。

　ドイツは，EC/EU外交の枠内で，他の世界との関係を築いてきた。これに対し日本は，アジアでの支配的地位，もしくは米国の利益への奉仕を非難されている。

　ドイツは，良好な対米関係を維持してきたが，2003年3月，国連憲章違反の違法なイラク攻撃には「ノー」と言った。これに対し日本は，ひたすら米国に

日本語版への序文

追随しているだけのように思われる。

　以上が，日本外交のオルターナティブに向けての4つの助言である。それは，世界の隅々からの真のグローバル化との調和，そして平和と紛争転換の文化との調和をもたらすことであろう。

　　　2005年4月
　　　　メキシコ，チャパス＝プエブラにて
　　　　　　　　　　　　　　　　ヨハン・ガルトゥング

目　　次

日本語版への序文

解題　もう１つのグローバル化？──平和・紛争研究への新たな光

　　　　　　　　　　　　　　　　　　　　　　　　ハーヨ・シュミット

第Ⅰ部　平　　和

第１章　平和ワークの政治──非暴力・創造性・共感 ……… 3
第２章　平和研究──診断・予後・治療……………………… 36
第３章　NATOの東方拡大──第二次冷戦の始まり………… 51
第４章　過渡期にある軍隊──軍にとっての新しい役割…… 66

第Ⅱ部　紛　　争

第５章　宗教・文化・暴力 ……………………………………… 83
第６章　国家・資本・市民社会
　　　　──１つのコミュニケーション問題 ………………… 93
第７章　冷戦後の地政学──アジェンダ論に関する試論…… 116

第Ⅲ部　開　　　発

第8章　開発の目的とそのプロセス
　　　　──1つの統合的観点 …………………………………… 143
第9章　グローバル化され私有化された市場という場
　　　　──いくつかの否定的な外部性 ………………………… 173

第Ⅳ部　文　　　化

第10章　文化的平和──いくつかの特徴 ……………………… 185
第11章　宗教　ハードとソフト：よりソフトな面が
　　　　いかに強めるか──平和の文化への宗教の貢献……… 207
第12章　平和行為の基礎である可逆性の倫理に
　　　　向かって…………………………………………………… 224

補　論　未来がどんな形をとるか ……………………………… 235

訳者あとがき

解題

もう1つのグローバル化？——平和・紛争研究への新たな光

　ノルウェーの平和・紛争・未来研究者，ヨハン・ガルトゥングが著した本書を手にした人は，数多くの重要な洞察，生産的な議論，考慮に値する提案を期待してよい。本書に収められた論考の，常に平明さを目指す「アングロサクソン的」叙述スタイル，語り口，具体性は，著者にとって学問的・政治的な努力と自己理解過程の結果がいかなるものか，読者にわかりやすく伝えてくれる。ガルトゥングは，政治的現実のややもすれば暗く暴力に取り憑かれた側面に対し，その発展のポテンシャルや超越〔トランセンド〕〔訳者注：対立する当事者間の妥協を図るのではなく，対立状況から飛躍して新たな創造的解決を探求する方法〕のチャンスを忘れない，換言すれば，常に社会科学の分析的・経験的成果に批判的・建設的課題を対峙させる態度をとっている。そうした態度のうちに，個々の章が，同時代の政治的言説・平和言説の中心問題を扱い，これらを分析し，一定の立場をとり，オルターナティブを発展させている。

　「もう1つのグローバル化」を展望する本書は，三重の意味で興味深い。第1に，収録された諸論考は，原理原則的なものも具体的なものもあるが，いずれにせよ，遍在するグローバル化言説に常にアクチュアルにかかわろうとしている。この言説の経済主義的狭隘化と宿命論的論調に対し，ガルトゥングが陰に陽に主張しているのは，「グローバル化は1つのプロジェクトであって，運命ではない！」ということである。

　だが，平和・開発研究の専門家も，政治に関心のある一般の人も，ガルトゥングの態度を支える学問的・規範的基礎を即座に問うであろう。この基礎をまとめ，概略的に展開したのが，彼の『平和的手段による平和』[1]である。同書は，

---

1) 原典は *Peace by Peaceful Means : Peace and Conflict, Development and Civilization*, Oslo: PRIO, 1996。ドイツ語版は，*Frieden mit friedlichen Mitteln : Friede und Konflikt, Entwicklung und Kultur*, Opladen: Leske + Budrich, 1998。

平和・紛争・開発・文化という本書の基本構成に対応している。ガルトゥングの平和理論がさらに発展していることを考慮して，本書の利点を，『平和的手段による平和』の問題提起と立場に通じ解説していることにあると見るか，それを具体化・再検討し，深化させていることにあると見るかは，事前に読者がどの程度の知識を持っているかによるであろう。

しかし，少なくとも最初と最後の論考は，ガルトゥングの活動の主観的次元を聞かせることで，明らかに『平和的手段による平和』を越えている。たしかに両論考は，人生と著作を伝えるものとして，『平和的手段による平和』の説明と根拠づけにも役立つが，研究者であり，かつ活動家でもあるガルトゥングの知的経歴と中間報告を綴った断章として，この「諸文化間のさすらい人」の自伝的紹介を求める読者の（しばしば表明されるが，めったに満たされない）欲求をも満足してくれる。

ヨハン・ガルトゥングは，1959年にオスロ国際平和研究所（PRIO）を創設し，1964年，有名な『平和研究ジャーナル』（Journal of Peace Research）を発刊した。紛争・平和・開発・未来研究や社会科学の理論・方法論に関する50冊近くの研究書と優に1000本以上の論文を残している。また，数多くの国連機関の顧問を務め，1987年にはもう1つのノーベル平和賞「ライト・ライブリフッド賞」を受賞した。60年代末以降，ガルトゥングは，ドイツ語圏における平和・紛争研究の発展に絶大な影響を与えてきた。彼の理論は，学派形成に等しい効果を挙げた（「批判的平和研究」）。また，国際的議論の規準となったものに，「積極的平和」と「消極的平和」の概念，「直接的暴力」と「構造的暴力」の区別，平和研究と開発研究が根本的に関係するという公準，応用社会科学としての平和学の（過去志向の）経験主義・（現在志向の）批判主義・（未来志向の）構成主義への分割，平和活動・紛争処理という実践の優位，DPT（診断・予後・治療）図式における平和研究と健康研究のアナロジー化がある。

『平和的手段による平和』でも本書でも，そうした立場が揺らがず，引き続き研究の中心であることは，わりあい簡単にわかる。もっとも，豊富な経験に

基づいてガルトゥングが平和・紛争学の基礎を再点検し，特に（深層）文化的暴力の理論と独創的な開発・経済理論をまとめたことで，全体構造の土台がより深化し，その輪郭が広がり，上述の定理が本質的に再形成されたことに，異論の余地はない。

　本書が『平和的手段による平和』の姉妹編として，その注釈・具体化・深化に役立つのであれば，ガルトゥングが改めて議論を喚起する重要なテーマ・認識をも読み取る必要がある。ここで，『平和的手段による平和』の内容・構想および本書との関係について簡単な注を施しておこう。ガルトゥング特有の暴力概念の差異化をたどりながら，この課題に近づいてみよう。

　よく知られているように，初期ガルトゥングの天才的ひらめきは，平和を戦争だけでなく，破壊的暴力の不在と定義づけたことにある。破壊的と認められるのは，今も昔も，人間の基本的ニーズ（生存・福祉・自由・アイデンティティ）を傷つけ，かつ／または，歴史的に実現可能な満足度以下に押し下げる暴力である。彼が当時試みた，（個人が企て，責任も負わせられる）直接的暴力と，政治的抑圧・社会経済的搾取としてはっきり現れる（間接的で，社会構造に組み込まれた）構造的暴力との区別は，平和学・平和政策両面で成功を収め，さまざまな社会的・政治的再生産システムに光を当てた。だが，直接的・構造的暴力現象が遍在・持続することから，ガルトゥングは，さらに暴力の第3類型，つまり「文化的暴力」を認めるようになった。

　文化的暴力の社会的機能は，なによりも，直接的暴力と構造的暴力を正当化することにある。この正当化は，日常的議論や学問体系，宗教様式や政治的レトリックなどで象徴的に生じる。この正当化機能において，文化的暴力は尽きることがない。コスモロジーか，ある文明ないし社会の集合的下意識である深層文化に根ざしたものとして，文化的暴力は，直接的暴力行為や構造的暴力状況が当然のごとく役割を演じる生活・労働・支配圏や認知的・規範的・制度的基準の構築に（もとより文明によって程度が異なるが）最初からかかわっているように見える。

　だが，ある社会ないし文明の深層文化は，その平和観や紛争観，開発観や社

会的公正観に真髄が現れ，行動や制度に表現される。したがって，「文明のコードの研究，コスモロジーの探求が平和研究の中心」（補論252頁）[2]ということになり，ガルトゥングの新たな平和理論の装置を形成する。『平和的手段による平和』では，これは，相互に緩やかに結びついた4つの理論領域に分解された形になっている。

　狭義の・平・和・理・論は，一方では平和研究の科学論的基礎とパラダイムを素描する。しかし同時に，より平和的な状況への3つの道，つまり家父長的性暴力の克服，民主的状況の拡大と完全化，より説得的な国際システム組織の検討も重要である。

　・紛・争・理・論は，破壊的かつ創造的という紛争の二重性から出発し，さまざまな基本概念を明らかにして，紛　争　転　換（コンフリクト・トランスフォーメーション）〔訳者注：暴力あるいは妥協による紛争解決とは異なり，すべての当事者にとって積極的な目標を探求して紛争を創造的に乗り越えること〕の可能性や非暴力的な紛争介入の類型論を発展させる。

　・開・発・理・論は，構造的暴力の経済的形態を考察し，オルターナティブな開発理解の諸原理と，より公正で持続的な経済および経済理論の展望を発展させる。

　最後に・文・明・理・論は，表層文化と深層文化という平和学の上で重要な両方の次元で文化的暴力概念を展開する。

　『平和的手段による平和』では，スタティックな平和理解（暴力の不在・減少としての平和）を，よりダイナミックな見方（「非暴力的で創造的な紛争転換」——『平和的手段による平和』原典9頁，ドイツ語版31頁——としての平和）と結びつける必要性が強調されている。ここでは，平和は一定の紛争発展の枠組みとして現れ，紛争に関する知識と，暴力によらない紛争の転換が，平和理論の中心となっている。そこから，平和理論と紛争理論の境界がなぜ流動的でなければならないか，そしてガルトゥングが積極的に処理に関わった戦争・紛争の分析一覧になぜ本書の第1章が割かれているか理解できよう。

2）　以下，特に断っていない限り，カッコ内の頁数は本書の頁数。

解題　もう1つのグローバル化?

　この紛争ワークで獲得・確認された非暴力・創造性・共感という原則ないし特徴は，DPT図式での紛争解明を通じて，理論面では欠如しているかもしれない具体性や説得力を持ちえている。このことは，ガルトゥングが鼓吹し，ときおり逸話風に描く平和ワーカーたちの徳目（それが彼らの行動を支え，持続性を与えるのだが）である知識，想像力ないしファンタジー，共感，粘り強さについて特に言える。

　第2章は，これらの徳目と能力の適用可能性を説明している。真の紛争は本当には解決できないが，紛争当事者全員に受け入れ可能な持続的状況が生じるよう転換することは可能だという認識は，緻密な紛争（処理）知識を要請する。そしてこの（状況により補完・修正される）知識は，共感と，できることならファンタジーを持って，辛抱強くその実行に努める必要がある。17の提案とコメントで，ガルトゥングは，この形の実践的知識のビジョンを披瀝し，いわばついでに彼の紛争理論の基礎を熟知させてくれる。

　しかし，そのような平和・紛争思想は，平和維持・紛争処理という国家的事業にどう位置づけられるのであろうか。具体的には，軍に対してはどうだろうか。代案が「軍隊を廃止せよ。さもなければ，暴力と戦争は永遠のものになる」というものであるなら，平和研究と平和運動の合い言葉としてずっと妥当する。ガルトゥングは，もっと緻密な議論をし，第4章で規範的かつ実践的にユートピアと現実を結びつけている。原則として，国家的暴力手段は，何の平和ももたらすことはできず，軍事的強制は，正当な相互評価や信頼できる協力関係を導けない。それにもかかわらず，『平和的手段による平和』の政治綱領では，軍隊に2つの使命ないし機能を認めている。すなわち防御的・非挑発的な防衛の組織と，平和維持機能の拡大・強化である。

　しかし，NATOのいわゆる東方拡大で，西側同盟諸国は，軍および軍事的暴力手段に対し正反対の態度を表明している。1997年7月，マドリッドでのNATO首脳会議で「第二次冷戦が始まった」（65頁）とするガルトゥングの診断は，多くの読者を驚かせるかもしれない。だがそれに，理性的に反論できるだろうか。第3章で提示された分析が，数多くの似たような批判的試論より優

xiii

れているのは，その体系性・全体性にある。つまり，ガルトゥングは，（米国・西欧・東欧・ロシアの）重要な当事者全員の見方や動機を，政治・軍事・経済・文化といった指標によって差異化し，関係づけているのである。

したがって，第3章が印象深いのは，ガルトゥングがたとえばNATOの東方拡大を，「ロシア・中国に向けた」包括的な，政治的に調整した軍事的「挟撃」(52頁)の構成要素と表現したり，欧州ポーカーゲームにおけるNATO加盟国の利害対立と関係づけるといった重要な細部を示しているからだけではない。この論考全体が，「西側の集合的下意識」(64頁)の深部に肉薄しようという，平和・戦争原因分析の全体論的アプローチの教材となっているのである。

多くの点から言って，ユーラシア大陸に向けた米国の軍事的挟撃という枠内にあるNATO東方拡大は，西側，米国・西欧政治エリートの「アジェンダ空白」の結果である。第II部第7章におけるガルトゥングの独自の決算は，世界中の政治階級〔訳者注：政治が生計を営むための職業と化し，世間から隔絶された形で形成された政治エリート層〕が，現下のアジェンダ空白を，過去の未完のアジェンダで埋めていることを証明している(137頁)。ただし，この不首尾の結果はとてつもなく，しかも切迫している。7極構造の世界で，覇権国家中の覇権国家である米国は，調整能力を発揮することが許されながら，（国連と同様）覇権内部・覇権間の膨大な問題・紛争を制御できない。この未来のシナリオはせいぜい，ここで予後判定された（深層文化に根ざし，しかも核兵器に支えられた）暴力・紛争の政治・社会状況が，真摯な平和アジェンダへの需要を強めるかもしれないということが言えるのみである。

この需要の担い手やそれを満足させる手段を，「紛争」の部の第5章・第6章は考察しており，地域（ヨーロッパ）と個別国家というサブ・グローバルな次元でそのテーマを論じている。たとえば第5章は，西洋の大宗教（ユダヤ教・キリスト教・イスラム教）が，神の世俗の子孫たちと同じくらい暴力・紛争の潜勢力があると展開している。というのも，国家と国民の名において，また自由市場と科学の名において人が殺されるのは，神の名において殺戮が行われるよりも少ないわけではない。しかもそれは現在に至るまで，欧州諸国の外交

を伝来の戦士・貴族文化がほぼ無傷で刻印してきた分，容易だったのである。

　幸運なことに，崩壊しつつある中世的世界は，非平和的国際システムだけでなく，平和志向の対抗勢力をも解き放った。つまり今日では，「都市の文化，NGOなどの組織，そして政治的舞台での新たなアクター（特に女性）」（91〜92頁）ということになる。そして最後に，対話という中心的な政治制度である。それはあまりに利用されていないが，他のものに代えられない。なぜなら，対話は，関係者相互の敬意を糧とし，そこですべての側がなにがしかのことを学んだり貢献しなければならないという前提に立つからである。

　第6章では，この対話の圧倒的重要性に，コミュニケーション理論に基礎づけられた民主主義擁護論が結びつく。ガルトゥングは民主主義の「神髄」を，国家的・国際的・超国家的枠組みにおける「社会の転換の第一歩となる透明な対話」（115頁）と述べている。市民社会・国家・資本という3本柱に立脚した近代の西側民主主義社会で，透明性と公共性への要求はありきたりだと思われるかもしれない。国家と資本の間，市民社会と資本の間という，要求の高い同じ質的基準（テーマ的に自由で，二面的・対話的であるなど）に服する他の2つのコミュニケーション・チャンネルは，実りある紛争浄化と生産的協力を約束するのに，なぜ市民社会と国家との間のコミュニケーション・チャンネルだけで，透明性と公共性が制度化され（てい）るべきなのであろうか。

　資本と市民社会の将来的対話が「ロングラン」するのに，経済的外部性の問題が機能するかもしれない。外部性とは，ポジティブにもネガティブにも，ありとあらゆる発展過程に重大な影響を及ぼすのに，経済の理論・実践で通常無視されてしまう経済諸過程の副作用であり副次的原因である。たとえば，自然においては環境汚染や乱伐，人間の場合は精神的欲求の不満足や生活の質の低下，社会においては原子化や無秩序である。経済と経済成長を発展の概念要素・原動力にしたがる傾向が著しいグローバル化・私有化の時代に異を唱える第9章は，この見解の還元主義のみならず，発展を阻害するネガティブな外部性のすさまじい規模と破滅的多様性を指摘している。

　再び羽振りをきかせている経済（学）に，もはや開発の定義を委ねられない

としたら，開発の名の下に何を理解すべきなのであろうか。さかのぼって第8章は，5つの開発モデル（資本主義的・社会主義的・社会民主主義的・「日本的」・緑〔エコロジー的〕）と4つの開発領域（自然・人間・社会・世界）に区分し，それぞれの開発モデルが各開発領域にどのような影響を与えるか比較検討し評価するという1つの回答を与えている。開発の目標・プロセスに関するこの章は，はやりの開発モデルに対抗して，緻密な開発構想を提示している。これは，経済理論に基づく『平和的手段による平和』の開発理論において，さらに展開され根拠づけられている。

最後の第Ⅳ部「文化」に移ろう。第10章から第12章は，深層文化の理論をことさらに展開することなく，平和と戦争を生み出すのに，文化的な態度や確信がいかに重要な意義があるかを明らかにしている。第10章は，平和ワークの政治の諸原則，つまり非暴力・創造性・共感に立ち返り，これらのより深い文化的な根があるかどうか質している。ガルトゥングが，これらの前提をいち早く仏教文化の中に位置づけたことに驚くのは，西洋のしばしばキリスト教的な戦争・紛争・開発・平和観を拒否しているのを読み落とした人だけであろう。それでも，ガルトゥングは，平和の芽を仏教にだけ，戦争の芽を西洋文化に特に帰着させないようにしている。「東洋と西洋のアプローチを結びつけるのは可能だし，また必要であろう」。(201頁)。

私たちの知るマクロ文化はいずれも，文化的暴力および文化的平和の特徴を有している。単純に「暴力の文化」として分類できるものは，ない。このガルトゥングの一般的見解は，大宗教の平和ポテンシャル（直接的・構造的暴力を拒否しようとする態度）の比較分析によって裏づけられる。ここでも仏教には，平和促進的な特別の地位が認められている。それでも，注目すべき宗教哲学的補説で説明されているガルトゥングの決定的認識とは，あらゆる宗教が「ハード」（暴力促進的）な要素と「ソフト」（平和促進的）な要素とを内包し，「宗教と宗教の間よりも，1つの宗教の中にあるハードとソフトの違いの方が多分大きい」ということである。それゆえ，「あらゆる宗教の内部で，ハードとソフトの間の中心的な神学的対話が行われる必要がある」(222頁）という第11章の

結論は，世界エートスと宗教対話の必要性に関する現下の議論にぜひとも受け入れるべきであろう．

　第12章は，西洋文化に対するガルトゥングの批判的距離が，哲学的含蓄も含み，重要な実践的帰結を伴っていることを示している．もっともガルトゥングは，西洋の「プロメテウス的」変化衝動一般，特殊カント的普遍化倫理に対して，「可逆性の倫理」を対峙させているが，これは西洋の理念・制度に連なる可能性がないわけではない．規範的に内容豊富な民主主義概念（さまざまな民主主義国で実践されているわけではないにしても）はまさに，可逆性の政治的倫理を求めている．なぜなら，そうやってのみ，多数決で決めてもいつの日か少数派が多数派になるかもしれないということで，平和的服従を期待・要求できるからである．

　本書のように多岐にわたるテーマを扱った著作を概観するよう迫られると，どうしても，不満足な力業（トゥール・ド・フォース）の印象を与えてしまう．かつてマックス・ヴェーバーが自らを皮肉って，自分の論文で一番重要な部分はいつも注記にあると述べたとすれば，多くのガルトゥングの読者も，自分にとって新しいこと，重要なことを，ここで紡がれた赤い糸の向こうに見出して構わないであろう．この小文はあくまで導入で，要約のつもりはなく，個々の章の内部連関は述べても，議論の豊富さを綴るつもりもないが，読者は，本編で何が待ち構えており，いかなるアプローチを求め，いかなる重点を置くべきか多少わかったであろう．というのも，実際本書は，関連あるさまざまな論文を私個人の裁量で構成したものだからである．最後に，本書のタイトルと自伝的彩りについて簡単にコメントして，その内容と意図を特徴づけておこう．

　「もう1つのグローバル化」とは，グローバル化が必ずしも悪いものとは限らないこと，開発政策や平和政策などさまざまの分野で，不可避的に有意義な傾向であるかもしれないことを指し示している．しかし，グローバル化の過程で，何がよりよいこと，別のことでありえるのか，かつ／またあるべきなのかを，ガルトゥングは本書で一貫して，この間巷に氾濫するグローバル化関係の

文献[3]に取り組むのではなく，およそ希望を引き起こさない経済・社会・技術・政治・軍事・文化の現実の歴史過程を分析する中で練り上げている。西洋の観念・制度は，結局これらの過程をほとんど全部支配しているが，たいてい，その際発生する拒絶や紛争状況を真剣に斟酌したり，世界におけるさまざまな発展の可能性を平等に展望することを考慮しさえしない。

暴力をはらむ西洋の歴史と（深層）文化に対するガルトゥングの根拠ある留保は，ドイツ語圏の平和学で支配的な文明化論争[4]に対する彼の立場・論評を据わりの悪いものにしている。本書全体が，そこで要求される規範的文明化パラダイムの枠組みや土台に対する暗黙の批判と読み取れるかもしれない。創造的で非暴力的な紛争処理，敵への共感，内外に向かっての民主化，さまざまな国家・社会のあらゆるレベルでの対話の制度化が，人間の社会関係に決定的な発展の資源とされるが，これらは，西洋文化ではどちらかと言えば異論派・反対派・アウトサイダー集団が担ってきた平和政策ないし文明的社会のメルクマールである。

最後に，本書には自伝的な論考が載っているが，これはもう1つの世界社会という本書の視点から考えると，むしろ脇道に逸れることにならないであろうか。著者が正当にも不備だと表明したことが，間違った箇所で満足されることにならないだろうか。そこで反問しよう。第Ⅰ部にあるガルトゥングの紛争処

---

3) Ulrich Beck, *Was ist Globalisierung? Irrtümer des Globalismus — Antworten auf Globalisierung*, Frankfurt a. M.: Suhrkamp, 1997のように，議論に値するグローバル化観は数多い。だが，従来のグローバル化論議のはなはだしい理念的・経験的欠陥は確認せざるをえない。Marinanne Beisheim / Gregor Walter, Globalisierung-Kinderkrankheiten eines Konzeptes, in: *Zeitschrift für Internationale Beziehungen*, 4. Jg. (1997), H. 1, S. 153-180.

4) この論争の重点は，ディーター・ゼンクハースの文明の六角形をめぐる対立が引き続き形成している。「批判的・内省的文明化理論」の立場から，さまざまな文明論的アプローチをたどり論評したものとして以下の文献がある。Wolfgang R. Vogt, Zivilisierung und Frieden-Entwurf einer kritisch-reflexiven Friedenstheorie, in: Österreichisches Studienzentrum für Frieden und Konfliktlösung (Hrsg.), *Frieden durch Zivilisierung? Probleme-Ansätze — Perspektiven*, Münster: agenda-Verlag, 1996, S. 91-135, bes. S. 91-111.

　　　　　　　　　　　　　　　　　　　　解題　もう1つのグローバル化？

理努力の概観・評価以上に，非暴力・創造性・共感能力という彼が勧める平和ワークの3点セットが，個人的な毛嫌いか文化的先入見ではなく，千差万別の文化や世界宗教（の中で）の（「グローバルな」）精査の結果だと説得的に示せるものがあろうか。

　だが，最も個人的であるどころか，独自の文学的特徴を持つ補論も，内容的には本書のテーマと完全に結びついている。ナチスのノルウェー侵攻，刑務所暮らし，ガンジーとの取り組み，ラテンアメリカでの活動，そして日本との出会い，西村文子との結婚が，著者のものの考え方・感じ方にいかに大きな影響を与えたか，下から出身社会や世界社会を見，外から自文化・他文化を見ることが，ガルトゥングが暴力・平和問題を独創的に扱う土壌をいかに豊かにしたかが，明らかになる。

　ヨハン・ガルトゥングは，（ノルウェー，あるいはヨーロッパのみならず）文字どおり世界を訪れて体験し，その理論的構想・学問活動がこの世界体験から生れた責任感・義務感に裏づけられた，政治的インスピレーションのある学者というたぐいまれな人物である。本書を手にした私たちは，同時代の偉大な平和研究者たちの演奏会の中で，また，市場・権力・軍に引きずられたグローバル化論者の合唱の中で，著者が重要な対位法を奏でていると期待できる。

　　　　　　　　　　　　　　　　　　　　　　　　　　ハーヨ・シュミット

第Ⅰ部 平和

第1章
平和ワークの政治──非暴力・創造性・共感

1　1つの根本的問いかけ，2つの根本的問題，3つの答え

　1958年オスロに，研究・教育・実践に取り組む最初の平和研究所を建設した際（開設は1959年1月），基本的課題は，研究と教育にはなかった。どちらの領域も，研究者がどのみちやるべきことと重なる。彼らが大学や独立の研究機関で仕事をしている場合，特にそうである。

　根本的な課題は，平和ワークをイメージすることにあった。もしかしたら，40年以上も前の状況を理解するのは，容易でないかもしれない。当時は，冷戦初期であった。ひどくイデオロギー化されたこの分野で，根本的な問いかけはただ1つ，「お前はどちらの側に立つのか」しかなかった。この分野で研究・教育すること自体，すでに十分問題をはらむ可能性がある。それを越えて，具体的行動の道を探求するのは，災難を請け合っているように見えた。

　私は，非常に単純な社会イメージを板書した記憶がある。研究者が「エリート」と「民衆」という2つの階層に挟まれてにっちもさっちもいかなくなった姿である。もう少し具体的に言うと，われわれは，外務省・国防省，議会の外務委員会・国防委員会，同盟関係においてそれらが国際化したものをよく「エリート」と呼び，独立した平和組織を「民衆」と呼んできた。だがわれわれは「エリート」の概念を，あれこれの同盟において「エリート」が舵取りしていない場合でも，別の組織にまで拡張したりもした。それで，われわれはどうなのだろうか。

　明白な可能性が2つ存在した。われわれが自分たちの知見（およそ価値のあるものは何であれ）を伝達できるのは，上のエリートに向けてか，下の民衆に向

3

けてかであった。私はそれには反対しなかったが，1つ条件をつけた。それは，公共の場で行われる必要があるということであった。研究は公共的なものである。もし秘密裏に行われるなら，それは公共的でも研究でもなく，たいていできの悪い代物である。

　誠実さを保ちたければ，国家体制があれほど好む秘密主義から距離をとっておく必要がある。1967年の欧州審議会の大プロジェクトが思い出される。モスクワからワシントン，オスロからアテネまで，19カ国の外務省の部局長と，東西対立下の平和協力のための各種モデルが話し合われた。最終報告書が作成され，欧州審議会に提出された。最後に事務局長は，私の目の前で落胆していた。彼は，私がある非公開会議で自分が目立つ山場を用意していると思っていたのだ。だが私は，彼に何のおまけもつけなかった。

　そこから得た結論とは，あらゆる方向に知見を提供することである。エリートと民衆に対してだけでなく，東側・西側・非同盟の諸国に対しても，である。そしてそれは，公表されたものと常に同じでなければならない[1]。

　だが，もう1つの結論もあった。平和研究者なるものと平和活動家なるものとが結合して，一種の情報通の平和ワーカー・紛争ワーカーが生まれるようにすべきだということである。この計画は，冷戦終結後爆発的と言えるほど成長したとはいえ，依然緒についたばかりである。この分野はかつてほど分極化しておらず，関与は危険でなくなり，需要も明瞭に見て取れる。

　念頭に置いていたのは，平和研究・平和教育という大学での職務を越え，対立する当事者の少なくとも一者と活動することで実践に入る平和のプロである。その平和のプロが，「当事者たちを1つのテーブルに集め」，自分の立場を「第

---

[1] 1974年，ルンド（スウェーデン）での会合で，私は，前年訪れた中国について何回か講演した（Johan Galtung, *Von China lernen?*, Opladen: Westdeutscher Verlag, 1978）。晩に地元のマオイスト・グループの前で話をし，翌日はあるスウェーデン多国籍企業の創立記念日で講演した。この集まりにマオイストの学生たちも訪れ，私にその理由を告げた。「私たちは，あなたが私たちに対してと同じことを連中に喋るのか確かめたかったのです」と。そして彼らは，私が信頼できる人間だと確認した。

三者」として確保することだけで満足すべきだとは考えなかった。

　テーブルが後の段階でくる可能性もある。だが，多くの紛争が非常に非対称的なのに，テーブルはあまりに左右対称だ。また，1つの紛争に2つの当事者のみを思い浮かべるのは単純だ。重要な課題とは，当事者たちをテーブルに近づけることにある。根本的な問いは，どのように当事者たちが紛争転換を準備できるかである。

　駆け出しの頃に比べ，今では明瞭簡潔に課題を定義できる。さらに2つの特殊問題，3つの答えが浮かんできた。問題の方は，紛争というものの両刃の性格と関係する。つまり，破壊者としての紛争と創造者としての紛争，暴力の危険としての紛争と，変化のチャンス，それどころか多くの人間の生活が改善される意味で進歩のチャンスとしての紛争である。

　破壊者としての紛争に対する答えは，明白である。自己の目標をいかに非暴力的に追求できるか，紛争当事者と議論することである。私は，数多くの紛争を近くから見てきた。そこから1つ体験したことは，どの紛争当事者も，最も深い内面のどこかで，何らかの普遍妥当性を持って目標を追求していることである。妥当性の基準は，イマヌエル・カントか，ローレンス・コールバーグ〔訳者注：邦訳書に『道徳性の形成　認知発達的アプローチ』(新曜社，1987年) など〕に立脚するかもしれないが，ともかく目指す目標の普遍的妥当性は存在する。「私が，私に，私の」ということだけが問題ではないのである。

　ところが，そのことがまた問題を引き起こす。有限の世界では，世界中誰もが物質的目標を普遍的に追求すると，世界の破壊に導くであろう。この点で，非暴力が全面的に重要になる。非暴力は，手段だけでなく目標にかかわる。実現のために暴力を使って他者を犠牲にすることのないような目標だけを追求し

---

2)　ヒトラーなる人物でもそうだ。スラヴ人・西洋・ユダヤ人に対する彼の3つの戦争がおよそ容認できないものだとしても，不公正きわまりないヴェルサイユ条約を修正するという彼の目標には，一般的に受け入れられる要素があった。問題は，レトリック，振る舞い，「包装」，容認できない目標は見ずに，基礎になるあの核心に迫ることにある。そこで何が起こったかは，別問題である。

なければならない，ということである。

　次に，第2の問題，創造者としての紛争に対する答えは，一見両立不能な目標を，どうしたら両立させられるのか，当事者と話し合うことである。不一致は，どうしたら超越できるのだろうか[3]。言うは易し，行うは難しだが，創造性を通じてである。非暴力の場合と同じように，このポテンシャルを活性化しなければならない。紛争ワーカー・平和ワーカーとの対話は，1つのアプローチになるかもしれない。

　そこで3番目の答えが見つかる。いずれの対話も，紛争当事者に対する高度の共感を持って行う必要があるということである。彼らの紛争の論理を，受け入れないまでも実感として理解できる程度に，である。

　指針としての非暴力・創造性・共感は，何年も経てはっきりしてきたが，原初的な形では常に存在していた。具体的体験が，その発展の土壌となった。研究課題というものは，現実との具体的接触からあまりにかけ離れている。それどころか私は，現実との接触が大学のキャンパスとか大学図書館に限られている社会科学者が，やがて研究を豊富化できるのか，深刻な疑問を抱いている。彼らが書物から上手に授業できることに，疑う余地はない。だが，キャンパスと学会をぐるぐる回る生活は，自然や実験室とかかわりを持たない自然科学者とそっくりではないか。

　具体的な平和ワークは，しかし，公共空間に足を踏み入れ，メディアにおける評論家とか公開講演の講演者のように，公的知識人という名誉ある役割を引き受けるために，キャンパスやアカデミズム畑から離れることとも混同されてはならない。これらの活動をおとしめてはならない。社会の健全さは，創造力と勇気を備えた知識人が，公共の議論に参加するため，大学というゲットーを去って公共空間に入り込むことで，街と大学のバリアーをどの程度打破できるかにもかかっている。そこで彼らは，同僚でない人の挑戦を受ける。だが，論

---

3) そのような体験に基づいて，創造的な紛争転換のための組織が立ち上げられた。「平和的手段による平和」をモットーとするこの組織の名称は，「トランセンド」(TRANSCEND)である。

争は対話と異なる。

　また，具体的な平和ワークは，デモや対決といった広い意味での平和行動主義と混同してもならない。ピケ・不寝番・デモは，時と場所を際立たせ，将来を指し示す重要な手段である。普通の言葉が通じなければ，それらはかけがえのないものとなる。多少なりとも有意義で教育的な可能性がある。もしかしたらグリーンピースは，あらゆる教育機関から世界賞を受けるのにふさわしいのではないか。パーシング・クルーズミサイルに反対したイギリスのグリーンハム・コモンの女性たちは，持久力の世界賞というところだろうか。しかし，どちらも紛争当事者との対話ではない[4]。

　そこで，こうした経験をある程度まで読者と分かち合うことにしよう。別の箇所で私は，占領下ノルウェーでの戦争体験とガンジーの影響で，いかに自分が非暴力・創造性・共感を培ったのか書いている[5]。そこでは，自分が経験を通じて形成され，また，ある程度まで経験自体が形成されたと説明しようとした。本章は，その後今日まで続いたことを話題の中心にしている。青年期に関し一文，中年に関し一文。いつの日か，もう少し省察に富んだ3番目の文章を書いてみたいものだ。

　これらの体験を伝えるため，私は，平和ワーカーとして有意義と思われるフォーマットを選んでみた。つまり，紛争の基本的な診断（D: diagnosis）・予後（P: prognosis）・治療（T: therapy）を，紛争ワーカーの視角から1行で述べてみる。それぞれの話の冒頭にこの3項目を掲げ，続けて論述を展開する。

　すでにこのDPTが論争的である。この分野の多くの人は，自分の見解を明

---

[4] 冷戦時，平和運動は（異論派の運動と同様）重要な当事者ではあった。グリーンハム村では，平和運動の主力が自己対話を行った。だが，平和ワークは，平和ワーカーが部外の当事者として共感を持って紛争にかかわり合うことで，他者との対話を含んでいる。冷戦の消滅とともに終わった過程の分析としては，Johann Galtung, "Easten Europe Fall 1989 — What Happened And why ?", in: *Research in Social Movements, Conflicts and Change*, Vol. 14, pp. 75-97, Greenwich, CT/USA : JAI Press, 1992. 抄訳は「東欧1989年秋　なにが，なぜ起こったか　―理論的スケッチ」『構造的暴力と平和』（中央大学出版部，1991年）。

[5] 本書補論「未来がどんな形をとるか」参照。

第Ⅰ部　平　和

確に表現する任務あるいは責任の前に尻込みするかもしれない。しかし私には，自分の想定を隠して，紛争当事者を操作するという大きなあやまちを避けるために，それが必要であった。彼らにとって紛争は重大なのだ。ひょっとしたら，これまでの人生で最も重大な局面かもしれない。もちろん，DPTの定式は，紛争当事者とともに発展する。合意は不可能かもしれないし，そもそも望ましくないかもしれない。あるいは見せかけということもありうる。だが，平和ワーカー・紛争ワーカーは，少なくとも題材に多少習熟した後は，公明正大に紛争にかかわらねばならない。要するに，私のカードはテーブルに出ている。非暴力に徹し，創造性を持ち，共感を用いて分析し，予後を与え，具体的治療を提案する，そして，人間として可能な限り，秘密の目標を持たない，ということである。

2　1952年から1993年までの16の紛争体験

[1]　兵役拒否者のための平和役務（1952～1964年）
　　　D：増加する平和志向の若者にとって時間の浪費
　　　P：政府の側からの分極化・周辺化の増大
　　　T：人権としてのもう1つの非暴力的平和役務

　1951年，私は兵役を拒否し，翌年，軍務より6カ月長い18カ月間の役務に就いた。12カ月の期間を勤めあげ，残りの6カ月は拒否した。私は，平和のため非暴力的に働こうとする若い男性向けに司法省が組織する役務（沼地の干拓など）は全部，時間の浪費以外の何物でもないと主張した。もし，代替奉仕が6カ月上乗せされるのが懲罰であるなら，そうしてほしいとも述べた。裁判所は同意し，結局，1954～55年の冬，私は出身地オスロの中央刑務所の独房で6カ月を過ごした。私は第1号でもなければ，最後でもなかった。他の平和主義者たちも，民間代替役務への絶望と抗議から，同じことをした。非暴力の基準は，不平の原因が明白，別の選択肢も明白，抗議は非暴力的，支払うべき代償は支払うということで満たされた。

約10年が経ち，すべてが風車に挑むドンキホーテの戦いだったように思われた。ところが，オスロ平和研究所（PRIO）の所長をしていたある日，電話が鳴った。電話をかけてきたのは保守派の司法大臣で，彼女は，私が相変わらず平和ワーク（この場合は平和研究）のため兵役拒否者を探しているのか，もしそうなら何人くらいで，いつ，どんな仕事なのか聞いてきた。私たちは人数や任務についてすぐに合意した。それも，たった1回の電話で。非暴力は，兵役拒否者にとって割の合うものになっていた（「それほど多くのものを犠牲にしようとするのは，狂っているか，正当な理由があるか，その両方だ。」）。この手本はヨーロッパ中，さらにそれ以上に広がって，今日も存在している（ただし，大臣の母親と私の母がオスロの同じ社会階層に属し，一緒によくブリッジに興じていたことはつけ加えておかねばならない）。

[2]　「東西」対立：冷戦（1953〜1989年）
　　D：（2, 1）紛争への還元[6]。スターリン主義，核兵器信奉
　　P：引き延ばし——第三世界における戦争——核戦争／双方のジェノサイド
　　T：全欧安保協力会議（CSCE），緊張緩和の漸進的交互行為（GRIT）[7]
　　　　／防衛的防衛，民衆外交，非暴力

　私の世代は，冷戦に刻印されている。1953年，スターリン死去の折，ソ連に3週間滞在したことで，スターリン主義は，言われている通りひどいものだという結論に達した。しかし，これらの人々は，昔も今も戦争を望んではいない。35年以上紛争にかかわってきた中で，多くのことが起こった。ソ連では2回拘束され，ワルシャワ条約機構軍の侵入直後のプラハでは，非軍事的防衛に関するビラを配り，東ドイツでは演壇から力ずくで引きずり下ろされ，黒塗りの車

---

6) 2当事者，1争点。より現実的なイメージ（m, n）に対して（m＝複数の当事者，n＝複数の争点）。
7) チャールズ・オスグッドのこの考えは，冷戦期米国の平和研究で展開された最も有意義なものかもしれない。Charles Osgood, *An Alternative to War and Surrender*, Urbana: ILL/USA, 1967. 邦訳『戦争と平和の心理学』（岩波書店，1968年）。

第Ⅰ部　平　和

で空港に運ばれた。前述の欧州審議会のプロジェクトもある。

　各国外務省の政策部局長と長時間深く話し合って印象深かったのは，公的な場面，特に「相手側」がいる場合に比べ，彼らがいかに博識，魅力的，創造的に対面したかという点である。おかげで私は，当事者間に立った交渉ではなく，当事者との対話が気に入ってしまった。これらの話し合いから，今ではありきたりに見える考えが生まれた。それは，東西対立にかかわる当事者が，国連欧州経済委員会に似た欧州版国連安保理のようなもので出会えないかというものだ。そうすれば，核の大量破壊手段を突きつけ合う代わりに，すべての当事者が，（軍備管理のような）1テーマだけでなく，同時に全テーマについて話し合えるわけである。

　1967年秋，この案がヨーロッパ中で紹介された。たいていそれは，外交研究所が主催する会合においてであった。大方の反応は好意的で，特に東欧は，モスクワからの自立がワシントンに対する西欧以上に進んでいるかのようであった。ところが結局は，「時機が熟していない」であった。私は，もう熟しすぎていると感じていたのだが。

　プラハでは，ある若者が耳を傾けていた。彼は異論派として，1968年8月のソ連軍侵攻の後農村に送られたが，共産主義の内部崩壊で，外務省のナンバー2になった。彼らはソ連軍が出ていくのを望んでいた。そのために提案されたのが，「ガルトゥング・プラン」であった。今や時が「熟し」たのだ。当時のソ連外相シュワルナゼは，まずワルシャワ条約機構（WTO）の近代化を願ったとはいえ，これに積極的に対応した。彼は，冷戦システムを引き継ぐものを必要としていた。より安定したCSCEは，アプローチの1つであった。そこ

---

8) 詳細は，Johan Galtung, *Nach dem kalten Kriege: Gespräch mit Erwin Koller*, Zürich: Pendo-Verlag, 1993.
9) 私の活動を注意深く監視していたのは，スイスの秘密警察である。私に関する報告書で，70年代初頭，CSCE「なるもの」のための私の行動は重要ポイントであった。後から振り返るとまるでお笑いぐさだが，当時，スイス警察やそのスパイなど極右にとってはそうではなかった。
10) 西側では普通「ワルシャワ・パクト」と呼ばれていた。

で，多くの論者と同様，彼は軍隊の撤退だけでなく，1990年秋のパリ条約に従って，その種の組織を欧州平和システムの支柱にするよう提案した。現実はまさにそのようになった。

　この事例から，3つの教訓が得られる。

　まず，種を蒔け。理想主義的すぎてあまり現実的でない考えだという意見に，ひるんではならない。「現実的」な考えであったら，とっくにエリートたちの主流派言説に使われていたであろう。エリートたちは，馬鹿ではない。そんな考えなら，すでに取り上げられていたはずなのである。紛争が鎮まらない場合，しばしばその原因は，「現実的」な考えが，実は現実的でないことにある。だからと言って，エリートの考えが何でも馬鹿げているとか，よい考えはすべて時流に反するとは結論できない。しかし，エリートにとって，超越は容易な業ではない。野蛮なチェコスロヴァキア侵攻を経た60年代終盤の雰囲気では，東西が対等に，同じ関心を持って1つのテーブルに着くなどという提案は，ユートピアであった。主の道は計り知れない。

　種を蒔け。だが，それがどこで芽を出すかは，簡単に予測できない。1981年から85年までの間，私は，ヨーロッパ中で500件以上の講演をこなし，上述の案や，防衛的・非挑発的防衛という軍事ドクトリン，（ポスト）スターリン主義に抗する東欧の非暴力，民衆外交，チャールズ・オスグッドの「緊張緩和の漸進的交互行為」(GRIT) 政策のような非対称的軍縮などについて話をした。私は，このメッセージは，おそらく北西欧の小さな民主主義国，社会民主主義国が受け止めると思っていた。今では，これらの諸国がなぜイニシアティブを発揮しなかったのか理解できる。それらの国々は政治的に米国に依存し，満ち足りた現状維持国であった。これは，西側から一定の承認を求める（今日でも相変わらずそうしているが）不安定な東欧諸国とは正反対だったのである。

　ねばり強さ。何事にも時間がかかる。種は，1967年に蒔かれた。後年大使に

11）　もちろん当時多くの人がそうした考えを抱いており，結局 CSCE は全欧安保協力機構（OSCE）に衣替えした。だがその頃，西欧のエリートたちは，徐々に超大国の形をとる欧州連合というお気に入りのプロジェクトに腐心していた。

第Ⅰ部 平　和

なった助手が種を運び，種は1990年初めに芽生えた。私はそのことを，1993年2月，ルクセンブルクでの会議で耳にした。蒔かれてから，25年以上である。多くの人は何事にも耳を貸さないだろうが，それはたいした問題ではない。でも，結果としてよかった！

　だが，すでに述べたように，これが，私たちが冷戦時，各種平和運動で擁護しようとしたすべてではない。国家間システムが好んで取り上げるのが制度的提案であるのは，ある意味で典型的である。

　われわれの懸念（われわれだけではないが）は，上記の２つの項目に示されている。1つは，市民的・政治的人権の抑圧と全般的侵害という意味でのスターリン主義，もう１つは，核戦争の現実的脅威と過度の秘密主義という意味での核兵器信奉である。一般に東側，特にソ連には，両方の病理が当てはまった。一般に西側，特に米国には，後者が当てはまった。非同盟・中立諸国には，どちらも当てはまらなかった。

　抑圧への応答として，東側では非暴力闘争が唱道された。東欧，特にポーランド，東ドイツ，チェコスロヴァキアで，さまざまな形の市民的不服従・非協力・建設的行動について知らせるのに，多大の時間が費やされた。私以外にも，同じことをして，３カ国全部で一定の効果をあげた者もいた[12]。

　核兵器信奉への応答としては，別の防衛のあり方が推奨された。防衛的軍事防衛，民兵，非軍事的防衛のミックスである[13]。他の人々も同じ方向を追求し，合理的十分性というゴルバチョフの防衛観に影響を与えた[14]。

[12) ライプツィヒでの決定的な非暴力デモ，特に1989年10月9日の状況については，秀逸の著作がある。Erich Loest, *Nikolaikirche*, Leipzig: Linden-Verlag, 1995.

13) 詳細は，*There are Alternatives !*, Nottingham: Spokeman, 1984（ドイツ語版は *Es gibt Alternativen !*, Opladen: Westdeutscher Verlag, 1984）。この本は，英語版，イタリア語版，スペイン語版，ノルウェー語版，スウェーデン語版，オランダ語版も出版され，ソ連にも密かに持ち込まれた。

14) とりわけ，故ホルスト・アフヘルト，アンダース・ボーゼルップ，ディートリヒ・フィッシャー，ロベルト・ナイルトの名を挙げておきたい。

第 1 章　平和ワークの政治

冷戦期のコミュニケーションに関する小史：小さな 3 幕ドラマ

第 1 幕：1959 年，後のオスロ平和研究所（PRIO）と紛争・平和研究講座が，平和的手段による平和政策をテーマとする研究ペーパーの配布を始めた。名宛人の中には，ソ連の政策の重要なシンクタンクであるモスクワの世界経済・国際関係研究所（IMEMO）も含まれていたが，何の反応，返答，コメント，返礼もなかった。私たちは，冗談に IMEMO を「宇宙のブラックホール」と呼んだが，それでもペーパーをモスクワに送り続けた。

第 2 幕：その後 1982 年に，IMEMO で会議があり，私は間もなく刊行される著作の原稿を紹介した[15]。昼食後私は図書館員から，図書館で最も神聖なものを見にくるよう招かれた。そこには，私たちが送った刊行物が全部揃ってあった。アンダーラインを引いたり，マークをつけたり，メモを書き込んだ私自身のものよりよいコレクションであった！「宇宙のブラックホール」の場所は突きとめられた。そこは，物体を引きつけ，エネルギーすら放出ではなく吸収していたのかもしれない。

第 3 幕：1991 年，オスロでの会合で，ソ連の第 1 外務次官が私に，若い助手たちの研修グループが，後にゴルバチョフの「新思考」として知られるものの基礎として，これらの資料をいかに利用しているかを語ってくれた[16]。彼は，モスクワからの無返答と西側の「ソ連ボイコット」ドクトリンにもかかわらず，コミュニケーションを維持した人々を，手放しで讃えた。

［3］　米国ヴァージニア州シャーロッツヴィルの人種隔離撤廃（1958〜1960 年）

D：紛争当事者 3 者間での透明性の欠如
P：過度の知覚が暴力に至る可能性
T：全員に対する社会学的知見の伝達。段階的緩和

私は，ニューヨークのコロンビア大学社会学部の助教授だった。ささやかな助成金をいくつか得て，学生たちとヴァージニア州シャーロッツヴィルに行った。私を精神的に導いてくれた 1 人，故オットー・クラインバーグ教授が勧め

---

15) Johan Galtung, *Environment, Development and Military Activity: Towards Alternative Security Doctrines*, Oslo: Norwegnian Universities Press, 1982.
16) ウラディーミル・ペトロフスキーで，彼はその後ジュネーヴにある国連機関の事務局長になった。

てくれたのだった。その研究プロジェクトは，この町のエリートと，人種隔離賛成派（白人市民評議会），人種隔離反対派（人間関係評議会），黒人（NAACP：全国有色者進歩協会）の主要組織のエリートに関するグループ調査であった。さらに，無作為に抽出された郡部住民の態度に関する調査も実施された。

すべてが非常に有望に見えた。平安に満ちているだけでなく，ジェファーソン流ヒューマニズムの中心という自己イメージと一致しない紛争に巻き込まれたコミュニティーに関する本が生まれる予定であった。ところが，素晴らしいデータにもかかわらず，本は書かれることがなかった。出版より重大なことが起こったのだ。

住民は苛立っていた。クー・クラックス・クランの十字架が焼かれた。暴力が迫っていた。それでも私は，それらが全部危険を誇張しているとわかっていた。コミュニケーションが崩壊し，私は市長やシェリフより多くのことを知っていた。私の任務は何だったのか。

私は，会合やメディアで，関係者に彼らの状況を説明することで，彼らに状況を見通せるようにしなければならなかった。さらに，彼らがどうしてこのにっちもさっちもいかない状況に陥ったのか，どのような打開策が可能かを，関係者たちに示さなければならなかった。私は，人種隔離に反対であったが，あらゆる立場を真剣に受け止めた。そして，社会科学の一般的視角から彼ら自身のプロセスを根気強く説明し，紛争を非神話化するのに奏功した。報われたことに，私は，私の活動のせいもあり，人種差別が平和的に廃止されたと綴る手紙をもらった。自分の役割がわかってきた。

［4］ キューバ―米国（1960年以降）
　　D：危うくなった米国の「明白な運命」要求。冷戦の利害関係
　　P：戦争や「暴君暗殺」を含む果てしなき不安定化工作
　　T：キューバの独立独行，政治的多元主義の米国モデル

1958～59年のキューバ革命は，西半球に社会主義と冷戦を持ち込んだ。ノルウェーのテレビ局のパートタイム記者として，私は60年代，70年代（と1996年）

に何度かキューバを訪れた。そこで，フィデル・カストロ，チェ・ゲバラらにインタビューし，ありとあらゆる議論に記者の役回りを利用した。1962年9月初め，私は，マイアミからキューバに薬を密輸したのだが，ノルウェー大使館の運転手が苦しんでいる親戚たちに配るのを手伝ってくれた。その後私は，いくつかの反体制派グループと会った。彼らは「暴君暗殺」に対する私の意見を聞きたがった。私は，倫理的・実利的理由から反対した。それでもそのグループは暗殺を試み，収監された。彼らは，キューバに原子爆弾があると確信させてくれた。私は，その情報が公になるずっと前に，ノルウェー外務省に伝えた。

だが，私の主たる関心は，「何ができるか」にあった。社会主義独裁は，資本主義独裁のオルタナティブではなく，苛立つ米国の目前で新しい冷戦の前線が走る危険，「暴君暗殺」の試み，全般的不安定化を伴っていた。

至るところで議論された（今日も議論されている）提案とは

① ソ連依存の赤い国家統制経済に対するオルタナティブは，米国に従属した青い企業統制経済ではなく，ソ連からも米国からも自由な，緑の，オルタナティブ技術による，ローカルな，キューバ人が管理する経済である。

② 政治権力をめぐる競争としても，キューバで幅広く行われている私的な政治的議論が，公共の空間でも起こる必要がある。米国に2つの保守政党があるのなら，なぜキューバに2つの社会主義政党があってはならないのであろうか。

キューバは今日①について動いており，②についてもそうかもしれない。だが，1962年，米国国務省での対話では，不安定化への関心しか窺えなかった。

[5] 「南北」対立：開発の危機（1960年以降）

D：搾取，経済主義，非対称的外部性
P：南における巨大な貧困，暴力，人の移動。北における失業
T：オルタナティブ経済，自立Ⅰ，自立Ⅱ

ここで私は，自分が有用なことを多く成し遂げたとは主張できない。かつて私は，ペンタゴンが出資した一大研究プロジェクト，チリの「キャメロット」

を暴露できた。このプロジェクトは,「いかに米国が友好国の軍隊を支援できるか探り出す」ためのものだったが（紛争と開発に関するプロジェクトとして紹介された），この種の活動はなおも続いている。国連決議にいくつか痕跡があるが（たとえば,1974年にメキシコのココヨクで開かれた国連環境計画（UNEP）と国連貿易開発会議（UNCTAD）の共催による国際会議の宣言），効果的治療と私が考えるものは,今日まで現れていない。

　西側による搾取でもあるという診断は,西側の主流派エリートには受け入れられない。だが,それは大したことではない。他の概念やチャンネルが見つかるかもしれないからだ。キーワードは,「外部性」である。たとえば,挑戦,協力での訓練,汚染・乱伐など,経済行為の非対称的に分配された副次的効果全部を指す。そして,非対称的交換が,西側の優位を構築する堅固な基盤となっている。経済「学」はその合理的基礎だから,治療法もここで見つかるかもしれない。つまり,オルターナティブ経済学である。鍵となる課題は,知的なものである。多くの人がそれに携わっている。赤の社会主義も緑の社会主義も当面打倒された後,西側の経済的グローバル化が続くであろう。これは,不平等の増大という代償を生む。達成された富は,貧困や危機に対して豊かな社会を守るのには決して十分でない。

　結論的に言うと,基本的必要にかかわるローカルおよびナショナルな自立Ⅰも,対等な人間間の交換にかかわる自立Ⅱも存在すると信じるにしても,[17] 根本原則が改善される必要がある。われわれは今なお診断の段階にいる。勝ち誇りグローバル化する市場経済主義と経済学の重圧に,さらに多くの人間が苦しむであろう。

---

[17]　*The True World: A Transnational Perspective,* New York: Free Press, 1980の第9章参照。*Self-Reliance: Beiträge zu einer alternativen Entwicklungsstrategie,* München: Minerva, 1983.

第1章　平和ワークの政治

［6］　イスラエル—パレスチナ（1964年〜）
　　D：入植者植民地主義。トラウマを抱いた選民対土着住民
　　P：長引く構造的・直接的暴力，エスカレーション
　　T：非暴力（インティファーダ），自治—2国家—国家連合

　この問題を，パレスチナの地における入植者植民地主義と特徴づけるのに，さして時間は要らなかった。1つ違いがあるとすれば，それは，「選民／約束の地」症候群を通じて，ユダヤ人側の要求も存在した点である（ホロコーストを通じて，ではない。その論理なら，ドイツ領土の相当部分をユダヤ人に明け渡すことに繋がったはずである）。どうしたらここで，創造性と非暴力の二重アプローチを用いて紛争に入って行けるのであろうか。

　1970年，2国家による解決案の提唱，2国家解決，それどころかイスラエル・パレスチナ国家連合へと進展させる構想を，非常に奇妙だと捉えた向きもあったはずだ[18]。今日これは，（まだ）現実になっていなくとも，立派な言説である。私も，各方面と数知れない話し合いを行った。「ユダヤ人全員を海中に」とか「ベドゥインは皆帰れ」とは異なる目標観を発展させることが決定的に重要であるのは明らかであった。1988年11月15日のパレスチナ民族評議会（PNC）の決議は，2国家解決案への道を開いた。これは，遅かれ早かれ実現するであろう。

　しかしながら，非暴力の方はどうであろうか。1986年11月に1つの機会があった。私は，「アラブ思想フォーラム」から，ヨルダンのアンマンで開かれる非暴力をテーマとする会合に招待された。そこで，第二次世界大戦中のノルウェー人の抵抗，1943年2月，絶滅収容所に送られるユダヤ人の夫を解放したベルリン女性たちの有名な事例，ポーランドの「連帯」を分析した後，数多くの提案を行った[19]。1年後に起こったインティファーダは，明らかに関連している。なるほど，選ばれた形態や子どもたちの役割については，予想できなかった。

---

18) *Peace Problems: Some Case Studies,* Copenhagen: Christian Ejlers, 1980および *Solving Conflict: A Peace Research Perspective, Honolulu*: University of Hawaii, Institute for Peace, 1989の中東に関する章を参照。

第Ⅰ部　平　和

　だが，決して降伏しないというパレスチナ側の明確な意志表明と，イスラエル兵のモラル低下は，進むべくして進んだ。

　いくつかの痕跡は遡れる。だが，社会的な因果関係は，例によって複合的で循環し分岐する。私は，パレスチナ人民のモラルの方が，子どもの骨をへし折ることに慣れた若いイスラエル兵のモラルよりも強まるのを，インティファーダがイスラエル指導部に明らかにしたと述べた1人である。このことは，イスラエルが傷つきやすいことを明瞭に示した湾岸戦争の後も，また冷戦終結でソ連のアラブ諸国支援が途絶えた後も妥当する。結局この見方は，オスロのチャンネルの助けを借りて交渉しようという願望と，それに続く小さな一歩一歩（2国家解決や，まして国家連合協定からははるかに遠いものではあったが）に導いたように思われる。そして，イツハク・ラビン首相の死にもつながった。

　パレスチナ民族評議会の決議の後，1989年3月，ニューヨークのコロンビア大学でのイスラエル人とパレスチナ人の会合に，私はアウトサイダーながら，次のステップのビジョンを示すために招待された。[20]

　▷合同の政治委員会。2国家の規定や国家連合協定に向けたシナリオを，ヨルダンと一緒に，あるいはヨルダン抜きで作成する。

　▷合同の軍事委員会。ありうべき共通の敵に対してイスラエル軍とPLOが協力する可能性や，あらゆる接近に暴力で反対する双方過激派の取り締まりを研究する。

　▷合同の経済委員会。ジョイント・ベンチャー，対等な交換，イスラエル企業が，他に選択肢を持たない安いパレスチナ人労働力を受け入れる「奴隷市場」経済の終結の可能性を論議する。

　▷合同の文化委員会。相互尊重と相互理解を強める方法に関する議論を含め，3つの宗教の平和的・和解的側面を際立たせる。

---

19) Johan Galtung, *Nonviolence and Israel/Palestine*, Honolulu: University of Hawaii, Institute of Peace, 1989.

20) Johan Galtung, *60 Speeches on War and Peace*, Oslo: PRIO, 1990, "Resolving the Israel/Palestine Conflict", pp. 376–380.

第 1 章　平和ワークの政治

私たちは依然，この次元の協力から遠く離れている。

［7］　ローデシア―ジンバブウェ（1965～1970年）
　　D：入植者植民地主義，「文明化の使命」という思い込み
　　P：経済制裁による体制不安定化なし
　　T：大規模な非暴力による独立

　解放以前，私はしばしばローデシアにいた。1つには，経済制裁の効果を調べるため（経済制裁は，経済好転への挑戦として役立つので，体制を強化するだろうとの仮説を立てた），もう1つには，非暴力を促すためであった。創造性というもう1つの側面は，それほど重要ではなかった。植民地主義は，奴隷制と同様，超越ではなく廃止されて当然だからである。妥協の余地は一切ない。だが，ジンバブウェ市民として現地にとどまりたいと希望する入植者への保証は，別問題であった。

　ある日私は，イアン・スミス首相配下の公安部長に捕まった。彼は，私が何度もそこに来ていたのを知っていて，私の結論を聞きたがった。私が言ったのは，「せいぜい20年ですね」（10年悲観的すぎた）。そして，彼らが何を一番恐れているのか聞き返した。彼は，「ゲリラではない。その点では，われわれの方が一枚上だ。だが，連中がいつか完全に非暴力的に町からソールズベリー（ハラレに改称）に行進することになれば，どうしていいかわからない。女や子どもに向かって発砲はできない」と言った。イスラエル人はまさにそれを行ったために，結果的に道義的敗北を喫したのである。

　この情報を，解放運動をしている友人の1人に渡すことに成功した。彼らの反応は，「われわれは男らしく闘う。女子どもとは訳が違う」と冷ややかであった。私は，大規模な非暴力（外国にいる彼らの友人すべてを含め）のために尽力したが，何の役にも立たなかった。文化が障害となった。アフリカのマッチョ文化のことで，これは欧米の文化と大差ない。私には，それを超越する道がわからなかった。まるで白人支配の即時中止よりも，犠牲，英雄主義，報酬の可能性，白人男性の殺害の方が重要であるかのように聞こえた。

第Ⅰ部 平　和

［8］ 北アイルランド―ロンドン―ダブリン（1970年〜）

D：300年以上もの歴史的征服の制度化
P：相互疎外，分極化，長引く暴力
T：イギリス・アイルランド共同統治，アルスターの高度の自治ないし独立

　1969年の暴力は，ヨーロッパにショックをもたらした。ヨーロッパは，「バルカン」を不穏地帯と見ることに慣れきっていて，その行動様式は冷戦に支配されていた。だが，この紛争は独自の構造を有していた。多数派はプロテスタントの側に立ち，ロンドンとの連合継続に賛成なのだが，歴史はカトリックの側で，この連合の終焉に与していたからである。神は双方にいたわけである。

　1970年，私は，北アイルランド議会（ベルファスト郊外ストーモント）のある議員から，平和研究者としての見解を求められた。

▷連合の終結と，アイルランド26県と北アイルランド6県の統合
▷アイルランド憲法の神権政治色を薄める追加条項
▷非容認派プロテスタントへの英国帰還の誘い
▷復帰の可能性を伴った「逆クロムウェル」
▷エヴィアン停戦協定（1962年，アルジェリアとフランス）モデル

　これは拒絶された。手紙の差出人は，対案にサッカーを考えていたのである。

　その後の事態は，私も間違っていたと証明しているかもしれない。私は歴史の重みを過大評価し，慣習法の重みと多少時間が経てばその土地にとどまる権利とを過小評価していたと思う。だが，北アイルランドの人々は苦悩も分かち合ってきて，これが統合を促すかもしれない。ひょっとしたら，他の歴史的要素も加わって，アルスター人が生まれる原料になるかもしれない。2者対立の5つの出口のうち，ロンドンあるいはダブリンとの連合や，領土・非領土の妥協的分割ではなく，超越と撤退の創造的結合が抜きん出ている。その際，ロンドンおよびダブリンとの結びつきは釣り合いをとり，共通の文化や自治の制度が強められるべきである。ロンドンとダブリンには，ともに後景に退くよう要請し，国家連合の中での独立が，可能な目標となろう。これは，スコットラン

ド，ウェールズなどにとっても興味深いと思われる。

[9] カシミール―イスラマバード―ニューデリー（1971年～）
　D：意志に反してカシミール（インド）で暮らす多数住民
　P：長引くテロ・拷問，散発的なインド・パキスタン戦争
　T：監視下での現地住民投票に基づく3分割

　植民地主義からインド・パキスタンという2国家の分裂・発展を伴った戦争の惨禍を経て，インド政府がさらなる内戦を望んでいないことは明白である。同様に，ムスリムが明らかに多数を占める地域を併合したいとするパキスタン政府の希望も明瞭である。手際が悪く近視眼的な政策が，いずれの目標もはるかなたに追いやった。その代わりに，少なくとも2回のインド・パキスタン戦争を招き，核軍備競争を誘発し，カシミールのあちこちでテロと拷問の悪循環をもたらした。

　第3の道は，1971年にニューデリーで故シェイク・アブドゥッラーと，また1993年に私がガンジーの諸価値を促進するためのバジャジ賞を受けた際に議論された。その際，巨人ガンジーならカシミール問題にどうかかわったか，想像がめぐらされた。

1　彼なら，紛争自体の転換に直接かかわる当事者の権利と義務とを信じ，他国の介入を拒んだであろう。
2　同じように人々を堅く信頼していたので，インド側のジャンム・カシール州の加入文書を最後の言葉，つまり最終状況の規定とは見なさなかったであろう。
3　彼は人々を信頼していたので，「カシミール」を2国間のテーマではなく，ジャンム，カシミール渓谷，パキスタン側のアザード・カシミールの人々にとってのテーマと見たであろう。
4　彼は非暴力を信じていたので，パキスタンの「義勇兵」，インド警察・軍などに，暴力は新たな暴力以外何ももたらさないと言ったであろう。
5　彼は民主主義を信じていたので，紛争転換イニシアティブの多くを人権

第Ⅰ部　平　和

　　　団体その他の市民団体に委ねたであろう。
　6　彼は事実を信じていたので，調査委員会を要求したであろう。基本的事実とは，人々が望むことで，ニューデリー，イスラマバードや国連安保理が指図することではない。
　7　彼は対話を信じていたので，円卓会議に賛成したであろう。そこには，民衆からであろうと政府からであろうと，インドとパキスタンを含む関心を持つ全グループが参加し，開かれた議題が設定されたであろう。開かれたとは，参加者にとって重要なすべてのテーマに開かれたという意味である。
　8　彼は，小さな社会的単位を固く信じ，多数の独裁としての民主主義を拒否していたので，独立だけでなく，複数のカシミールに賛成したかもしれない（もしかしたら，1つはインド，1つはパキスタンと結びつき，もう1つは独立しているといったような）。それらは，彼が「海の波紋」（オセアニック・サークル）と呼んだように，すべてが繋がって，全部の方向に見事な関係を持つであろう。

[10]　北朝鮮─韓国─中国─日本─ヴェトナム─米国─ロシア（1972年～）
　　　D：外部による民族の分断，国家の分断
　　　P：多少の変更を伴いながら繰り返される1950～53年朝鮮戦争
　　　T：紛争転換によるコリアンの自治，脱分極化─国家連合

　私は双方の紛争当事者を知っており，関与してもう4半世紀以上になる。コリアは，一方に米国と日本，他方に中国とソ連／ロシアの力の場に位置する。米・日は，南で経済的に確立しているが，住民の広範な部分から拒否されている。中・ロは，非常に自主的な北と，かなり複雑な関係にある。まず要請されるのは，紛争転換による自治であろう。1945年の民族分断は，実に忌み嫌うべき犯罪であるが，この犯罪は，自治を否定することで永久化されている。日本は，きわめて不当な植民地支配者としての複雑な関係を持っているし，米国は，勝利できなかった初の戦争というトラウマを抱いている。コリアンへの敬意があれば助かるのだが，それはまず起こりそうもない。

第1章　平和ワークの政治

　1972年に私は，京都，ソウル，ピョンヤンで，紛争当事者双方と議論し，国家連合の提案を行う機会を得た。これは，民族統一につながるが，それぞれ望む程度に国家と体制の違いを残し，一方が他方に破壊工作できないようにするものである。だが，韓国のエリートが，いかなる統一にも関心を抱いていないことが明らかになった。彼らは，北の体制崩壊を望んでおり，これは，1950～53年に逃した勝利を取り返したいという米国の意向にもかなっていた。

　紛争当事者はいずれも，国家連合の案を自分たちの案だと要求し（部分的には正当だが），部外者の役回りは，鉄道や道路の接続を広げるといったアイデアをつけ加えることになった。これは，コリア・ヴェトナム・中国・日本から成る東アジア共同体に役立つであろう。これら諸国が自己決定を許されていれば，この協力関係は今日存在しているのだが。いつの日か可能となるにしても，また戦争が行われることなしに実現してほしいものだ。

[11]　ハワイ・太平洋（1989年～）
　　D：入植者・移民植民地主義，構造的・文化的破壊
　　P：土着民に対する2級市民扱いの継続，暴力
　　T：独立ハワイにおける二院制立法府

　私は，1969年以来何度も客員教授としてハワイを訪れ，1988～95年の毎春学期，平和学教授としてかかわりを深めた。そのため，平和ワークの機会が多くあった。

　基本的な問題は古典的で，入植者植民地主義の問題である。ハワイの場合，1893年にハワイ王国が崩壊し，1898年米国領，1900年準州，1959年に50番目の州となるといういくつかの段階を伴った。すべては上から，ハワイ人の犠牲によって行われた。もしハワイ人が住民の半数以上であれば，今日ハワイは脱植民地化されているであろう。だが，宣教師による文化破壊，悪疫（「神の御業」），土地強奪のおかげで，彼らは2割に落ち込んだ。白人入植者は4分の1，残りの大半は，契約労働者として迎えられ，自ら搾取される東アジア人である。クリントン大統領が1993年に行ったような謝罪，若干の土地の返還，先住ハワイ

第I部　平　和

人に対する補償では，十分ではない。主権とは，全群島の管理を意味する。そしてそれは，多数派住民に何が起こるのかという問題を引き起こす。

独立ハワイに向けた1つの可能な解決は，二院制の立法府かもしれない。1つは，出自に関係ない，全市民のための通常の院，もう1つは，ハワイ人のための院である。後者は彼ら自身によってつかさどられ，神聖とされる時期や場所の管理，トラウマと栄光の一対，土地の割り振り，居住地の管理，外交，言語（2つの公用語），警察，司法など，ハワイ人にとって根本的な事柄に関して拒否権を有する。これは，非暴力により，さまざまな運動に導かれる長く複雑な教育過程を通じて達成されるべきである。

[12]　湾岸戦争（1990～1991年）
　　　D：（2，1）紛争への還元論，神対悪魔，ハルマゲドン。CGT[21]
　　　P：経済制裁にもよる大量のジェノサイド
　　　T：歴史的・文化的複合。交渉。中東安保協力会議

よほどの無知でなければ，湾岸戦争に驚愕しなかったであろう。クウェイトは，政治的・経済的西欧植民地主義の帰結であった。国境は人工的で，議論の余地があった。他のテーマ・アクターが数多く，この複雑きわまりない紛争に絡んでいた。この戦争を「ヴェトナム症候群」からの解放として利用し，米国世論において戦争一般を再び正統化するため，ブッシュ政権が激しく攻撃を加えるだろうということも，同様に明らかであった。だが，紛争の熱狂の中で，紛争当事者すべてが，複雑状況を単純な決まり文句に還元しようと努め，それにより自分たちの意味での「選民・栄光・トラウマ」を実行できた。中東では，これが重くのしかかる。鍵となる記憶は，十字軍である。[22]

私は，最も規模が大きく最も活動的な平和団体，核戦争防止国際医師会議

---

21)　「選民・栄光・トラウマ」（"Chosen People–Glories–Traumas"）
22)　キリスト教徒によるこの対イスラム宣戦布告は，1095年11月27日，フランスのクレルモンにおける教皇ウルバヌス2世の演説で下された。900周目の同日は，1995年で最も重要な日付となった。

(IPPNW)の前で話をするよう招待された。そこで私は，ヘルシンキ・プロセスの中東版，「中東安保協力会議」(CSCME)を提唱した[23]。これはすべてのアクター，少なくとも国家的アクター全部に発言権を与え，あらゆるテーマを議題にできるようにする枠組みである。この問題を再びより複合化することでのみ，戦争を回避するための実行可能な方式が見つかるのである。以下に挙げる12点は，数々の会合やメディアで紹介された。この地域に見事な連絡網を持つIPPNWは，このアプローチを奨励した。ところが，瞬く間にはっきりしたのは，米国が戦争を望んでいることであった。米国はあらゆる交渉の試みを足蹴にして，自分たちの政策を貫いた。私を含め平和ワーカーたちは，偏見を持った米国メディアに守られた米国エリートに，不十分にしか近づけなかった[24]。私たちは彼らと一緒に仕事ができなかった。何らかのヘルシンキ・プロセスは，とっくの昔に起こっていてしかるべきものなのである。

中東和平のための12項目計画

1　イラクはクウェイトから撤退し，クウェイトは北部国境の変更について，イラクと交渉を始める。
2　イラクは，主権を目標にしたクルド人との人権・自治交渉を始める。イラクは，クルド人住民を抱える地域で同様のことを行うよう，他国に働きかける。
3　イスラエルは，イスラエルを完全に承認した1988年11月15日のパレスチナ民族評議会の決議に沿って，パレスチナ国家を承認・振興・支援する。
4　ゴラン高原はシリアに返還され，シリアはイスラエルを承認する。
5　全アラブ諸国は，不可侵条約によりイスラエルを承認する。
6　国連は，アラブ連盟と協力して，一大国連平和維持軍を組織する。数十万の警察官が，この地域の大半の国境両側に駐留する。
7　すべての外国軍隊は，クウェイトのみならず，パレスチナ，レバノン，サウジアラビア，トルコなどからも撤退する。

---

[23]　1990年10月初めボンのベートーヴェン・ホールで，1000人余が出席した。翌年1月のミュンヒェンでも同じくらい人がいて，私たちは2回講演を行わねばならなかった。
[24]　"Public Relations: Hill & Knowlton, Robert Gray, and the CIA", *Covert Action*, Spring 1993, pp. 19–25.

第Ⅰ部　平　和

　　8　ヨーロッパのプロセスを手本とする軍備管理レジームを導入する。国連による衛星監視の下で，第1に優先されるのは，この地域の大量破壊兵器の廃絶で，これにさまざまな信頼醸成措置，請求に基づく査察などが加わる。
　　9　地域向けに，水レジームについて研究・交渉する。
　10　可能ならば国連の監視下で，石油輸出入国が永続的な相互対話を行う石油レジームについて研究・交渉する。
　11　人権レジームを導入し，地域諸国を，人権・民主主義の尊重，法の支配へとさらに向けさせる。
　12　イスラエルを正規加盟国とする中東共通市場について研究・交渉する。

[13]　クルド民族（1990年〜）
　　D：5国家による1民族の分割
　　P：長引いて終わりのない暴力・テロ・拷問
　　T：人権，自治，クルド国家連合。非暴力による

　中東症候群の重要な構成要素として，クルド人問題は中心的な役割を果たしている。私は，クルド人団体と一緒に多く活動してきた。さらに，厳しく対立し合う有力なクルド人派閥の間を取り持つ調停者にもなった（この任務を果たすため，1994年7月，フランス大統領により，ランブイエ会議センターが用立てられた）。
　クルド人の3段階プログラムと一体化するのは容易である。つまり，クルド民族を分断している諸国でのクルド人の人権，これらの国々における自治，そして将来的には，多くの他民族が国家を持つようにクルド民族にクルディスタンを与える可能性，という構想である。もしこれが実現すれば，中東の地図は大きく変わるのだが。遊牧民は，多くの場所を自分たちのものだと主張している。
　マッチョ文化の中で非暴力アプローチを目指した私の努力は，成果なく終わった。私は，クルド人両派閥を1つのテーブルに着けさせることができるのは，デモを行い非暴力的に行動する女性たちだという事実に依拠していた。いつの日か，そうしたことがもっと大きな規模で繰り返されるかもしれない。しかし，暴力が深く巣くい，復讐欲・名誉欲で培われている。これは，男たちに英雄的行為によって移動のチャンスを与え，女たちを政治から遠ざけておく。クルド

人は，自分たち自身が敵なのだ。

　私は，たとえば二重国籍，各国内で秘密投票で選ばれる全クルド民族のための在外議会といった創造的解決策を主張した。根本的な問題は，クルド人が単細胞的な政治ゲームをしたがる点にある。そのうえ彼らは，見返りに何かを提供すると言い立てる人間から利用し尽くされて嬉々としている。たとえば，トルコはアルメニア人殺戮の，米国は反イラン・反イラク闘争の見返りを餌にした。

[14]　日本—米国（1990年～）
　D：地位の不均衡。経済的にトップの日本，政治的にトップの米国
　P：第2の開国・模倣・対立・戦争周期，緊張，戦争
　T：貿易縮小，日米安全保障条約（AMPO）の解消，正義・平等を伴った新たな結びつき

　ここでの1つの問題は，定義困難な米・日エリートに近づく機会が乏しいことにある（いくつかの日本の経済団体を除いて）。明治初期から太平洋戦争までの周期がモデルになるとすれば，今日の状況はかなり深刻である。その周期とは，まず「開国」があり，「日本人の学習熱」が続く。そして，「日本が学んだことを実践するとともに，緊張が増大」する。最後に「戦争，あるいは戦争に似た行動」に至る。1945年以後再び始まった周期の第1段階は，占領中に起こった。第2段階は，同じ時期ないしその直後にあり，第3段階は，1970年頃に始まり，今なお続いている。

　状況は，地位の不均衡から，さらに厳しくなっている。米国は，より強い政治力・軍事力を使えるのに対し（事実上米国は日本を占領している），日本は，経済力が強い（円が強すぎなければ，需要の多い製品を売る。円が強いと，不動産を買う。米国国債も購入する）。両国は，相対的な利点を相手の犠牲によって利用している。こうして，緊張は高まる。

　両大国にとって出口は，あまり交流せず，もつれをほどくことにあるかもしれない。米国は撤兵し，AMPOは深化ではなく解消し，両国は別の貿易相手に焦点を当てるべきである。日本は，加工度が大きく異なる製品の取引をあま

第Ⅰ部　平　和

り迫るべきではないし，他国からの精巧な製品輸入に対し門戸を開くべきである。米国は，同品質の製品開発を学ぶべきであるし，日本は他の市場を探るべきである。そして，両国が交流するとすれば，米国がラテンアメリカに接するのと同じパターン（その結果は衆知の通り）で日本が米国を扱うのを避けるため，外観に注意すべきである。

[15]　ロシア―日本（1991年〜）
　　D：南クリル／北方領土の領有
　　P：この問題により絶えずむしばまれた隣国関係
　　T：日本の領有。協力関係

　この難問は，ローズヴェルト米大統領に由来する。彼はヤルタでソ連に，太平洋戦争に参戦したら，これらの島々を与えると約束した。ソ連に北海道を約束せざるをえないのを望まなかった。解決策を見出すには必ずしも，要求を掲げる者のうち誰がいつどこに住み着いたかに注意する必要はない。むしろ，誰かにとって誰の領有の方がよりよい出発点になるだろうかということである。

　1991年，ソ連外務次官との討論で，これらの島々の経済的・軍事的意義はソ連にとって取るに足らないことが明らかとなった。もっとも，返還に期待する金額は，別の話であった。言い換えれば，島の利用は，金銭・物資・サービスへの見返りとしてバーター取引されるのである。

　疑いもなくこのアプローチは，土地の領有者が代わっても利用可能だし，現に利用されている。だが，日本を天照大神の選ばれた国として見ると，これは，そうした事例の1つにはならない。土地が神聖化されているため，その価値が評定できない場所が存在する。下に鉱石が隠れているかもしれないからではない（物質主義文化では強調されようが）。そうした場所には，金銭ではなく畏怖の念を持って近づくべきである。日本人はこの決まりを米国でほぼ破り，ロシアはクリル／北方領土絡みで始終そうしている。それゆえ，

　▷もし相手にとって莫大な価値があり，自分たちには限られた価値しかない場合，取引抜きで返還すべきである。

▷見返りをあまり述べず，考えもしなければ，それだけ報われるかもしれない。値切ればそれだけ，得られるものは少ない。

[16]　ユーゴスラヴィア（1991／93年〜）
　　D：（2，1）紛争への還元論，神・悪魔，ハルマゲドン。CGT[25]
　　P：制裁にもよる大量のジェノサイド，激しいエスカレーション
　　T：平等な自己決定権，紛争自治。東南ヨーロッパ安保協力会議
　　　　（CSCSEE）

　この件でも，びっくり仰天したのは，ヨーロッパの歴史を全然知らない人であろう。かつて，非同盟ユーゴスラヴィアを重視する少数のユーゴスラヴィア・エリートが形成されていた。冷戦が死滅して，ユーゴスラヴィアのレゾン・デートルも死んだ。歴史が復讐した。外部のEU諸大国も報復した。これらの国々は，昔のような政治的・経済的接近を長い間阻まれていた。そして，早まってクロアチア，ボスニア＝ヘルツェゴヴィナを承認したため，背負いきれない状況を生み出した。国境が引かれ，民族的少数派であるクロアチア人・セルビア人が捕虜となってしまった。どこで紛争が繰り広げられているかということだけに注目していると，それを理解することはできない。

　ここの文化は，極端にマッチョで暴力的だが，これは全住民のほんの一握りについてのみ言えることである。市民社会は，紛争を抑え，慎重に民族的境界を越える状況にあった。だが市民社会は，発言力を持っていない。「国際社会」は，あらゆる側の将軍たちに肩入れし，メディアは，普通の人々が連日成し遂げる無数の和平案や和平努力に何の注意も払わなかった[26]。同じことは，たどることができると考えられそうなプロセスにも当てはまる。「腕ずくの仲裁」（デイトン合意）ではなく，あらゆる紛争当事者が集い，あらゆるテーマを

---

[25]　旧ユーゴスラヴィアで，「選民・栄光・トラウマ」症候群は，セルビア人，クロアチア人，ムスリムが何らかの方法で代弁している。
[26]　広告代理店ルーダー・フィン社，特にジェイムズ・ハーフ部長の役割については *Jewish Chronicle*, December 10, 1993および *Intelligence Digest*, February 4, 1994を参照。

扱う東南ヨーロッパ安保協力会議（CSCSEE）のプロセスである。

中東とまったく同様，そうした会議は，歴史を含み入れるのを学ぶ必要がある。過去の紛争を解決することは，現在の紛争の解決と同じくらい重要である。「私たちはどうすべきだったのか。」——この問いへの回答は，人間が歴史の主人公であってその反対ではないという感情を人々に与えられるものでなければならない。その感情は未来へと託すことが可能で，たとえば新しい国家連合を追求する際に有用であろう。

3　若干の省察

以上16の事例は，私が平和ワーカー・紛争ワーカーとして真摯にかかわった時点に従い，時系列的に整理されている。[27] 初期の事例の方が読みやすく，どちらかと言えば「成功」，ないし明白な「失敗」（ジンバブウェ）に聞こえる。

冷戦の事例を紹介した後の省察がどう見られようと，それは構わない。種が熟し実を結ぶのには，時間がかかる。それに，1人で活動しようと他の人々と活動しようと，1人の人間の役割は，どんな場合でも当然ほんのささやかである。私のアプローチとは，1者あるいは複数の当事者との対話の中で着想を実らせ，途中で種に水をやるのを忘れないことなのである。

よい理論ほど実用的で，時宜を得た着想ほど強力なものはないと，多くの人が述べてきた。だが，そうなるには，まだ「早すぎる」，「機が熟していない」時に，誰かがこの着想を唱える必要がある。その人は，沈黙，周辺への放逐，嘲笑，かなり激しいこともある攻撃というお決まりの局面を切り抜けなければならない。これもひとえに，「いつも同意見だった」エリートの地位にある別

---

27) 1993年夏，この種の活動は「トランセンド」として継続された。トランセンドは，前節で述べたさまざまな出来事に促され，1993〜98年の間に組織されるべく，1993年夏，紛争転換のためのネットワークとして発足した。ユーゴスラヴィアにかかわる活動は1991年に始まり，93年強化された。1997年10月の時点で，紛争件数は35であった。さらに，紛争に発展する潜在可能性について，数カ国に関する集中調査が5つある。

人に，この着想を実行してもらうためである。だがこれは，いつの日か何かを引き起こすかもしれないことを動かすことができ，非暴力かつ創造的紛争転換の意味で平和を創造する立場にある特権の小さな代償である。

だから私は，引き続きそうした種を蒔き続けよう。さまざまな体験を通じて，私は，共感に支えられた非暴力と創造性という三重のアプローチへの信頼を強めた。この3つは，ガンジーが強調した非暴力と建設的行動のように，相携えて互いの前提となっている。目標と手段の一致はこのように達成できる。教えてくれるのはガンジーであって，マキャベリではない。

本章の題は，「平和ワークの政治」である。もちろん，これは政治である。そして，（平和的手段による）平和はパワー（しかしソフトパワー）をめぐるものであり，それは目標として，かつそれに至る道程としてである。肝心なのは，弱者にパワーを与えるパワーの再配分，非暴力はより速くまっとうな結果に導くのだから，彼らに「目標は正当だが，非暴力的に闘うべきだ」と明らかにすることである。次はパワーのソフト化で，暴力ではなく非暴力を用い，アメとムチを使い分ける代わりに共感と創造性という道徳的・知的パワーを用いる。問題は，ソフトパワーが十分にパワフルかどうかである。いつもではないが，自然療法対抗生物質のように，2通りの答えがありそうだ。ゆっくり効くのだから，時間をかけるべきなのである。そして，ハードパワーは，平和のために本当に機能するのだろうか。つまり，「平和のための戦い」や「平和強制」は，それ自体矛盾した試みなのではないか。[28]

DPTというアイデアは，対話から生まれて始められ，新たな対話を通じて修正される。ここに1つのシナリオがある。

1　過去の治療（「いつ何かがうまくゆかなかったのか。そして，その時何ができたのか，何をすべきだったのか。」）

2　想像力による介入なき予後（「もし事態が今のように続いたら，何が起こると

---

[28] イスラエルの平和運動の言葉を借りれば，「平和のための闘争とは，純潔のためのセックスのようなもの」となる（1989年11月，エルサレムでのデモ）。

第 I 部　平　和

　　　予想されるか。」)
　3　状況診断（「一切の根源は一体どこにあるのか。」）
　4　その後に初めて未来の治療（「何がなされるべきだと考えるのか。」）
　5　続いて，再び想像力による介入を伴った予後（「これが実行された場合，何が起こると考えるか。」）

　この種の対話が繰り返し可能かつ必要であることは，言うまでもない。種には水をやらねばならない。
　その後もう1度水をやり，新たに種を蒔き，肥料をやらねばならない。
　何年か経つうち，私には，プロセスの一部として，この種の作業を行うのに必要な人間の能力について，いくつか考えが浮かんだ。以下，一覧を掲げるが，私自身がそれにふさわしい能力を備えていると言うつもりはない。それでも，紛争ワークの基礎として役立つであろう。
　知識。もちろん大いに必要である。知識は，特殊事例の特別な指標を内容に含んでいる必要がある。これはしばしば比較的簡単である。紛争当事者は，自分たちの話を教えたがるからである。それらの話を全部足して，部外者と点検した後，多くのことがわかるであろう。
　だが，たとえば紛争・平和の一般理論のように，より全般的な知識も存在する。これは，冷戦終焉後間違って進んでしまった。主流派も対抗勢力も，40年間1つの特殊な紛争に集中していた。それにより彼らは，紛争が消散したと思われるや否や，訪れを告げるべき平和について単純な意見を抱いてしまった。それどころか，その直後に出現したより複雑な数々の紛争への一般的洞察を妨げられた。
　他の事例に関する知識は，特殊と一般の間の架橋として使うことができる。「この特殊な紛争は，彼らがYを試みたXを思い起こさせる」という具合である。よき理論は不可欠である。紛争ワーカーは，双方の知識の宝庫でなければならない。
　想像力。これは創造性に必要で，純粋な事例知識を越えて，職人的・直感的なものの領域に及ぶ。

・・
　同情。ここに非暴力が根づく。人間，私たちのもろさ，それどころか私たちの暴力に対する深い同情が求められる。モラリズムは，私たちに何ももたらさない。
　　・・
　忍耐。継続せよ！　新しい証拠や発想に照らして提案を変えようとも，決して諦めるな。そして，報酬を期待するな。平和は，高潔さと同様，それ自体が報酬なのだ。見，聞き，傾聴し，行動せよ。
　見えないものを見，聞こえないものを聞くようにせよ。
　特に米国で私が繰り返し出くわす質問は，「それであなたは楽観主義者になったのですか，それとも悲観主義者ですか」というものだ。「あなたは理想主義者ですか，それとも現実主義者ですか」とか，「いつの日か平和が訪れるでしょうか」というものもある。
　もちろん，質問が間違っているとも答えられる。「平和」を「健康」に置き換えてみれば，完全な健康など存在しないことは明らかであろう。要は，避けられる病気や長患いを和らげ，人生を豊かにすることにある。そのためには，心的，精神的な二重性が不可欠になる。つまり，心の楽観主義・理想主義と，頭の悲観主義・現実主義とを組み合わせることである。
　これは決して矛盾ではない。患者個々人や人間の生活に，新たな病気が登場するだろうということはわかっていても，だからと言って現場から身を引くというわけではない。新しい紛争は，きっと起こるであろう。それでも，いかに非暴力的・創造的に紛争に取り組むかという理論と実践を豊かにするのが有意義であることは知られている。医者のように強く感じられるのは，苦しみを減らすため，もっと多くの人が，病気や長患いと同様，紛争や暴力についてずっと多くのことを知るべきだということである。
　これは，長い道のりである。どんな人間も，大河の一滴にすぎない。私たちは，紛争転換を通じて生活向上の側に立つと決めることができる。間違いも犯すであろう。だが，本当の間違いとは，暴力的に行動し，この暴力が中毒となって，敗者は復讐を，勝者はさらなる勝利を渇望することなのである。どの人間も，紛争によりうまくかかわる能力を発揮するよう努められる。過去におい

て軍隊は暴力中毒だったが，そのことから軍を排除する理由はない。軍隊は多くのことを学ぶ必要があるが，また兵站学・規律・献身・犠牲的行為など，重要なことを教えることができる。近年，軍はさらに著しい発展を遂げた。他もそうすべきである。

愛情と建設的行動より敵意と否定的行動を生み出す結婚生活と同様，目標は必ずしも，当事者をしっかりつなぎ止めておいたり，まして「1つのテーブルにつける」ことにあるのではない。この「テーブル狂」は普通，他人の紛争を転換させようとするより，他人の紛争をうまく処理するため，テーブルの上座を予約する人間から発せられる。ずっと現実的な目標は，非暴力・創造性を内包した紛争プロセスである。それは，たとえば当事者たちが別々になることで非暴力的になれるようにすること，自分たち自身の創造性を認識することである。その後新しい結びつきが可能になるだろうか。少なくとも「国家連合」はどうだろうか。

本章では，国家連合に着目させる記述がかなり多くある。国家連合のよい点は，その柔軟性にある。自治，それどころか独立と，緊密な協力との双方があるのである。当事者たちは，協力の範囲を広げたり縮めたりできる。彼らはいつでも，担えるだけの協力関係を結べる。議題が包括的で柔軟なため，中途で問題を解決できるチャンスがある。いつでも新たな取引の交渉材料を十分に使えるためである。もし国家連合がうまくいかないようであれば，脱退条項，しかしまた再加入条項も常に存在する。連邦維持のためのアメリカ南北戦争に見られるような，連邦国家の厳しさは存在しない。国家連合はまた，世界の重要ファクター，それどころか超大国であるために，共通の外交・安全保障・金融政策を持った連邦国家ほど緊密ではない。

だが，重大な弱点も存在する。国家連合は，バラバラに崩壊するか，あるいは連邦国家へと転化する傾向があるのだ。このことを意識することが，そうした傾向を防げるかもしれない。

結婚と同様，国家連合は，当然のものと見なされるべきではない。

振り返って私は，「エリート・研究者・民衆」というテーマに関し，今自分

がどこに立っているのかと考える。同じ場所だ。非常に頻繁に尋ねられたのは，国家システムの「中から」活動し，アメと時にはムチで権力の支援を受けた方がよいのではないかという点である。それは違う。世界が必要としているのは，独立した声である。その実直さが信頼され，国益に奉仕しているとか，秘密の議題をしのばせているといった疑念を持たれないのである。私はそうした声でありたい。

さらに，アメとムチは，不信と対抗勢力を生み出しやすい。まさにそれは道徳的・知的パワーも生じせしめる。だが当事者は，お互いにしのぎを削ったり押しのけあったりするのではなく，問題解決的な対話の中で会うことが可能である。つまり私は，市民社会（冷戦の終わりにキーファクターとなった平和団体や他のNGOのような）とともに，市民社会を通じて活動するのが好きなのである。

さまざまな提言は，平和文化の構成要素である。似たようなことをしている何百万もの人々の活動を加算すれば，この平和文化は，より見えやすくなる。さらにもう数百万加えると，非暴力的で創造的な紛争転換のための重要な世界勢力が生まれる。だが，これら数百万には，一定の養成期間が必要となろう。大学はせいぜいのところ知識を提供するが，想像力・同情・忍耐は教えてくれない。平和研究は一助となるが，数多くの道が歩まれるべきであろう。

最後に，重要な観察にコメントしておこう。それは，可逆性の原則である[29]。いかなる政治も，誤りを含んでいる。それは，平和政策にも当てはまる。だからこそ，方向転換が可能なやり方で行動すべきなのである！　そうした逆転可能な政治のみを唱えるべきである。平和政策は，ソフトな政策である。だからそれは，石に刻み込まれるべきではない。暴力は不可逆的で，モデルとして役立ってはならない。非暴力は常に可逆的である。非暴力の行動は別の行動に取って代わり，非暴力の大いなる連鎖となり，いつの日か，ガンジーが述べた「海の波紋」のように，何百万もの人々を結びつけるであろう。

---

29) 本書第12章参照。

第 2 章
平和研究——診断・予後・治療

1 　そして治療？

　今や，冷戦も湾岸戦争も終結した。きっと多くの人が，私と同じ体験をしたであろう。いずれの最中においても，当事者一方よりも平和そのものに役立つようないかなるバランスのとれた見解も，ソ連では「コスモポリタニズム」，あるいはそれ以上に否定的な「裏切り者」，「ハイエナ」，「資本主義の走狗」といった烙印を押され，西側では「反米主義」と非難された。基本的な問いかけは，「おまえはどちらの側に立つのか」であった。「味方でない者は敵だ」という実に古典的な思考法である。当然このことは平和研究，そして私たちが言わなければならなかったこと，すなわち診断・予後・治療のための提言，つまりDPT を社会の隅に追いやった。支配的アプローチは党派的で，DPT は「われわれ（us）によって」定義されたが，西側では「米国（US）によって」を意味した。さらなる分析は，必要とされなかった。
　ソマリアとユーゴスラヴィア以来，状況はもはやそれほど明白ではない。これはとりわけ，何かに賛成・反対のデモが起こらないことで証明できる。目標が不明確なのだ。その根底には，世界がバラバラになり，暴力的な紛争が至るところで流行しているという一般的な感覚がある。それゆえ，まさに診断・予後・治療への需要は膨大である。分析・予測・解決策と言い換えてもよい。しかし遅かれ早かれ，あらゆる立場が平和を求めてではなく，「われわれ」への賛成か反対という立場になってしまう二分法的・マニ教的立場が再び構築されるのは，疑いない。その間平和研究者にとっての根本的な問いは，「もしこのように需要があり，耳を傾け，それどころか学習の用意があるのなら，私たち

は何をもたらせるか。何を提供しなければならないのか」というものである。

多くの平和研究者にとって，これは目新しいことではない。私自身は，もう何年も DPT と取り組んでいる。すべては，1958年，ヴァージニア州シャーロットヴィルで偶然から始まった。そこで私は，米国南部のある都市での人種隔離をめぐる対立について，本を書くことより大切なことがあると気づいた。つまり，微力でも，紛争転換の一助となることである。

もう40年以上前のことだ。以来私は，多くの紛争に，外部の参加者としてかかわってきた。より詳しく言えば，「一番上」にいる人々との作業対話という意味である。時には，少なくとも一方の有力者たちに直接近づくこともあった。当然，年月が経つうちに経験が蓄積された。[1]

ここでは，私が何年にもわたって蓄積した提案の概略を述べるにすぎない。リストが完全ではないため，項目数が簡単に増え，何倍にもなるかもしれない。それらは，新しい職業分野，つまり「紛争ワーク」（あるいはどう呼ばれようと）に従事する人間の提案として（その真価は別にして）提起される。湾岸紛争の診断と，ユーゴ紛争のありうべき治療も例証する。それは，本テーマのとてつもない複雑性を説明することにもなろう。

2 紛争転換──若干の提言と論評

(1) 現実の紛争フォーメーションには複数の当事者がおり，その中には紛争を変形（デフォーム）しようとする目標を持った「第三者」が含まれる。
(2) 観察可能な身体的・言語的暴力行動の下で，隠れた想定，その下に横たわる矛盾が析出されねばならない。

---

1) Johan Galtung, *Peace by Peaceful Means: Peace and Conflict, Development and Civilization*, Oslo: PRIO, 1996（ドイツ語版 *Frieden mit friedlichen Mitteln: Friede und Konflikt, Entwicklung und Kultur*, Opladen: Leske + Budrich, 1998）は，より体系的な著作として，紛争理論に有用である。それを深めたものとして，*TRANSCEND AND TRANSFORM: An Introduction to Conflict Work*, London: Pluto Press / New York: Paradigm Press, 2004。

第Ⅰ部　平　和

(3) 病理的な文化，搾取的・抑圧的な経済・政治構造，文化的かつ／または構造的に暴力的かつ軍事化された国といった事柄が存在する。
(4) 紛争は解決されるものではない。しかし，創造性の増大と暴力の減少，つまり平和の方向に向かって，紛争過程は転換可能である。
(5) 目標は，紛争当事者にとって文化的／構造的に持続可能かつ受容可能な紛争転換を達成することである。
(6) 「当事者をテーブルにつける」ことは，早まると逆効果の可能性がある。彼らとの個別の話し合いの方が有用なこともありうる。
(7) 「トップ」で行われる合意は，持続可能／受容可能であるには，レベルが高すぎて，文化と構造に十分結びついていないかもしれない。
(8) 当事者たちを召集するのは，罪状認知―謝罪―悔い改め／処罰―赦免の連続に陥るのではなく，内的・外的対話を通して悪しきカルマを良くするためである。
(9) 内的対話は，共感をもって紛争の診断・予後・治療という分析を行い，どの当事者の正当な目標をも明示するよう促されるべきである。
(10) 過去の治療（何をすべきだったかと思うこと）は，未来の治療への架け橋として利用されるべきである。
(11) 外的対話は，他の当事者との遭遇を模擬実験するロール・プレイを通して促されるべきである。これは，紛争の超越を狙いとする。
(12) 始めるに当たって，合意に腐心するのではなく，提案された治療法の創造性と非暴力のレベルに留意すべきである。
(13) 紛争ワーカーは，精緻な診断，緻密に分析された予後，1つではなく，いくつかまとまって適用されるべき治療法のレパートリーを対話に持ち込むべきである。
(14) 紛争ワーカーは，彼らが有する価値と仮説を明示し，対話の結果それらを修正する用意がなければならない。
(15) 紛争ワーカーは，外交官や政治家になろうとするのではなく，困窮している人々の援助者と自覚すべきである。

⒃　あらゆる紛争当事者の創造性は，紛争ワーカーが不必要になってしまうくらいに活用されるべきである。紛争ワーカーが，紛争泥棒にならないためにも。

⒄　目標は，平和的手段による平和である。暴力は新しい暴力を生む。敗者は復讐を望み，勝者はさらなる勝利を求めるからである。

3　若干のコメント

⑴　現実の世界では，いかなる紛争も1つの文脈に埋め込まれている。それは将来の世代をも含み込み，彼らも同じようにその紛争に関係する。さらに紛争当事者は，常に自己の内なる対立を抱えている。全当事者と全目標の総和が，紛争フォーメーションである。これに，いわゆる外部の第三者もカウントする必要がある。彼らも，独自の目標を抱えて来ている。助けとなりたいと本当に思っているかもしれないし，自著，学位，名誉，はたまた平和賞の材料に紛争を利用しているかもしれない。国家間・民族間紛争における外部の勢力が，通常明瞭な自国の「国益」を追求するのは，言うまでもない。結果は，もともとの紛争がもはや中心ではなくなり，注意すら払われなくなる紛争のデフォーメーションである。現実の紛争がいかに複合的でありうるかという例として，【補足1】を参照されたい。それは，湾岸戦争のひどく単純化されたイメージを示している。それでもやはり，たいていのジャーナリストや政治家らが扱うには，あまりに複雑である。紛争をあれ以上単純に記述できるのか，想像がつかない。ともあれ，あらゆる現実の紛争への視点はこうして拡大する。

⑵　態度（A）・行動（B）・矛盾（C）のABC三角形は，ある程度まで文化的・直接的・構造的暴力の三角形と対応する。これは，あらゆる紛争への観点を深化させる。深層文化・深層構造，あるいは人間内部の元型（アーキタイプ）（集団的に共有されていようがいまいが），社会的元型（多くの文明に共有されようが，1文明にのみ特殊であろうが）のような観察しえないことがらを呼び起こす。行動主義として知られる哲学的幼稚症の虜になりたくなければ，これなしではやっていけな

い。他方，良好な対話でそうした要素を白日のもとにさらすことは，助けにもなろう。

(3) 問題は，悪い暴力的な文化がアクターに内部化され，さらに深層文化が下意識にさえも定着していることにある。悪い暴力的な構造は制度化され，ありとあらゆる特殊構造に支えられているかもしれない。言い方を変えると，そのような文化と構造は，深く根づいている可能性がある。さらに，諸アクターの直接的暴力が，基本的必要（あるいは基本的利害。こちらは集団的なものとなろうが）への感覚的または実際の脅威から派生しているかもしれない。3つのメカニズム全部が，紛争を非常に扱いにくくし，通常長引かせることがありうる。

(4) このようなより深い，直接経験的でないレベルでも，諸問題にアプローチする必要がある。そのような文化・構造は簡単には根絶されず，せいぜい弱められるだけで，紛争が再生産されないという意味で真に「解決」されるのは稀である。アスファルトの下の種は，芽を出し続ける習性がある。だからもっと時間が必要で，紛争を生み出す根を確認しなければならない。その根は，関係者の言行とたいてい重なり合うとしても，必ずしも一致するわけではない。課題は，紛争の中にある人々の創造性が解放され，暴力の程度が減る可能性のある状況を生み出すことにある。

このダイナミックな状況の別名が，「平和」なのである。もとより，同時に停戦，つまり行動の制御があるのが最善である。しかし，いかなる紛争においても創造的・非暴力的であろうとする努力なき停戦が，2つの稀少財である創造性・非暴力の発露と結びついた直接的暴力よりも平和的かどうかは明らかではない。停戦を真摯な対話（「交渉」よりも幅広い概念）の前提条件にするのは，西洋の直線的思考の押しつけに他ならない。

(5) 受容可能性と持続可能性という二重の目標の問題は，両者が互いに対立しかねない点にある。持続可能なことは内面化され（合意が望まれ，必要とされる），制度化され，フィードバック・ファクター（最も有名で，おそらく最も効果の乏しいファクターは，合意順守への報酬と違反への罰則である）によって支えられねばならない。しかしこれは，参加者の文化・構造における深刻な変更になり

かねず，国内問題への不当な介入と見られ，受容可能性を低くしかねない。他方，暴力的行動を続けるコストが高すぎるため，受容可能性があまりに簡単に高まるかもしれない。それゆえ，紛争が終わるかもしれないとの安堵から，とにかく窮地を脱するため何でもサインする用意が増すかもしれない。全か無かではなく，双方から少しずつ手に入れた方がよかろう。

(6)「テーブル・マニア」には，2つの問題がある。1つは，外部の第三者が最も重要な位置を占めてしまい，紛争を歪める場としてテーブルを利用しかねない。もう1つは，相互に見える状態が問題となる。紛争ワーカーは，よりソフトな仮説を探り，進んで暴力を減らし，超越，妥協かつ／または撤退を通じて不両立を解消することを求める。しかし紛争当事者は，他の当事者がいると，弱い裏面を見せないし，見せられない。敵対者と調停者の間に立つことは，また1つ不一致を増やすことになり，その態度は儀式化し頑になりがちになる。敵対者だけに相対する方が，誠実ゆえにベターですらあるかもしれない。調停者と一緒にいる両ないし全当事者は，心からの遺憾の意，言を尽くした謝罪，何にでもサインする用意でもって互いに競い合うことで，共通の集団的偽善を見せつけているかもしれない。テーブルは最後に適しているのであって，最初にではない。

(7) サインを「批准可能な文書に関する交渉」の頂点とする「テーブル志向」の紛争プロセスの結果は，伝統的な外交職人芸の主産物であり，エリート主義と厳しく批判されねばならない。交渉と批准は，社会のトップ，つまり「自分の」国を統制する人々の間で生じる。だが，このモデルは，国際関係が上層階級の関係と同一視されていた時代のものである。その最も極端な形は，王族との婚姻を通じて解消されたり固められたりする王侯貴族同士の関係である。だが，昨日の「臣民」は，今日の「市民」である。彼らは，しばしば非常によく教育されていて，外交官や政治家を越えることすらある。民主主義諸国が提供する場は，誰からの挑戦も受けなかった昔のエリート間関係の権威主義とは相容れない。それゆえその過程は，持続可能性に根づいていなければならないだろう。受容可能性の方は，国民の「名において」受容した具体的人物並

みに傷つきやすいからである。

(8) これは，非常に単純な思考実験に由来する哲学的立場である。何か紛争を引き受けたら，因果関係の連鎖を後方（「原因」）、側面（「文脈」）、前方（「効果」）に描いてみよう。「なぜ」、「状況はどうだったか」、「何が続くか」を問い続けよう。「こうすればどうか，なぜそのプロセスは別の道をたどらなかったのか」という問いも発してみよう。各質問には新しい状況が対応し，そのうちのいくつかは，過去・現在・未来における具体的アクターの行為・不作為を内容として含んでいる。それらは皆何らかの形で，直接・間接に紛争フォーメーションの一部である。集団的倫理という仏教の見方はより「包括的」だが，キリスト教的個人主義はより「排他的」である。当事者たちが共存しなくてはならないのであれば，前者のアプローチの方が有望である。

(9) ここで対話は本質的道具として見られる。対話は，既に確固たる立場から行われる交渉過程とは非常に異なる。また，本質的に勝つための戦いである論争とも異なる。対話は，普通の会話と似て，率直さが決定的だ。参加者は，結果がどうなるかあらかじめ知らないだけではなく，どんな結末になるべきか明確な観念を持っていない。それは相互発見の過程であり，これこそ，不両立・矛盾を超越できるかもしれない唯一の道である。外部の第三者の任務は，参加者に手の届かない新たな展望をもたらすことにある。同様に，心理的呪縛のように働いたのかもしれない行動様式を彼らが克服するのを助けるため，驚きの要素も差し挟むべきである。彼らが自力でできたのなら，たぶんとっくに紛争を転換していたであろう。だから，外部の第三者は必要なのだ。彼らの任務は，言葉上・身体上の暴力という蛮行を克服し，紛争当事者の，誰もが受容可能な目標形成を行うことにある。それゆえ，あまり感情を掻き立てない，それどころか技術的な語法の方が好ましいのである。

私の経験からすると，外部の第三者が対話のパートナーとして非常に良く準備した場合にのみ，これが可能だと言える。第三者に有利な要素はいくつかある。内部の当事者リーダーは，「イエスマン」に囲まれ，反対相手は「ノーマン」から成るとよく知っていて，自分の立場を「たぶんと言う人（メイビー・パーソン）」でしばしば

試したがる。彼はまた，出口を探しているのかもしれない。敵対者は到底受容できないし，自分の属する側の意見も，彼自身内部均衡を壊しかねないので，受け入れることはできない。彼はひょっとしたら，（「イエスマン」からも「ノーマン」からも受け入れられないであろう）対決あるいは論争を引き受ける用意すらあるかもしれない。彼は，深刻な挑戦に立ち向かう用意もあるかもしれない。

　要するに言いたいことは，必ずしも「外交的」であろうとする必要はないということだ。第1に，外交官は必ずしも外交的ではなく，しばしば非常にあけすけである。第2に，彼らが「外交的」な場合，それは，なお長い間業務にとどまっていたいから自分たちを守っているのだ。そうではなくて，腹蔵なく直接的である方がよい。それどころか叱りつけるような必要もあるかもしれない（たとえば「いったいあなたは誰の名前でこんな提案しているのですか！」と言ってよい）。だが，意見や考えを標的にすべきで，人ではない。

(10)　診断と予後は，比較的分析的である。診断は，データに立脚するため，過去に焦点を当てる。予後は，未来に踏み込む。これに対し，治療は実践志向である。そこで，過去の治療を忘れてはならない。紛争の歴史の中で，あれこれの時点で何ができたであろうかを問うのである。その目的は，参加者たちが自らの歴史を改めて熟考することにある。「もしこうだったら，何が起こりえたか」と，歴史を仮定法で考えるのである。外部の第三者の質問に刺激されて，参加者たちは，それまで考えていたより多くの可能性が過去に存在し，歴史が別の経過をたどったかもしれないこと，侵略者・犠牲者の役割はそう単純に区別できないこと，犠牲者の側に同調者もいたことを認識する。このことが過去に当てはまるとすれば，そこから現在および未来への手がかりになるのではないか。

(11)　外部の第三者に可能な役割は，相手側を演じることによって，遅かれ早かれ行われなければならない相手との対話を紛争当事者に準備させることにある。最も簡単なのは，「相手側はそれに反対するかもしれない」と述べることである。論点を持ち込むが，距離は保つ。実際の対決でよりもロール・プレーで譲歩する方が簡単である。そして第三者は，ソフト・ランディングのための

処方箋を提案することで，地ならしができよう。

⑿　早まった合意は，非生産的である。停戦がそうであるように，合意が本当に先に進む条件だとはっきりすらしない。そうではなく，紛争当事者は，他の当事者と何かすることで合意し，彼らが相互作用関係にある社会的・地球的ネットワークを広げることができるかもしれない。彼らはその後紛争関係に戻るかもしれないが，さらなる社会体験を通して転換した，より高いレベルにいることが望まれる。本当に重要なのは，一見両立できそうにない立場を超越する創造性を増すことにある。また，すべての過程の間（言葉のうえでも），非暴力的に行動できる能力を増すことにある。「彼らをテーブルにつけよ—交渉せよ—合意せよ—サインせよ」というやり方は，機能するうちは結構かもしれない。だが，深部の紛争では，表面的以上のものは間違いなく生み出せない。

⒀　最悪なのは，診断・予後・治療のそれぞれにおいて，1つの見方しか持たないことだ。たとえば，診断：「どこかおかしい」，「ビジネスが危うい」，予後：「われわれが介入しないと，さらに悪くなる」，治療：「海軍を送れ」という具合である。理想的には，いかなる特定の「状況」（直接「紛争」と呼ぶ代わりに国連の専門用語を使えば）も，いくつかの診断要素の見地から見，1つだけから見ないことである。それらの要素それぞれが，いっそう掘り下げた分析の対象となるはずである。予後は，「これが起こったら，状況はこの方向に発展するかもしれない。あの条件下ではあの方向に」というように，条件つきであるべきである。そして治療方法は多く存在する必要がある。1つだけを勧めるのではなく，いくつも提案するのである。それらは必ずしも互いに代替案となる必要はなく，補完しあうべきである。まるで間違った方向に導いてしまうかもしれない強力な治療法を1つ持っているよりも，互いに相殺しない多くの薬を持っている方がよい。これは，ハードな診療，ソフトな診療と対比できる。効果的に映るものが，長い目で見ると効果的でないかもしれない。【補足2】では，ユーゴスラヴィアにとって相互補完的な治療法のリストを示した。

⒁　この点は，別の表現を用いると「操作するな」ということである。関係者たちに，より従順になるよう仕向ける社会科学的「法則」への支持を誓約さ

せるためのどんなプロセスも着手してはならない。率直に何を意図しているか言うべきである。紛争中の人間は，真剣に話を受け取ってもらう権利がある。紛争が深刻になればなるほど，そうである。部外者にとって茶番の要素を含んだ悲劇は，直接かかわる内部の人間にとって人生で最も困難な局面なのであり，誰も軽く考えてはならない。さらに言えば，操作は，繊細で幾多の苦難を経た人々においては，不測の事態に終わりやすく，他の場合なら大いに有望だったプロセスを破壊しかねないのである。

(15) これはもちろん，論争的なポイントである。というのは，外交官や政治家たちは，自分たちが社会内部および社会間の紛争を独占しているとしばしば信じているからである。これに対して，人間内部および人間間の対立は，他の人々，すなわち組織の専門家，家庭療法士・心理療法士といった人々に任せている。政治家や外交官のアプローチがしばしば不適当に見えるという事実から，他の人の方がうまくやれるという結論は得られない。試してみる価値があると結論づけられるだけである。今日世界は，相互に密接に結びついており，紛争は万人に属する。なぜなら，それが「エスカレート」して，暴力がわれわれに及ぶかもしれないからというだけでなく，苦境にある人間同胞に影響を及ぼすからである。そこから，万人が関心を持ち関与する義務だけでなく権利もあると言える。だが，それを行う人間は，いかなる社会的レベルにあろうと，またいかなるやり方であろうと，相互に行く手を遮るのではなく，なるべく補い合うべきである。冷戦の終焉は，民衆外交とゴルバチョフ外交の相乗作用の見事な事例と見ることができる。他の者は，いったい何が起こっているかあまり理解していない傍観者にすぎなかった。将来において，こうした並行状況が増えるかも知れない。

(16) 特に当事者たちの創造性を刺激するようにすべきである。この創造性は，必ずしも指導者たちにおいて最も明瞭というわけではない。彼らは，自分の立場が危うくなる場合を除いて，逸脱せずに修辞的効果を狙ったのかもしれない。もっと有望なアプローチは，一般の人々の間で対話を組織することである。その際，紛争当事者内部の内的対話と，紛争当事者間の外的対話とがある。合意

第Ⅰ部 平　和

を目指そうと対話が動く前に，これらの対話から学び，アイディアの一大貯水池を創るべきである。紛争過程において，当事者たちは，自ら作成した意見書に固執しすぎて，他の人々が同じ紛争をどう考えているかまったくわからないことが多すぎるからである。

⒄　国連安全保障理事会が考えているように，正統性のある裏づけがあれば，暴力は新しい暴力を生まないと想定するのは甘すぎる。その結果は，ソマリアやユーゴスラヴィアで見て取れる。決定的な点は，国連が，他の誰もがそうであるように，すべての紛争当事者にとって等しく受け入れられるような「不偏不党」ではありえないことである。もしそれが可能なら，紛争を最初から避けるため，当事者間で十分な合意が存在したことであろう。むしろ，国連が，国連内部ですら，交戦主体として暴力を行使している現在，2つの実証されたメカニズムが動き出している。人は，殴られたら殴り返して，好戦的な人間が言うように「牙を剝き」たがる。他方勝者は，成功を再現したいと考える。国連がそうしたプロセスに免疫があるとする理由はまったくない。それゆえ，より有望だがより困難な道，つまり平和的手段による平和が導かれるのである。

【補足1】中東・湾岸紛争フォーメーションの構成要素
1. 侵略問題：イラク⇔クウェイト，イラク⇔国連・世界の大半の国々・連合
2. 安全保障問題：イラク⇔イスラエル・米国・イギリス，イラク⇔サウジアラビア，イスラエル⇔パレスチナ・アラブ
3. 占領問題：イラク⇔クウェイト，イスラエル⇔パレスチナ・シリア・レバノン，シリア⇔レバノン
4. 国家独立問題：パレスチナ⇔イスラエル・ヨルダン・シリア，クルド⇔イラク・トルコ・イラン・シリア
5. 国境問題：イラク⇔クウェイト・イラン・トルコ・シリア，イスラエル⇔シリア・ヨルダン・レバノン
6. 勢力浸透の問題：米国⇔アラブ過激派，西側・イスラエル⇔アラブ民族，西側・シオニズム⇔イスラム
7. 覇権問題：米国・イギリス・イスラエル⇔イラク，米国⇔EC，米国⇔国連，

第 2 章　平和研究

　　　イラク⇔シリア⇔エジプト⇔イラン⇔トルコ
 8. 水問題：イスラエル⇔パレスチナ，トルコ⇔イラク
 9. 石油問題：イラク⇔クウェイト，イラク⇔OPEC，米国⇔イラク，米国⇔日本・EC, OPEC⇔消費者
 10. 経済的分配の問題：イラク⇔クウェイト，西側⇔湾岸諸国⇔アラブ世界，米国⇔アラブ過激派
 11. 負債問題：イラク⇔クウェイト，イラク⇔湾岸諸国，湾岸諸国⇔パレスチナ，米国⇔エジプト
 12. 選民問題：ユダヤ⇔それ以外，ムスリム⇔それ以外，キリスト教徒⇔それ以外，米国⇔それ以外
 13. 神話問題：イスラエル⇔隣国，イラク⇔隣国，米国・イギリス⇔（新）植民地主義
 14. トラウマの問題：ユダヤ⇔残りの世界，イラク⇔イギリス，アラブ⇔西側，米国⇔イラン・ヴェトナム

【補足2】旧ユーゴスラヴィアにおける平和のための10指針（1993年7月）
 1. 国連とOSCE（EUではない）がスポンサーとなる東南ヨーロッパ安保協力会議（CSCSEE）が，ヘルシンキ・プロセスをモデルに，ロンドン・ジュネーヴ・プロセスを補うものとして設置されるべきである。国連安全保障理事会は遠く離れすぎているし，EUはあまりに偏見を持っているからである。あらゆる当事者（准国家，超国家，非国家も含め）が招待され，重要テーマはすべて議題に取り上げるべきである。会議は3〜5年間続くであろう。この地域への部外者は，発言権を有するオブザーバーとして出席すべきである。利害関係のない外部の国家は存在しない。可能な長期的目標は，東南ヨーロッパ（バルカン）国家連合である。
 2. 最重要問題に関するCSCSEE作業グループが，以下の事柄を審議すべきである。
　　※　旧ユーゴスラヴィア諸民族すべてに対する平等な自決権
　　※　3地帯から成る国家連合としてのボスニア＝ヘルツェゴヴィナ
　　※　クライナのセルビア人と同等の地位を有し，セルビアの歴史に対する敬意を持った1つの共和国としてのコソヴォ
　　※　マケドニア：マケドニア国家連合は排除されるべきでないが，より大きな解決策の一部としてのみ実現可能（第1項目参照）
　　※　旧ユーゴスラヴィア：長期の目標として，今度は国家連合
 3. 軍隊だがほとんど非暴力的な国連保護軍（UNPROFOR）を10倍かそれ以上に

第Ⅰ部　平　和

強化する。その際，停戦監視と状況安定化への緊密なネットを構築するため，半数は女性とすべきである。兵士は，警察的で非暴力的な紛争克服方法で適切に養成され，民間の平和維持組織と協力しなければならない。大国や，この地域の歴史とかかわりのある強国の関与は避けるべきである。

4．難民・再建事業のための旧ユーゴスラヴィア全域との緊密な地域的連帯網。自治体協力，欧州審議会。
5．1000のローカル平和会議を百花繚乱させよ。さまざまなコミュニケーション手段を使って，ローカル平和グループを支援し，対話を組織せよ。たとえば，「旧ユーゴスラヴィア領での平和・和解のためのヴェローナ・フォーラム」のように。
6．平和のための人質としての国際平和部隊。これは非武装の外国人，危険地域で活動し，意思疎通を図り，暴力を抑える医者（世界保健機関WHO，核戦争防止国際医師会議IPPNW）などの専門家であるべきである。
7．カトリック，正教およびイスラムの非暴力的・平和的伝統への回帰による，エキュメニカルな平和ワークの強化。地域のハードライナー宗派に戦いを挑むべきである。
8．国家システム（第1～3項目），ローカルなシステム（第4項目），市民社会システム（第5～7項目）内部で平和のために活動する人間・集団・国家間の恒常的コンタクト。さまざまなアイディアが求められる。旧ユーゴスラヴィア内外で，ロンドンやジュネーヴにおける将軍たちの会議と並行して，「平和女性の会議」も開催されるべきである。
9．メディアには専門性が望まれる。暴力・エリート主義・偏見を減らさねばならない。もっと一般の人々や平和努力に，焦点を当てるべきである。
10．将来的な和解の精神において，
　　※　制裁は解除されるべきである。制裁は罪のない人々に打撃を与え，紛争を激化させる。
　　※　戦犯法廷を，真実和解委員会のようなものに改組すべきである。復讐と処罰には，未来がない。それは，現在あるトラウマを強め，新しい殉教者を生み出すだけである。
　　※　内外の専門家たちは，何がうまくいかなかったのかの析出に努めるべきである。彼らはまた，以前より別々でも共通の未来を鼓舞するポジティブな過去および現在の体験を探求すべきである。
　　※　「イェディンストヴォ」ではなくとも「ブラツトヴォ」に立脚して，何らかの方法で再び共存したいというユーゴスラヴィア諸民族の願望を築いてゆくべきである。

【補足3】紛争理論—基本理念の概観

1. 第1の根本的な区別は，言説の顕在的で観察可能なレベルと，潜在的で暗示されたレベルとの間にある。私たちは両方のレベルを必要とするが，かたや経験的，こなた理論的と，手順が異なる。基本的なポイントは，潜在的レベルで想定されたものはすべて仮説だということである。そして，仮説の確証・非確証の基準を作り上げる必要がある。
2. 顕在的なレベルでは，想定・態度（A）と行動（B）を観察できる。憎悪を含む否定的な態度や暴力を含む否定的な行動は，しばしば紛争の指標と評価される（社会的紛争に対しては，「偏見」や「差別」といった概念がしばしば用いられる）。しかしながら，この基礎の上にわれわれができるのは，否定的態度・行動の主体（所有者）と客体の間の紛争に関する仮説を定式化することのみである。客体＝主体の可能性に留意すべきである。
3. 潜在的なレベルでは，紛争（C）が想定される。これは，目標状況の不両立性という定義に基づく。生きている単位，つまり人間，動植物，微生物のみが目標を持つことが前提とされる。彼らは幸福を求め，苦しみを避けようとする。紛争は，ある者が目標に到達することが，他者の目標到達と両立しない（ないし邪魔をする）ことを意味する。祝福すべき点は，ここで検討されるシステムの全単位にとっての目標到達が，目標空間に位置する不両立性の中にあることである。
4. 紛争は，否定的な態度（A）と行動（B）の中で顕在化したりしなかったりする。したがって紛争は，全然顕在化しないか，A・Bのうち一方だけ，あるいは両方で顕在化する。両方（あるいはどちらか一方）の顕在化は，否定的ではなく肯定的または中立的に現れる可能性がある（紛争があると気づくだけである）。これに対応して，実際には何の紛争もないのに，否定的顕在化の一方あるいは両方が起こるかもしれない。
5. 完全に起こってしまった紛争では，ABCの三角形は，相互に強めながらあらゆる方向に展開する（「6本の矢」）。そうなると紛争は独自の発展を遂げ，AとBが顕在化すると，本来の不両立性に新しい不両立性が加わる。
6. 1つの紛争フォーメーションは，目標とその不両立性から成る集合をもつ諸単位の集合である。mを単位数，nを目標数とすると，1つの紛争の複雑性の度合いは，

---

2) 「ブラットヴォ」と「イェディンストヴォ」は，セルボクロアチア語で，多くの民族がいかに共存するかというあり方に関連する。「ブラットヴォ」は友愛を，「イェディンストヴォ」は統一を意味する。

第Ⅰ部 平　和

$c = m + n - 2$ となる。

3つの特殊な場合は，次の通りである。

　　　　m＝1, n＝1（1つの単位が1つの目標に到達できない）：フ・ラ・ス・ト・レ・ー・シ・ョ・ン・
（欲求不満）
　　　　m＝1, n＝2（1つの単位が2つの目標を持っている）：ジ・レ・ン・マ・（葛藤）
　　　　m＝2, n＝1（2つの単位が1つの目標を持っている）：デ・ィ・ス・ピ・ュ・ー・ト・(抗争)

$c = 1$ になる後2者の事例は，より複雑な紛争分子（$c > 1$）を積み上げていくための礎石として役立つかもしれないから，紛争原子と呼ぶことができる。

第3章
NATOの東方拡大——第二次冷戦の始まり

　われわれは，NATOが東に拡大すると予見できたろうか。その拡大とは，395年のローマ帝国の東西分裂，1054年のローマ・カトリックとギリシア正教の完全分離と1378～1417年の教会大分裂(シスマ)，それに1095年の十字軍の遠征開始というヨーロッパの古い分断線にまで至るものである。この問いは重大である。なぜなら，もし拡大を予見できたのであれば，第一次冷戦の終結よりも重要かもしれないこの動きをストップするか，少なくともブレーキをかける勢力をもっと動員できたからである。

　予見されていたかどうかはともかく，話を進めるのに具体的な言説が必要となる。われわれは，単位と変数を選ばなければならない。変数はかなり単純で，政治的・軍事的・経済的・文化的要素である。そして，これら各要素に対して，あらゆる社会分析において決定的に重要な変数が加わる。それは，時間，過程，歴史（未来というこれから起こりうる歴史を含む）である。単位は，さしあたり米国，西欧，東欧，ロシアの4つである。こうして，国家的・地域的アクターを横軸，4種類のパワーを縦軸とするマトリックスが生まれ，横軸・縦軸を次々に分析することが可能となる。そこでまず，横軸のアプローチを選び，手初めにグローバル・アクターとして鍵を握る米国を取り上げよう。

1　米国の世界戦略

　米国は，2つの大洋に接している。この国がヨーロッパ・大西洋戦略だけで

---

1)　著者によるReport to the Political Commission of the European Community（1990年3月）を参照。ただしそこでは，軍事的膨張ではなく，経済的・政治的・文化的浸透の問題のみを扱っている。

第Ⅰ部 平　和

なく，アジア・太平洋戦略を有しているのは，そこに理由がある。アジア・太平洋地域における米国最大のパートナーは日本で，相応の条約は AMPO（日米安全保障条約）である。NATO の東方拡大に対応して，AMPO の西方拡大が，日米が共通に関与する目標と範囲の双方で生じている。これは，ユーラシア大陸，特にロシアと中国を標的にして調整された挟撃運動と言える。

　この挟撃の動きは，ローズヴェルト大統領から戦争目的の定義を質され統合参謀本部が作成した JCS570/2 計画と，冷戦の基本計画である NSC68 に照らして見る必要がある[2]。それによると，世界は，米国が直接間接に，同盟国や基地条約を通じてコントロールするか，無関心あるいは非友好的として放っておくかの 2 つの部分に分けられる。言い換えると，NATO の膨張は別段新しいアイディアではなく，古い計画を恰好の時期に実行することなのである。今日米国は，1945 年以降初めて，軍事的膨張を推進するのに，文化的受容の波を期待できる。米国は，二重の拡大の時期をうまく選んだのである。

　だが，壮大なこれらの決定については，さらに述べるべきことがある。このメッセージを理解するためには，この構想に誰が含まれ，誰が排除されているか，正確に見極める必要がある。まずは，排除される方から始めよう。

　ヨーロッパでは，NATO の膨張は，さしあたり，スラヴ系の正教の国，特にロシアを含まない。アジア・太平洋地域では，中国が含まれない。それから，両地域においてイスラムの国も 1 つも含まれない。トルコは NATO 加盟国であるが，これはトルコ軍が，ケマル・アタテュルク以来世俗主義の伝統を持つ信頼できる砦だという意味である。アルバニアとボスニアは，加盟候補のリス

---

2) JCS570/2 は，1943 年 8 月ローズヴェルト大統領に提出された。この計画は，「米国が平和を強制する大国の 1 つとして関与する権利を持つ南西太平洋・インドシナ・中国東部・朝鮮・日本という黒い縁取りをした地帯」を示している。これに関しては，Peter Hayes et al., *American Lake : Nuclear Peril and the Pacific*, London : Penguin, 1986, p. 19 参照。これに，ヨーロッパにおける冷戦戦略である NSC68 の伝統を加えると，全体像が明らかとなる。2 つの計画が，かたや太平洋戦争，こなた冷戦という危機の条件下で作成されたことから，それらが，そうした危機がとうに去っても簡単には切り離せない深く制度化された思考を反映していることがわかる。

第3章　NATOの東方拡大

トに載っていない。ロシア・中国・イスラムの周囲まで——だがそれを越えることなく——膨張することで，仮想敵がデザインされる。これら諸国はいずれも強く，敵役にぴったりである。ロシアは，核の兵器庫で，相応の配備システムを持っており，中国には人民解放軍がある。イスラム世界は，リビア・シリア・イラン・イラクなど，米国が「ならず者国家」と見なす国々を主に生み出している。

　そのメッセージは，どの大国も他の大国をねたむという古典的なものである。そして，キリスト教原理主義の側から，キリスト教とイスラム教の対立が唱えられている。米国，ロシア，中国は，世界の覇権をめぐって争っている。同じことを，キリスト教とイスラム教がやっている。だが，勝てるのは1つだけだ。

　これが「現実政治（レアル・ポリティーク）」なのだろうか。たぶんそうなのだろうが，折り紙付きの誇大妄想偏執狂と言った方がふさわしいだろう。他国・他宗教を敵と定めよ。そうすれば，連中は力を結集して，本当に敵になる。テーブルに着き，対話を行い，どこに問題があるか見つけ出せば，友ができるだろう。これは「現実政治」ではないかもしれないが，実に現実的な政治である。だが，NATO東方拡大の場合，それは問題ではない。

　そこで，誰がそれに含まれるのか，もっと詳しく見てみよう。米国は，かつてのワルシャワ条約機構加盟国をNATOに統合することで，自国と世界に対し，誰が冷戦に勝利したかを言いふらしている。最後の兵舎・防空壕・兵站施設に至るまで，兵隊を移動，より正確にはかつて相手が持っていた基地や兵営を占領しなければ，いったい何の戦争かということになるからだ。

　もっとも，東方拡大の理由は，冷戦の終わり方だけでなく，冷戦自体にも深く根ざしている。ポーランド，チェコスロヴァキア，ハンガリー（そしてDDR〔訳者注：旧東独——ドイツ民主共和国——の略称〕も）は，それぞれ1956/80年，1968年，1956年に，ソ連による事実上の占領と占領を実行した共産党を拒んだ国々である。したがって，これら諸国にとって，NATO加盟は，1つの報酬のようなものである。このことは，バルト諸国，ルーマニア，ブルガリアにはほとんど，あるいは控えめにしか当てはまらない。

53

第Ⅰ部 平 和

　スロヴェニアやクロアチアはどうだろうか。彼らは，1961年のベオグラード会議で非同盟運動を大いに勢いづかせたユーゴスラヴィアを構成していた。米国から見て，非同盟中立の立場は，共産主義国より始末が悪かったかもしれない。2つの超大国，2つの軍事同盟に反対し，両者を同一視する態度に，米国がギエレクなどよりオロフ・パルメを嫌い，カダルやホーネッカーよりケッコネン，クライスキ，チトーを疑いの目で見た道義的挑戦があった。共産主義者は予見可能であったが，非同盟中立主義者はそうではなかった。

　中立国を編入するとは，選択肢としての中立を失わせることを意味する。それにより，明快な分断が生まれる。そのメッセージとは，単に新たに3カ国がNATOに迎え入れられるということだけではなく，少なくとも向こう10年，中立が政治的選択肢にならないということである。この政治方針にとっての究極的勝利は，スウェーデン（パルメに対する最終的勝利）・フィンランド（ケッコネンの最終的敗北と「フィンランド化」という冷戦概念の消去）・オーストリア（クライスキに対する最終的勝利）のNATO加盟であろう。忘れてならないのは，スイス（スイスという政治プロジェクトに対する勝利）の加盟である。[3]

　ユーゴスラヴィアは，それとは異なる。冷戦の熱き継承者をミニサイズで体現しているからである。セルビアとモンテネグロはロシア・ベラルーシ・ウクライナ的な役割を，スロヴェニアとクロアチアはポーランド・バルト的な役割を演じている。米国，NATOと軍部が熱い役割を演じる戦争で正しい側に立てば，報酬はほとんど確実となる。

　もちろん，何よりも，経済的な要素が明白にある。冷戦の終結で，米国の武器輸出は，5割も落ち込んだ。1つの対策としては，古いタブーを破り，ハイテク兵器をラテンアメリカに売ることがあった。それによって軍備競争が始まり，米国は四方八方に同時に武器を売れるようになった。それでも，失われた商売の埋め合わせには，全然なっていない。そこで，米国にとりずっと有意義

---

[3] スイスの銀行口座一般，特にホロコースト関連口座の問題についての米国の論評は，中立に対する辛辣なあてこすりに傾いている。

なのは，すべてのNATO新加盟国に対する主な武器供給国としての役回りということになる（しかも，一度新たな軍備競争が始まれば，多くの他の諸国にも武器を売りつけられるわけである）。軍事的膨張主義の物質的動機は，海外における経済権益の保護にある。中央アジアの油田を考えてみよ。このユーラシア大陸中央部は，ロシアとも中国とも国境を接し，イスラムである。今やこの地域は湾岸諸国とともに，アメリカ外交の新たな焦点となっている。[4]

つまり，膨張物語は完全に予見可能であった。ここで確認すべき最も重要な点は，どの要素・理由・動機も，ロシアの脅威という想定に基づいていないことである。惰性を伴う古い軍事的膨張計画であれ，「明白な運命」コンプレックス[5]（米国による伝道という幻想），他の大国や信条に対するねたみ，冷戦における勝利を表象化したいという願望，「よい」旧共産主義諸国をねぎらい，「悪しき」中立国を罰したいという衝動，一切の経済的理由であれ，すべては米国の内部から派生している。そのいずれもが，ロシアの行動と関係ない。膨張の決断は，完全に自閉症的に下された。だがそれは，今後のロシアの動向に確実に影響を与えている。

2　ロシアから見たNATO拡大

米国と同様，ロシアもまた，伝道の使命があるという感情に支配されている。ロシア正教から生まれ，それは，あの橋渡しの達人，ヨシフ・スターリン（彼は，神学校の生徒から，ナショナル・ボルシェヴィズムの大司祭となった）によって，共産主義に導入された。たしかに今日のロシアには，それほど自信がない。しかし，「第3のローマ」として聖別され，自分たちが特別だという考えは，ツァーリズムやナショナル・ボルシェヴィズムのスターリン主義とは別の，それほど膨張主義的でない形態を生み出すかもしれない。

---

[4]　*International Herald Tribune*, 16 September 1997.
[5]　ヴィルヘルム2世時代ドイツのベルリン＝バグダード計画に匹敵する。

第Ⅰ部　平　和

　理論的には，黙示録的マルクス主義が，資本主義を麻痺させこれに取って代わることで大地を開き，ナショナル・ボルシェヴィズムが勝ち誇る後継者であるソヴィエト連邦に道をつけるはずであった。ところが1970年頃から道徳的崩壊が始まり，共産主義の目標・過程・指標という大問題に解答をもたらさなかった十月革命50周年の後，新たな公式を打ち出す必要が生じた。もはやソ連の優位でなくとも，少なくとも両超大国間の対等ということである。これが，ソ連を依然世界のトップ（ライバル米国と並んではいるが，ともかくもトップ）に押し上げた公式である。

　歴史と未来を無視し，現在主義の専制の下では，今日のロシアがなぜ会議で最上位の席を与えられなければならないのか理解できないであろう。しかし歴史に対する少しの知恵が大きな相違をもたらすのである。「ベルリンの壁」崩壊後，ソ連は注目すべき行動をした。ソ連は至るところから身を引き（東ドイツでは5年後の1994年8月），共産主義もろとも解体した。このことに何の代償も求められないだろうか。もし，どのみちソ連がそのように強いられたのであれば，代償を求められる成果とは理解できまい。だが，他の政体（たとえばナチス）は，すでに誰もが終わりが近づいたとわかっているのに，断末魔の苦しみの中で抑圧を強めた。ソ連は，そうではなかった。反対に，ほとんど暴力によらない民主化・私有化・体制移行の過程を始めたのである。3つのテーマはいずれも外から来たものであったが，権力者たちはまるで自由意思で選んだかのごとく，紳士協定のようにそれに取りかかった。どれほど成功したかは，もちろん別問題だが。

　これは代償に値しないか。もし値するとすれば，それはどのようなものか。ロシア側から見て，「対等」に次ぐ次善の策は，極端な不平等の出現を避けることである。だが，NATOの東方拡大は，まさにそれを引き起こす。ロシアにとって，これはかつてない最大の裏切りである。ロシアは，米国が西欧から撤退しなくとも，交換なしに東欧の基地を放棄するまで，西側の意に添うよう何でもした。今やそれは，下手な取引というよりいかさまだと感じられている。

　戸口までNATOが拡大することについてエリツィンやプリマコフが交渉し

た妥協や決まり文句を，ロシアの永続的立場と取り違えてはならない。死活の利害にかかわる場合，署名するのがラビンでもネタニヤフでも構わないように，それほど重大ではなかろう。問題は，ジュガーノフやジリノフスキら他のロシア政治家（彼らはエリツィンやプリマコフと同じくらい忘れ去られているが）にも注意を払うということではなく，ロシア人の考え方や感じ方にもう少し敏感になることなのである。

　1054年の境界線は，ドイツ，スウェーデン，フランス，ポーランド（このうち2国は膨張しつつあるNATOの加盟国であり，4番目は加盟候補国である〔訳者注：ポーランドは，チェコ，ハンガリーとともに，1999年3月，正式にNATO加盟国となった〕）の軍隊がすでに踏み越えた。1918～22年の干渉戦争も計算に入れると，その数はさらに増える。ロシア人は歴史を知っているが，アメリカ人はそうではない。西欧は自分たちの侵略を心理的に抑圧し，それをロシアに投影している。

　最も微妙な国境の1つは，ポーランドとウクライナの間を走っている。ウクライナ内の教会分裂で，今日多くのポーランド人が，リヴォフがポーランドに戻ってほしいと願っている。可能性のある1つのシナリオは，ドイツの東方運動を予見する。シュレージエンやポンメルンだけでなく，東プロイセンをも統合するというものであるが，これは，ポーランドのEU加盟が実現し，EU内での地域化が進み，所期の投資が実を結べば起こるというのである。そのためには，兵隊を移動させる必要も，国境を法的に変更する必要もない。だがそうなれば，実際にはすべてが変わる。ドイツが強くてロシアが弱いと，ポーランドは東に動く（あるいは東に押しやられる）傾向が常にある。反対の場合は，西に動く。両国とも弱いとポーランドは膨張し（おそらくリトアニアとともに），両国とも強いと消えてしまう。これは，特にポーランド人にとって実に重大な見方である。つまり，今ポーランドの国境がNATOの境界と重なったために，きわめて不安定になったのである。

　そうした事態を，ロシアはただ傍観するだけだろうか。たとえ西側が忘れたとしても，ロシアがピウスーツキ将軍の計画を忘れると期待できようか。多く

のポーランド人は忘れていない。ロシア人が第二次世界大戦前と同じことをすると考えるのは，果たしてより合理的だろうか。皇帝だろうがナチスだろうが，ドイツ人から脅かされていると感じると，彼らは，英仏との同盟に安全保障の基礎を置こうとした。だが彼らは，ナチス，それ以上に共産主義に不安を抱く西側の政治指導者から見殺しにされた。いずれも独裁ではあるが，共産主義は宗教や私有財産制にも反対した（ドイツは，反セム主義にすぎなかった）。この姿勢が，ヒトラー＝スターリン協定に導いた。ポーランドが再び退けられれば，彼らは西側の敵になるであろう。その場合，さして遠くに赴く必要はない。

西欧・米国の対外関係は，多くが疑わしい。その１つは対中関係で，チャールズ皇太子は，植民地主義と国中を麻薬漬けにしたことへの謝罪を「忘れ」た。ロシアは賢明にも，人権には口を閉ざし，両国に向けられた挟撃を前面に押し出して対中問題を解決するであろう。両国は共同で，「もし米国がわれわれを問題視するのなら，共同行動しようではないか」という結論に達するかもしれない。[6]

さらなる問題は，米国の対イラン関係，ワシントンが「ならず者国家」のブラック・リストに載せたイスラム諸国（イラク・シリア・リビア）との関係である。これらの国々との関係を好転させるには，ロシアはまず非合理的な反イスラムの偏見を克服しなければならない。それでも，背水の陣で（国境沿いの中立国による緩衝もなく），ロシアは，チェチェン問題にもかかわらず，これら諸国と協調し，実利的目的のための同盟を結ぶであろう。ロシア・中国・ムスリムの提携は，ハンチントンのリストには載っていないが，ずっと現実的である。だが，その成立には，多大の政治的能力が必要となる。

最後に忘れてならないのは，旧ソ連がインドと良好な関係にあった点である。これはいつの日か復活するかもしれず，そうすればユーラシア大陸が人類の半分以上を，西欧・米国による挟撃の動きに対抗して動員できることになる。歴史の教訓は，他国を二流として（「村八分」の国としてさえ）扱え。そうすれば，

---

6) 中国の対米政策については，*International Herald Tribune,* 23-24 August 1997。

彼らはいつの日か団結するだろう，というものである．だが，そうならなくとも，ロシアの兵器産業はとにかく再活性化するだろう．西側と競争し，その値段より安く売ろうとするであろう（中国より安くできるかどうかは，別問題だが）．

ロシア分析の中心は，NATO が昔の教会大分裂の境界線まで前進すると，ましてフィンランドやバルト諸国までが加入すればなおのこと，中立的な（古典的な地政学用語を使えば）「緩衝国家」を失う点にある．ロシア人は，ユーゴスラヴィアで起こったことをよく知っている．西側は系統的に，紛争当事者のうちカトリックの側に立ち，それどころか，戦線がヨーロッパの「家」の中のあの根本的な分断線沿いに走ると（ここでも戦争当事国の間に中立国はなかった），イスラムの側に立ち，正教に敵対したのだ．そこでロシア人は，冷戦の時5つの非同盟中立国（フィンランド・スウェーデン・オーストリア・スイス・ユーゴスラヴィア）が揃って NATO 加盟国だったら，その方がよかっただろうか，と素朴な質問をするかもしれない．それとも，ケッコネン，パルメ，クライスキ，チトー，それに誰かスイス人が橋渡しの役を引き受けたのは，実際に有益だったのか．もし，ポーランド，リトアニア，ウクライナの三角地帯で緊張が生じたら（ドイツが東への動きを示しても示さなくても），ロシアの戸口まで NATO が迫るのに，誰が同様の役割を演じられるであろうか．あるいは，もしそうした暴力に直面した場合，ロシアは弱腰で降伏すると考えられるだろうか．

3 オルターナティブを求めて

この種の議論への反駁は，それが，何か中間の橋渡し役のために，フィンランド，スウェーデンからマケドニアに至る，東部ヨーロッパを犠牲にするものと理解されかねないということにある．NATO が強大で，今やかつての帝都ベルリンを首都とするドイツが東脇を固めているため，ロシアは，赤軍がすでに1945年にやったこと（これらの小国を屈服させ，「同盟」へと強要すること）を行う気になりかねない．ロシアはそうした措置を正当化するため，歴史を引き合いに出すかもしれない．もちろん東欧の人々にとって，これはおぞましいデジ

第Ⅰ部 平　和

ャ・ヴューとなる。疑いもなく，東欧諸国にとって現実的あるいは感覚的な安全保障問題が存在する。このため，これら諸国のエリートたちは，NATOへの早期加盟という希望を表明している。冷戦期の公式を敷衍すれば，同盟国としてドイツを中に持ち，ロシアを外に置いておくというわけである。これが，NATO全般，特に米国の主張である。

　ここから，NATOの東方拡大は，ロシアがとるかもしれない行動への東ヨーロッパの反応に対する西側の対応と理解できる。もちろん，ロシアも，ポーランド，フィンランド，バルト3国に進入した際，この東西間の境界線，カトリック・プロテスタント世界と正教世界の分断線を越えた。赤軍は，退却するナチの軍隊を追ってそうしたのである。これは，ヴァイキング，ドイツ，スウェーデン，フランス，ポーランドによる西からの侵攻に比べれば，たしかにものの数ではない。だがそれでは，現在の東ヨーロッパの人々への慰めにはならない。どれほど可能性が低くても，彼らはロシアの攻撃を恐れているのである。

　もしNATO加盟が，仮想のあるいは潜在的な敵を挑発するという犠牲を払っても，この脅威からの保護を提供するのであれば，冷戦のディレンマにまた陥ることになる。ロシアによる攻撃の可能性，あるいは東方拡大に伴う危険な挑発という事実を過小評価して直視しないのは，まじめな分析の結果ではなく，精神的堕落の兆候である。そこで，これに代わるオルターナティブを探してみよう。

(A)　ロシアをNATO加盟に招き，NATOをさらに拡大する。これにより，ロシアを二流扱いする問題は解消しよう。それだけでなくロシアをNATOの監督下に置くことになり，これは東ヨーロッパの安全保障欲求も満たすであろう。だが，現状がロシアにとって受け入れ難いのと同様，そのようなNATO拡大は中国や日本に受け入れ難いであろう。その予想される結末は日中同盟であり，これは，カトリック・プロテスタント・正教というキリスト教3世界全部を儒教・仏教世界に対抗させることになりかねない。したがって，この思考実験は，現在のロシアをもっと理解するためにのみ有用である。

(B) NATO拡大を止め，OSCEによる安全保障を確かなものとする。OSCEの枠内で，ロシアが対等なパートナーとなるので，こうした解決法に西側はあまり関心を示さない。またOSCEは，汎ヨーロッパを志向しているため，欧州統合の点でEUと競合する。だが，このような解決の場合には，ロシアを挑発することもなかろう。もしOSCEが必要な経済的・政治的支援を備えることになれば，攻撃の場合の一切の保証を含め，可能な信頼醸成措置はすべてここで講じられることが可能となる。

(C) NATO拡大を止め，東ヨーロッパ防衛共同体を創設する。EUに似た，強大な非挑発的防衛力を持つ東欧共同体である。これがおそらく最善の選択肢であろうが，目下東欧エリートの視野の外にある。だが，これと(B)とを組み合わせるのは不可能ではなかろう。

つまり，オルターナティブは存在するのである。ベストは，紛争の所在を確認し，これを転換し，平和的解決に導くことである。平等志向のOSCEは，それに打ってつけの手段である。圧倒的に強大なNATOと非加盟国との交渉は，どのみち不発に終わってしまうだろう。最低限の平等は，交渉成功の条件である。上からの命令は，その代わりにならない。

さらに強調すべきは，東ヨーロッパの安全保障問題には内政的要素もある点である。東欧諸国はいずれも，つい最近まで，共産主義的なアジェンダしか持たない独裁国家であった。今は多元主義的で，非暴力的な政権交代のための選挙プロセスがある。これらの民主主義国で，選挙と選挙の間に権威主義的統治が行われているようだとしても，である。この移行は安定的であろうか。誰がそれを止められるか。もちろん，軍である。だが，軍を安定させるにはどうするか。可能性として，NATOのような何らかの国際協定の枠内でつなぎ止めることを通じて，である。スペインのNATO加盟をめぐる議論で，この根拠づけは「ソ連の脅威」よりも重要であった。特に，1981年2月23日のクーデター未遂以後はそうであった。スペイン人NATO事務総長が東欧諸国と加盟交渉を行ったことは，この関心を反映している。

NATO加盟に反対する議論は，2通りある。第1は，NATO加盟は不安定

な民主主義諸国を強化する手段として適さないというものであり，第2は，この結果には別のベターな方法でたどり着けるというものである。NATO加盟は，当該諸国の内政に対したいへんな外的効果がある。個々の国の諸要素を吸収し順応させる強大な軍・産・官・学の複合体が，民主的統制を受けずに生まれてしまうかもしれない。「これがNATO決定だ」という文句が，「これが党の決定だ」に取って代わり，未来が過去と同じようになってしまいかねない。これが果たして民主的だろうか。

　民主主義は，不安定化の可能性のある要素を制御するよりも，もっと積極的に築いていかなければならない。これには誰もが賛成するし，現在加盟候補である3カ国は，どの16加盟国と遜色なく民主主義が構造的・文化的に深く根づいていよう。これら諸国でも，軍は，人類史上最強の軍事同盟の拡大以外による方法で統制することができる。

　最後に，東欧諸国がNATO加盟を急ぐのを説明するさらなる理論がある。それは，NATOそのものや軍事的安全よりも，EUや経済的繁栄と関係する。東欧には，一流のヨーロッパに所属したいという差し迫った願望がある。これは，東欧より中欧，中欧より西欧だと言い張ることにすでに示されている。EUは明らかに西欧クラブであり，それに関心を持たないのはアイスランド，ノルウェー，スイスだけである。もしこのクラブ会員になりたければ，ゴルフクラブやカントリークラブと同じく，すでにいるメンバーとなるべく似ているよう努めなければならない。大半のEU加盟国は，NATO加盟国でもある。そしてNATO加盟国にはNATOの軍備があって，これは普通，米国の軍備と同一視できる。NATOへの加盟資格を買うには米国の兵器を購入せよ，EUへの加盟資格を買うにはNATOを認めよ，それで目的は達成されるというわ

---

7) 注6参照。"A NATO that Creeps Eastward ist Bad to Russian Democrats", in: *International Herald Tribune*, 28 August 1997.
8) 米国が冷戦終結で武器取引の半分を失い，こうしたやり方でシェアを回復したがっている点に関しては，José Vidal-Beneyto, "Europa y la ›pax‹ americana", in: *El País*, 6 July 1997.

けである[9]。

4 西　欧──あるいは反ユーロ計画としてのNATO拡大？

　この勘定は合うだろうか。コストを考えると、リスクは大きい。だが、EU加盟も潜在的な報償として計算すると、これら諸国にとって利益はやはり莫大かもしれない。

　ヨーロッパ中心主義的な西欧のメディアでは、NATO拡大に関するグローバルな視点が乏しい。ロシアの指導者が言ったり署名することと、ロシア人のより深い懸念とをよく混同することを除けば、西欧の議論では、ロシアを自閉症的、常に自己の不明瞭な状況から行動する勢力と見る一般的傾向があるため、ロシアがどう対応するかという問題はあまり立てられなかった。議論されたのは、行政・兵站・経済上の帰結、つまり値段の問題である。

　このような政治的・知的地平の狭隘化は、ユーロをめぐる西欧諸国のただならぬ心配を背景にすれば理解できよう。鍵を握る国々は、マーストリヒト条約の目標に到達するために、たいへんな財政的圧迫下にある。比較的大規模な支出はすべて、予算編成の余地をなおいっそう狭めるであろう（そしてNATO拡大は、全員が分かち合わねばならない膨大なコストとリスクを意味する）。出口は2つある。拡大のための勘定の払いを延期するか、ユーロ導入の時期を早めるかである。関係各国は、両方の方法を同時に選んだようである。

　これはすべて、欧州統合成功の鍵となるシンボルとなるユーロを阻もうとする米国の陰謀なのだろうか[10]。その可能性はあるが、必然性はない。米国は目下ひどい負債を抱えているが、まるで負債がないかのように振る舞っている。翻ってEU諸国は、そうしたひどい状況にはないのに、まるでそのように行動している。

---

9) Bill Messler, "NATO's New Arms Bazaar", in: *The Nation*, 21 July 1997, p. 26. この記事は、ルーマニアによる米国のレーダー設備購入に絡むこの種の陰謀を伝えている。

10) Yehudi Menuhin, "Enlarging NATO", in: *International Herald Tribune*, 22 July 1997.

第Ⅰ部　平　和

それはともかく，ドイツの軍事的東方拡大の対象として東ヨーロッパを除外し，ロシア国境にまで軍事境界線を東に移すのは，ロシアを自閉症的と位置づけて，何の対立も見ないか，これを解決不能と見なすか，西欧の絶対的命令を望むかする誰にとっても有益に見えるであろう。いずれにしても，東への動きは，昔ながらの西欧の伝統と一致しているために，討議されないのである。

5　結　論

　NATO東方拡大の決定は非常に拙劣で，これに比べればヴェルサイユ条約すら輝かしく見えるほどだ。ヴェルサイユは，第一次世界大戦を始めたからと，ドイツをおとしめた。第二次世界大戦後は，この間違いを繰り返さないために，多くの努力が払われた。もっとも，分断が克服されるまでに45年もかかり，その分断をもたらした冷戦のおかげで，ドイツが一夜にして敵国から同盟国に（中立になることなく）突然変異するのが可能になったのであるが。だがこうして，戦間期の定式が復活した。つまり，西側の社会構造を脅かす本来の敵は，ソ連だということである。

　それはどうあれ，今やソ連は存在せず，共産主義は当面消滅した。それではなぜロシアを，（没落した）ドイツ帝国のようにひどく扱い，せめてナチス＝ドイツ並みの扱いをしてはいけないのであろうか。この謎を考えれば考えるほど，彼らは，そうした態度が不当であるだけでなく，思慮の足らない反ロシア主義だという結論に至るであろう。これは，西側の集合的下意識の反映である。したがって，そうしたロシアの反応は，NATOの東方拡大が約束した「安定」とは正反対のものをもたらすであろう。

　コーカサス，つまり「南」での「フリーハンド」といったモスクワにとっての鎮静剤も存在するかもしれない。だが，カスピ海の豊かな石油資源を考えさえすれば，こうした薬も災難に導きかねない。そして，それは，コーカサスの人々が必要とするものでないのは，火を見るよりも明らかである。

　予後は難しくない。NATOの東方拡大は，古い分断線に沿った緊張をまっ

たく不必要に増大させ，新しい軍備競争と，ロシアの攻撃的意図の「証拠」として評価される新しい同盟をもたらすであろう。それにより，NATO拡大決議の正しさが立証されることになる。それによっていつの日か，旧ユーゴスラヴィアでの経験の拡大版になりかねない。要するに，1997年7月，マドリッドでのNATO首脳会議で，第二次冷戦が始まったのである。

第4章

過渡期にある軍隊──軍にとっての新しい役割

　近年戦争はすこぶる悪名高い。平和研究者・平和教育者・平和ワーカーが軍大学で話をするよう招かれるのは，めったにない。こうして私が招かれたことは，もう１つの冷戦が終わり，もう１つの対話が開かれる兆候だと解釈できよう。私の基本テーゼによれば，平和はきわめて重大で，制服を着ていようがいまいが，平和のために闘う人々の間での不必要な対立の犠牲にはできない。とはいえ，制服の着用に関係なく，誰もが同等に平和に献身していると言いたいわけではない。平和が平和的手段によって達成できるか，それとも暴力によるのかという問題については，さまざまな意見があろう。私は，ガンジーを引き合いに出せば，平和は平和への道そのものだということに関して楽観的で，暴力的アプローチには懐疑的だ。後者に対し，２つの明瞭な反論を持っている。つまり，暴力は新たな暴力を生み出すという古い格言の２つのバージョンである。暴力は中毒にさせる傾向がある。敗者には復讐を夢見させ，勝者にはさらなる勝利を夢見させるのである。

　だが，そのことはいったん脇に置き，移行期にある軍に注目しよう。この文章は３つの部分から構成されているが，これは故国ノルウェーの福音主義の伝統に対応しているのかもしれない。

1. 軍が移行期にあるとしたら，なぜそうなり，何がうまくいかなかったのか。
2. 罪と罪人を区別するとしたら，軍の美徳はどこにあるのか。
3. この美徳を利用できる軍の新しい課題とは何か。

　私が探求を試みる大テーマを定義するのに使う言葉を受け入れなくてもよい。それでも，いかに試験的でも，この構成の仕方は，いくつかの結論に達するのに有用であろう。

第 4 章　過渡期にある軍隊

　何がうまくいかなかったのかは，すでに第一次世界大戦期（1914〜18年），それどころかアメリカ南北戦争期（1861〜65年）に示されている。戦争は悪評に陥った。勝者にとっても敗者にとっても，損失はもはや甘受できなかった[1]。加えて民間住民の損害が，ひどくなった。民間人を守るために戦うという理念は，意味を失った。終戦に向け，多くの抗議，脱走，反乱，兵士ストなどがあった。ヴェトナムやアフガニスタンでの超大国の戦争で，よく知られた展開である。だが，第二次世界大戦がもっと悲惨になることは，結局防げなかった。民間人の死傷者の割合は，このおぞましい世紀を全体として見ると，たった1割から9割へと上昇した。

　国家の政治目標を実現するため連隊を用いるというクラウゼヴィッツ流の手段としての戦争は，破局に終わった。彼らをよりよい本能に反して戦わせるそれは，高度の文民統制を前提とした。これは，純朴な人々に，「民主的」統制として紹介された。それがまた前提としていたのは，仲間精神であった。これは，戦争がスポーツや，勇敢さを示し名誉を得るための手段でもあり，手段・目標の点で大虐殺ではなかったので，比較的発達しやすかった。

　そこで軍は，政治エリートが望むものを獲得するための手段となった。彼らは実に破壊的で，軍に，どちらが強いか決めるための戦闘を行うのではなく，他国や他の社会階級を破壊するよう命じることができた（そして，勝者の側に神がいたから，そうなった。勝者は賭けたものを全部取って紛争が終わるということが前提とされていた）。これは，民主的に選ばれた議会への服従が，戦争を回避するのに，なぜ不満足な保証でしかないのか，防衛インテリがなぜ最も強硬なタカ派なのかの重要な理由である。彼らには，身の危険は何もないのである。

　そしてそれは，エリートたちが，戦争を始めるのに，ますます高度の文民による正統性を求める理由である。NATO／WEU‐EU／OSCE／国連安保理の決議によってお墨つきをもらうのだ（そして，湾岸戦争時の国連安保理決議第678

---

1)　John Keegan, *A History of Warfare*, N. Y.: Vintage Books, 1993.（ドイツ語版は *Die Kultur des Krieges,* Berlin: Rowohlt, 1995.）

67

第Ⅰ部 平　和

号のように「一切の必要な手段を用いて」)。自己原因であり正統化を気にかける必要のない，天上のどこかにいる父を絶望的に探し求めているわけである。神はそれ自身で神なのである。

　メゾ戦争，つまり中距離兵器による国家間の古典的戦争が汚名を着たといっても，まだそれが去りつつあることを意味しない。だが，アウシュヴィッツのような民族虐殺，広島・長崎，第二次世界大戦の他の凄惨な殺戮に至ったマクロ戦争は，事実上悪評が定着した。しかしこれまた，それが再び起こらないという保証にはならない。今日真の問題はミクロ戦争，小銃や地雷，なたやテロリストの爆弾，拷問係の電気ショックなどで戦われる戦争である。1例のみ挙げると，この世界の2000の民族のうちわずか20が民族国家の夢を実現し，約200の国家が地球上に存在するとすれば，あと180の国家で1980もの戦争が行われる可能性がある。そこでは，「母国」が介入する場合を別とすれば，主としてミクロ戦争が問題となる。明らかに，別の解決法を見出す必要がある。以下，いくつかを素描しよう。

　「国家の政治目標」と「連隊の軍事的美徳」との区別（私のものではないが）は，すでに触れた。近代戦争に関するクラウゼヴィッツの定式は，明らかに後者を前者の下に位置づけたが，それは破局的な結末となった。それはまた，ポストモダンの戦争と呼べるかもしれないものにおいて不条理な結果に導いた。つまり，軍は，敵の兵隊よりも，民間人を殺すのである。兵隊なら反撃の可能性がないとは言えないからだ。

　より平和な世界のためにわれわれがその上に築くことのできる軍事的美徳とは，何であろうか。簡単な一覧表を示すと，

・度胸。たとえ優勢な敵に直面した場合でも発揮できる純粋に肉体的な度胸
・規律。命令に従う能力（ただし，やみくもな盲従ではない）
・連帯精神。エゴイズムの時代における集団的アイデンティティ
・組織。良好な兵站業務，時間厳守，正確さを含む

　これら4つの美徳は，まるで間違った暴力政治のために使われた場合，戯画となり悪となる。正しい目的に用いられれば，実際美徳となる。たとえば平和

運動も，そこから多くを学べるであろう。

ここまでくれば，1つ重要な議論ができる。組織はアルファー型であるべきかベータ型であるべきか，つまり，巨大なヒエラルヒー的軍隊であるべきか，それとも水平的な指揮構造を持った小さな，比較的自立的な部隊であるべきか？　防衛に最も適していると思われる軍の種類は，防衛的な部隊で，これはほとんどベータ型であるべきだ。なぜならそれは，すでに職業となっていることを前提としているからである。このことは，「より小さいほど，より平等になる」という組織論の一般的傾向と合致する。

もちろん，あらゆる階級の兵士にこれらの美徳を植えつけるのは，軍隊のみではない。利潤を追求しようとしまいと，国内であろうと国際的であろうと，どの組織も，後の3つの美徳をどれか欠いてはやってゆけない。軍隊にとっては肉体的な度胸が特徴的で，後の3点はある面でその下に位置する。戦火の中へ走っていくのは，人間の自然な性向には属さない。外からの規律（司令，アメとムチ）と内からの規律（内面的な動機，名誉）が必要不可欠であろう。それに加えて，助けてもらうために助け，復讐してもらうために復讐するという「仲間原理」が必要となる。もちろん，決定的な瞬間にすべてがうまくいく見事な組織も重要である。

献身的でよく組織されているが，新しい任務・機能を求めている世界中何百万人もの兵士のことを考えてみよう。もともと結核（伝染病）撲滅に当たっていた組織が，今度は癌（現代病）に没頭するように，軍は別の事柄に取り組むことになろう。それは何であろうか。

まずは答えにならない答えをいくつか調べてみたい。

軍隊のない国。私自身良心的兵役拒否者だったので，この傾向はもちろん歓迎する。今日では23〜28カ国（数え方によって異なるが）がそうである[2]。しかし，

---

2) バルベは軍隊のない国を28，非軍事化地域を18と数えている（Christophe Barbey, *Les pays sans armée*, Cormagens (CH): Éditions Pour de Vrai, 1989）。他方，ジュネーヴにある UNCTAD のエドゥアルド・ドメンは，ヨーロッパのアイスランド，アンドラ，ヴァチカン，リーヒテンシュタイン，モナコを含め，若干少なめに25としている。

第Ⅰ部　平　和

そこには3つの大きな問題がある。

　第1に，軍を撤廃することで，他の社会階級に向けて（社会上層へはクーデターとして，社会下層へはしばしば拷問と結びついた国家テロとして）軍隊を利用するという重大問題は解消できる。また，この国が他国を攻撃できないようにするという問題も解決する。しかし，別の社会階級が，あるいは他の国が攻めてきたらどうするのかという問題は解決しない。何か別の防衛手段が整えられる必要がある。これは国家にも国内社会秩序にも当てはまるが，それらの手段に正統性があることが前提である。

　第2に，小国が軍隊を解体したり，そもそも一切持たなければ，別の「ビッグブラザー」を牽制する「ビッグブラザー」の「保護」に門戸を開くことになる。[3)]

　第3に，軍隊の撤廃は，軍の能力や美徳を平和のためにいかに利用するかという問題を解決しない。たとえば，1989年秋スイスで行われた，2000年のスイス軍廃止に関する国民投票（35.6％がこれに賛成し，スイス軍に衝撃を与えた）の議論では，そうしたオルターナティブにほとんど注意が向けられなかった。例外は，国民皆兵ならぬ国民皆奉仕案である。

　民生目的への転換。この転換モデルは，撤廃・不保持モデルと異なり，漸進的で，必ずしも全廃で終わるわけではない。しかもこのアプローチの方が，より大きな国，それどころか軍事大国にも受け入れられやすい。ここでも上記の3つの問題が生じるが，さほどではない。ところが，今度は別の問題が起こる。

　転換は，ほとんど全面的でないと，軍の古典的伝統との断絶には至らない。過去の悲惨なパターンが，わけなく復権できる状態になる。内外の安全について新たな答えを見出す必要も感じられない。

　また転換は，軍の破壊力を必ずしも弱めず，むしろ強めるかもしれない。転換されるのが人間で，軍から引き抜かれて経済に送られる場合（現下の大量失

---

3)　したがって前注のバルベは，28カ国中13カ国が国際的な防衛条約を結んでいると指摘する。米国とが5カ国，ニュージーランドとが2カ国，フランス，ネパール，パプアニューギニア，セネガル，英国，NATO（ルクセンブルク）とがそれぞれ1カ国である。

業でそれが可能だとして），おそらく軍は，より資本集約的な方法に切り替えるであろう。転換されるのが資本で，軍予算から社会福祉や減税に移される場合（現下の財政赤字の下でこれが可能だとして），おそらく軍は，より技術集約的あるいは労働集約的な方法に切り替えるであろう。このように延々と，作用が反作用を，転換が再転換を招くのである。

さらに，両方のアプローチに当てはまるポイントがあって，これは今日特にロシアで見られる。軍は，生存基盤を世話してくれる。兵士として収入が比較的確実で，少なくとも基本的物資を保証してもらえる。それどころか，まあまあ確かな年金すらあって，結局これは国家を統制する軍の力で保護されているのである。また，解体か転換かでは，大した情熱を生み出さない。自分自身の職業事情に照らしてみればわかるであろう。

軍に残されたオルターナティブは，ある意味ではっきりしている。ただしここでは，よく統制のとれた大組織を必要とする大プロジェクト，自然災害（ハリケーン，津波，地震），社会的悲劇（内乱，戦争），生態系の惨事（汚染，伐採，荒野化）の後の再建・支援といったものを考えているわけではない。この種の活動は，何ら軍事訓練を受けていなくとも，よく組織された熱心な人々が，同じくらい，それどころかもっとうまく実行できる。軍そのものに関係するオルターナティブを考えているのである。

新しい課題1：防衛的・非攻撃的・非挑発的防衛

これまで軍が他国や他の社会集団に向けて攻撃的に投入されてきたとすれば，これは防衛に際して定められるべきポイントである。外からの攻撃の場合，通常の軍事防衛（CMD），準軍事的防衛（PMD），非軍事的防衛（NMD）の混合が，攻撃への免疫を国にかなり与えるであろう。[4] 1つの要素のみでは，おそらく無

---

4) Johann Galtung, *There Are Alternatives*, Nottingham: Spokeman, 1984.（ドイツ語版は *Es gibt Alternativen! Vier Wege zu Frieden und Sicherheit*, Opladen: Westdeutscher Verlag, 1984.）同書の特に第5章では，この考えが詳述されている。コペンハーゲンの平和・紛争研究センターの優れたニューズレター *NOD & Conversion* も参照。

理であろう。3つの要素全部が一緒になって、潜在的攻撃者に「この国は征服・占領できる。だがそれにより、近距離攻撃、隠れた攻撃、全住民の非協力・不服従を伴う果てしない問題に至るだろう」と熟慮させやすい。メゾ防衛に代わるミクロ防衛である。

　もちろん、CMDとPMDに際し、軍は重要な役割を演じるであろう。暴力を使わないという道徳的義務を考えると、NMDはやや複雑である。しかし、その兵隊たちはほとんどが市民である。彼らの美徳を使わない手があろうか。防衛的防衛は、相手側の民間人を攻撃しないという義務がある。これはすでに、非暴力の方向への第一歩である。防衛的防衛は、軍を非暴力に近づける地ならしをする。となれば、未来を指し示すことができよう。

　これらの語を用いて、少し言葉遊びをしてみたい。侵略とも呼ばれる攻撃的攻撃がある。ひたすら進軍・進駐し、襲い、奪う。20世紀初頭、各国の戦争省はまさにこれを行った。今日侵略は、しばしば不道徳で正統性がないと見られるだけでなく、（もっとひどいことに）歴史に追い越されてしまった。好戦心・略奪欲を越える、少なくとも何らかの口実が示される必要がある。たとえば、相手側の侵略に先んじて予防する必要があるといった口実である。昔から、「攻撃は最大の防御」とはよく言ったものだ。その結果は、防衛的攻撃と呼べるかもしれない。

　だがそれは偽善の味がする。また、いかなる動機があろうと、最初の一撃を加えたものが侵略の責めを負うという規則にも反する。相手が手を出すのを待って、その後にようやく本格的な攻撃を始めた方が賢い。つまり、攻撃的防衛である。これは、防衛姿勢の内部での攻撃能力を意味する。各国国防省は、この原則に則って作業している。

　しかし、たとえ意図が完全に防衛的であったとしても（普通そんなことはないのだが）、あらゆる攻撃能力は、実際何が起こるのかと相手側に思わせる。意図を言うだけなら、数語で済むので安上がりだ。攻撃能力は、多くのハードウェアゆえに高くつく。相手は攻撃的防衛、それどころか攻撃的攻撃が熟慮されているという結論を引き出すかもしれない。これが、冷戦時双方の「前方戦

第4章　過渡期にある軍隊

略」の根本的ジレンマであった。
　この苦境から生まれたのが，4番目の可能性，防衛的防衛である。自己の意図が純粋に防衛志向であるとすれば，それが自らの攻撃能力に示されねばならない。ここで，防衛目的といった耳障りのよい言葉よりも，兵器システムの射程範囲や精密度の方がはっきりものを言う。諜報機関は，隠された真実を探し出すためにあるのである。
　1例を挙げると，ある超大国の信頼できるパートナーとして知られる民主主義国の防衛的防衛姿勢は，信頼に値するであろうか。あるいは，パートナーでない独裁国家の方が，より信頼できるのか。ノルウェー，あるいはルーマニアは，冷戦の間他国にとって，より脅威であったか。この例が示す通り，防衛的防衛を考察する際には，多くの要素を考える必要がある。
　これらのアプローチはすべて，1つの点を共有している。ある種の「巻き返し」，ハリネズミのような防衛である。他国が不安を覚える理由はないし，挑発されたと感じる必要もない（たとえそうだと主張しても）。だが，もしこの国が攻撃されるようなことになったら，社会のすみずみから反撃する決意があることをわかっておくべきであろう。
　20世紀の戦争による廃墟の光景を見ると，上述したように，1つの傾向が認識できる。国際的な戦争は次第に減り，政府権力を奪取するための，あるいはそこから分離するための国内の戦争が増えている。これら2つの要素は互換的である。戦争は，電話のように，長距離でも近距離でも行える。だが，近距離の戦争は，広範囲で軍事行動する名高い冷戦列強の支持をたいていたっぷり受けている。互換性は，両刃の（あまり防衛的でない）剣となる。すなわち，一方では，長距離の戦争が減って長距離兵器が減り（旧ユーゴスラヴィア・旧ソヴィエト連邦・アフリカ），他方で，遠くの誰をも挑発しないような兵器が，自分の戸口で死命を制する可能性もある。したがって，短距離兵器への装備変更は，近距離の暴力にとって処方箋となるかもしれない。つまり，階級レベル（革命），国家レベル（分離），あるいはその両方で，たいした内的矛盾のない国々にとってのみ推奨できるのである。しかし，CMDあるいはPMDとしての防

73

第Ⅰ部 平　和

衛的防衛は，平和主義者の側からの異論に答えていない。よりましな答えは，防衛的防衛に不可欠の要素である NMD である。

　短距離兵器システムに立脚した防衛的防衛は，別の問題にぶつかる。弱小国を規律に服させる強国と結びついた即時介入部隊は廃止される。だがそれでは，平和を維持するため，世界各国で構成される平和維持軍は，本当に平和を維持するのだろうか。(あまりに)攻撃的，つまり暴力的にならない程度までなら，この構想から排除されない。一般的姿勢，訓練，それに言行が重要である。しかし，兵器運搬という長距離の後方ポテンシャルでも，不信の十分な理由となる。国際的な査察を認めることで，それは鎮められるかもしれない。

　廃墟の風景における第３の比較的有望な痕跡は，戦争史の鳥瞰図から現れる。はるか昔は，粗暴かつ非組織的で，最初の血滴あるいは最初の犠牲者の前で多くの悲鳴があがる原始的戦争であった。戦争は，紛争解決のメカニズムとしてあった。規律を持って進み，勇敢と名誉という価値に基づいた，戦士カーストの伝統的戦争は，さほど昔ではない。そして，上述のように，クラウゼヴィッツ流の「必要な手段全部」を使う効率的な近代戦争で生み出された血痕を，われわれは嗅ぐことができる。

　そして近年，ひょっとしたらここ30年ほど，ポストモダンの戦争と呼べる新しい現象が現れた。紛争当事者たちは，何世紀も古い類の戦争をすることができるのに十分な破壊力を備えている。だが彼らは互いに，いやより正確に言うなら，相手側の軍に対してすべてを仕向けることはしない。彼らが自制しているというのは，直接戦闘で対決しないという意味だけである。彼らは戦うのを他の者，たとえば第三世界に委ねている。第三世界とは，第３の当事者がいる地域に打ってつけの名前である。

　さらに卑怯なことに，彼らは必要とあらば，相手側の民間人，あるいは丸腰の兵士を殺すのに武器を使う。インドシナ戦争や湾岸戦争は，戦争に勝つということが，相手側より損害が少ないことをいかに意味するかの好例である。その際，死傷者や遺族を含む他の何百万という人々が被った恐怖はまったく顧みられない。不幸なことにこの論理は，旧ユーゴスラヴィアの戦争で見られたよ

うに，防衛的防衛と一致する。この国では，（比較的）防衛的な領土防衛がかなり進んでいたのである。

それゆえ，今日暴力的紛争の通常の支配的タイプである国内紛争の見通しは問題含みである。CMDとPMDは，たとえ少なめでも，武器があらかじめ住民に配られていることを条件とする。たとえば，スイス軍は武器を家に置いていて，征服される可能性のある兵器庫だけに貯蔵しているわけではない。もし，一切の社会秩序が崩壊し，警察が問題を処理する状況になく，NMDとして住民が有する非暴力的能力が尽きた場合，軍が「帝王の最後の議論」として介入するのである。

オルターナティブは，国の内外を区別する国境の利用をやめることかもしれない。そうした国境がいかに現実離れしていることか，誰もが知っているからである。国家間の紛争が相対的に減っているとしても，民族間の紛争は確実にそうではない。国家だけでなく民族が防衛的防衛，とりわけNMDの能力を強化すると考えてみよう。旧ユーゴスラヴィア諸民族が，非暴力の抵抗を行い，外国からのボランティアに支援されたと考えてみよう。そうしたら，簡単に立ち去ったり逃げたりしなかったであろう。そして，物理的な死ではないにしても，自分たちの零落を遠くから眺める，物言わぬ証人とはならなかったであろう。

新しい課題2：平和維持軍の拡大

ある紛争が，物理的暴力の局面に達したとしよう。当事者たちは，暴力をコントロールする能力あるいは意思がないように見える。人々は苦しみ，外部からの介入（なるべく要請されて，必要とあれば要請されなくとも）が唯一の出口であるようだ。隣家からの叫び（妻が夫から，子どもが親から殴られる）もまた，プライバシーに対して外からの行動を求める叫びである。権力がいかに行使されるかに依存して，主権も制限されるべきだとの原理がある。家庭内，また民族内でもそうである。

問題は，何を行うか，いかに行うかということである。

第Ⅰ部 平　和

　平和維持の役割が軍に委ねられてきたことは，必ずしも，軍がこれに本当に向いていて適切に訓練されていることを意味しない。ひょっとしたら，ただ軍を使えたというだけかもしれない。特に国内の平和が「過剰」で，軍隊がクーデターという後顧の憂いなく暫時本国を離れられる民主主義国ではそうである。しかし，冷戦後軍隊も過剰なのである。暴力が問題になるやいなや，暴力的な人間の行動様式や思考に精通した暴力の専門家が呼び寄せられる。

　犯罪をより理解するため，警察がしばしば犯罪者に助言を求めるように，これも多少利点はあろう。だが，警察はこの認識源だけでは満足しない。われわれは，平和維持軍の訓練範囲と妥当性をいかに広げられるかについて考えることにしよう。その際，暴力的な紛争当事者をもっと理解するためにも，限定的な自己防衛のためにも，暴力手段を知ることが不可欠だと認めることにしよう。戦闘に必要な訓練が平和維持に必要な訓練と重なるのは，明らかに，紛争当事者を敵と見なせる時だけである。これは出発点として妥当ではない。

　たとえば，群衆を統制する警察方式の訓練はどうだろう。地域の迅速な介入部隊として活動する国家治安警察でも，腰の拳銃より自分自身の権威を拠りどころとする村の巡査でもない，古典的な「警察官（ポピー）」はどうだろう。彼らの方が，召集されたばかりの兵隊よりも年輩で経験豊かではないか。警官と兵士がそうした部隊で協力できないか。あるいは，どちらか一方が2通りの訓練を行った方がいいのではないか。この場合，明らかに軍の方が（どちらかと言えば仲裁向けに訓練された）地元の警察力よりも，そうした訓練に適している。軍は，当事者たちを引き離しておくだけで，失敗した場合一方あるいは双方に発砲したり撤退するだけだからだ。

　非協力や市民的不服従ではなく，むしろ（シンボリックな場合もあるとはいえ）積極的非暴力や建設的行動に及ぶ非暴力トレーニングはどうだろう。純朴に聞こえる危険を冒して言えば，暴力の担い手に，より人間的な態度を喚起することを期待して，彼らに対し人間として正しいだけではなく親切に振る舞う中で，平和維持者たちを訓練するのはどうだろう。彼らを理解しようとはできないだろうか。彼らを助け，速やかに再建し，彼らの暴力を否定しようと努めること

第4章　過渡期にある軍隊

はできないだろうか。
　紛争仲介の訓練はどうだろう。それにより，たとえば，独りよがりの憎悪に満ち満ちて戦いあっている当事者同士が座っている部屋で，単なる見張りで終わらずに，何を言うべきかがわかるであろう。そうした能力は，比較的地位が高い者だけではなく（そもそもそこでそんな人が見つかれば）普通の平和維持者にも当然備わるべきであろう。
　平和維持者の半数が女性だったらどうだろう。一般に女性の方がより良い人間関係を築くのに適しており，平和維持のハードウェアや抽象的原則にあまりかかわらず，とりわけ喧嘩早くないと仮定して，である。
　こうしたことは平和維持を，純粋な「維持」から，平和の「創造・構築」へと根本的に変えるものではなかろうか。その答えはおそらく，第1に，このように古い峻別は，いかなるものであれ実践の中でどのみち破綻しているということ，第2に，これらの活動を組み合わせるのが最善ということであろう。平和は，「創造・構築」によって，一番うまく「維持」できるのである。
　ここに，2つのアプローチの可能性が示されている。
　1万件の対話を百花繚乱にせよ。紛争の真の専門家とは，内部でかかわっている人間である。だが彼らのヴィジョンは，紛争への関与によって曇っているかもしれない。外部の関係者，外交官，平和維持者，平和ワーカーは，アマチュアである。彼らは学習できるが，そのヴィジョンはやはり，紛争への関与によって曇っている可能性がある。出身国の利益や出身国グループの利益，個人的な権力利害，はたまたノーベル賞といった類である。このジレンマは，どう解消できるのだろうか。
　1つの可能性は，人々に語らせ，その話に耳を傾けることであろう。何としてでも人々は口を開く。ユーゴスラヴィアではきっと，いかに紛争を解決できるか，毎日何千何万もの対話が行われているはずである。この膨大な創造力が空費されている。内部の当事者も含め，世界はメディアによって，一握りの外部の者や内部の指導者数人の声しか聞かないように馴らされている。民主主義は，誰もが何かに貢献し，それが本気で受け止められる権利に立脚している。

第Ⅰ部　平　和

このことが全部脇に押しやられているのだ。

　人々の対話を組織・監視するために紛争地域にやって来た何千何万もの外部からのボランティアのことを考えてみよう。彼らはその訓練を受けているはずだ。対話は，必ずしも口頭で進めなくともよい。人々が紛争の診断・予後，また治療に関するアイディアの蓄え全般に貢献する限り，文書による提出も可能であろう。

　こうした出会いの記録は，速度の点で，電子技術を使ってどこか中央に集め，全世界にアクセスされるようにすべきである。多くの騒音の中に，宝石も混じっていよう。紛争において予想されるように，もろもろの提案は非常に論争的になるであろう。だが，外部の関与者がもたらす以上の認識も生まれることであろう。ソマリアやユーゴスラヴィアで明白に見られるように，外部の「仲介者」は，高い地位にいればいるほど，それだけ現実離れしてしまうことがしばしばなのである。

　これを組織するのは容易な任務ではない。選挙や選挙監視のような，比較的簡単で機械的なことがらを言っているのではない（これはこれで問題が多いが）。人々の発言を歪めずに，彼らの創造力を刺激するために，外部の組織者は，テーマに敏感で慎重でなければならない。理想的には，言語の特訓を受けるか，通訳との協働の方法，それに伴う付随的な問題への仕方を学ぶべきである。さらに，辺鄙な村を流れる小川を大河に流れ込ませ，あらゆる人が使える紛争認識のプールを作るよう，さまざまなネットワークとつきあい，さまざまなアイディアの流れを束ねるようでなければならない。

　しかしこれは，世論調査研究所に委託すれば，もっと簡単に実行できるのではないか。決してそうではない。なぜならそれは，個々人の孤立した考えを盗み聞くにすぎないからである。肝腎なのは，紛争のさまざまな側面が明らかになり，いろいろな考えが相手側の議論に曝される対話である。それでも，可能な治癒方法に関するブレーンストーミングに達するには，ソフトな刺激を通じて行われる必要がある。これが「ガス抜き」にしか役立たないという主張は，一般人に関してだけで，地位の高い人に関しても言われるのでなければ，侮辱

である。人々を本気で受け止めるのがベストなのである。

　平和のための人質。コントラとサンディニスタが戦っている頃のニカラグアの経験は，外国人が平和のための人質として暮らす村は攻撃から免れたということである。暴力を使おうとする人間は，世界中が証人となるのを望まない。外国人の証人を暗殺した責任を取らされたくもない。このアプローチには危険が伴うが，ほとんど丸腰の国連平和維持軍にかかわるのと大差ないであろう。後者は今度は，国連憲章第7章の平和強制行動に参加するよりも，はるかに危険は小さい。

　紛争地域に住み着いたそのような人質が10万人いると考えてみよう。実質的にもう戦闘する場所が残らないくらい，多くの人質を立てるわけである。結局のところ戦闘とは，きわめて地域集中的な行為だからである。たとえば何十万という旧ユーゴスラヴィアに駐留する国連兵士向けに行われたような，支援のライフラインが設けられる必要がある。もちろん，人質であると同時に，彼らは上述の対話を通じて平和ワークも行える。実際，2つの任務は相互に補強し合うであろう。

　問題は，どこでこの10万人が見つかるかということである。自発性の原則から，それほど多くの人間や資金は集まらないであろう。ここで国家が市民社会を助ける必要が出てくる。1つの可能性は良心的兵役拒否者で，イタリアでは兵役義務者の2割，ドイツではもっと多くになる。彼らは，「民間奉仕」（それ自体多かれ少なかれ有益であるが）に押しやられるだけではなく，平和のために働く権利を持っている。

　もう1つの可能性は兵士であるが，しかし制服ではなく，せいぜい民間人の平服を着ている兵士である。その服の色は，白が圧倒的であるべきである。兵士より医者のように見えなければならない。まさに理想的なのは，両者が共働して違いをあいまいにすることである。

　しかし，それがどう行われようと，これに関連して1点基本的なことを指摘しておかねばならない。人類がまだ狩りや採集をしていた頃，男は主に狩りをし，女が主に採集していた。ここに，伝統的・近代的・ポストモダン社会にお

ける軍との明瞭な連関がある。軍は圧倒的に男性的だ。今のところ米国が，戦闘における女性の役割に対するタブーを打ち破ろうとしている。兵士が男であれば，当然，良心的兵役拒否者も男となる。つまり，重要な紛争ワークという役割の基礎を兵士と兵役拒否者に置こうとすることは，家父長制のさらなる表現にすぎなくなるのである。

そこから言えるのは，こうした任務に，募集された男性一人一人に対し，女性を一人募集する努力がなされるべきだということである。たとえば1つの可能性は，一般的な国民奉仕であろうが，それに対しては正当な異論が2つある。

1. そのような奉仕は義務的で，国家の権力を拡大する。
2. そのような奉仕は，圧倒的に若い人たち向けで，彼らは紛争ワークに役立つには，十分な人生経験をまだ積んでいないかもしれない。

別のモデルは，米国やノルウェーにあるような平和部隊モデルであろう。老若男女のボランティアが参加し，国家がコストを負担するのである。すでに名前が説得的であり，上述のような紛争ワークが名前に実体を与えている。その他，今まで平和部隊と結びついた開発職務は，ここでも有用であろう。戦災を受けた社会の再建も含め，開発ワークは常に行う必要がある。いかなる種類の暴力も拒否する人間と，筆者のように，防衛的防衛や広範な平和維持を含む平和的手段による平和を信じる人間との間に，何の違いもなくなるであろう。

第Ⅱ部
紛　争

第5章
宗教・文化・暴力

　現代の平和研究では，暴力は3つの形態で捉えられている。つまり，直接的暴力，構造的暴力，文化的暴力である。どのような種類の暴力も「苦痛を与える」ものである。「苦痛を与える」者は，責めを負う──これはマルティン・ブーバーが古典的に定式化した，古くからの問題設定である。たとえば経済構造に見られるように，暴力がある構造の中に「組み込まれる」ことが起こりうる。この暴力は，特に経済構造の最底辺で，苦痛を与える。これを困窮と呼ぶ。政治的暴力の場合，直接的な不自由をもたらす。これを抑圧と呼ぶ。それから3番目の暴力，文化的暴力。これは，構造的・直接的暴力を正当化する文化に根ざすすべてのものを包含する。それゆえにわれわれは，目の前で起こったことが，疑いもなく「正しい」との感覚を持つ。

　ここで，非常にわくわくさせるような世紀だった11世紀の1096年に建設され，ティル・バスティアンが見事に書き記したかの中世都市イズニーを見てみよう[1]。それは，勃興の世紀であった。多くの貨幣が普及し，人々の移動が行われた。そして，宿命的な2つの決断が下された。そこには，1054年，ローマ・カトリックとギリシャ正教の分裂について責任のある教皇レオ9世と，1095年11月27日に有名な演説を行い，十字軍の遠征を決めたクルニュー修道者の教皇ウルバヌス2世の存在があった。

　このようにヨーロッパでは，2つの断層線がある。両者は，1つの都市，サラエヴォで交差する。サラエヴォの周りにはボスニアがある。ボスニア＝ヘルツェゴヴィナでは，今まさに選挙が行われたところである。

---

1) Till Bastian, Im Jahre 1096: Arabesken zur Geschichte von Kloster und Stadt Isny, in: Rudolf. Reinhardt (Hrsg.): *Reichsabtei St. Georg in Isny 1096-1802*, Weissenhorn: konrad 1996.

第Ⅱ部　紛　争

　セルビア人，クロアチア人，そしてボスニア人が，うまく一緒に暮らしたいとは思っていないことは明々白々であり，誰もが知っている。ボスニア＝ヘルツェゴヴィナが，1つの国であると考えるのは（とりわけドイツの外交政策がそうなのだが），幻想でありただそのように思いたいだけなのである。オハイオ州デイトンで和平合意がなされたが，この地はサラエヴォから相当距離的に離れている。しかしそれをほとんど意識することなく，私が上に述べた断層線を見すごし，そうした幻想を持って和平作業は行われてきたのである。

　900年前，十字軍の派遣が始まったが，公式の理由は，聖地エレサレムに入る問題に関わった。だが，エレサレムに入ることは，別段何の危険もなかった。むしろ今日の方が厄介である。それゆえ，世界史にとってきわめて典型的なことが生じた。すなわち，なるほどウルバヌス2世の例の演説の196年後の1291年に停戦にはなったが，問題は今なお解決されてはいない。だからこそ，いやそればかりか，かつてないほど差し迫っている。東エレサレムに関し連日協議が行われているのである。

　なぜ，宗教や信仰がそれほど重要なのだろうか。なぜ，ヨーロッパの真の歴史は，本来1054年と1095年以降のかの3分割の歴史であると言うことができるのか。このことは，永遠性，つまり「永遠の生命」と関連する。宗教のテーゼと「正義」の暴力との間には，明らかな関係が存在する。「正戦」と「聖戦」が存在する。つまり「正戦」は，宗教の中に正当性を見出す戦争ということができる。ウルバヌス2世は，セルジューク朝が神聖な諸国家を占領し，巡礼者の巡礼が困難になったがゆえに，この戦争は正義の戦争なのだと喧伝した。

　「聖戦」は，しかしさらにもう一歩先を行く。すなわち，戦争に参加することで，楽園への入り口を見つけられるのである。煎じ詰めれば，ウルバヌス2世は，このことをきわめてはっきりと「汝エレサレムへの道程にあれば，その罪を許されよう。汝エレサレムに到達すれば，汝天国への入り口が保証されよう。しからば第3に，汝戻りきたらば，地上での報いがあろう」と述べていたのである。

　社会学者ウルリッヒ・ベックは，われわれは今日，「危険社会」に生きてい

第5章 宗教・文化・暴力

ると述べているが，1095年の社会も同じくそうであった。ただウルバヌス教皇は，天国行きの保険料をすっかり変えてしまった。しかもその熱狂たるや大変であった。ドイツでは，1096年，何千というユダヤ人が虐殺された。ダニエル・ゴールドハーゲンは，おそらくその見方を修正しなければならないだろう。つまり虐殺を行ったのは，「ヒトラーの意に喜んで従った死刑執行人」たちが初めてではなく，すでにゴットフリード・フォン・ブヨーだったのである。エレサレムへの道程で，十字軍の戦士たちは，正教徒だったセルビア人をも虐殺した。それは，集団としてのセルビア人たちの記憶に深く刻み込まれてきた。諸民族の記憶は，象の記憶と同様，決して忘れ去られるものではない。

　もちろん，今日では，人々は中世のように信心深くもなく，信仰はただ「民衆煽動家」と呼ばれる人物によって道具化されているにすぎないのだという異議がなされるだろう。この理屈もまた，この問題の分野でなされるほとんど他のすべてと同様，ほんのわずかの真実でしかない。これを，「7.3％の真実」と呼ぼう。常にまずいのは，1つの理屈のみを信じ，それを「100％の真実」と呼ぶことである。そうなったら，もう目も当てられない。しかし，神が失われたとされる時代の問題であることは重大である。このことをフランスの哲学者パスカルとともに確認しておこう。彼はかつて，「神が存在するか否か私は知らない。しかしおそらくは，神が存在しない場合に神を信じるより，神が存在する場合に神を信じない方が危険だ」と語った。もちろん，それにならって言うなら，「より確実な側」でのこの信仰は大した価値がなく，いわば「7.3％の信仰」と言うこともできよう。この事柄を数学的に考察するならば，7.3％の永遠も，なお永遠だと見られるだろう。

　それについては，いろいろと述べることができる。歴史の影は長いのである。ともあれ，上述の断層線が交差しているところ，つまりサラエヴォにいわばヨーロッパの震源を求めることになる。そのことは，すでに1914年6月28日にオーストリア皇太子フランツ・フェルディナンドの暗殺に際して目の当たりにしたし，ごく最近も体験した。これに対して何らの策も講じなければ，将来においても同じことを経験することになろう。

第Ⅱ部　紛　争

　ここで手短にユダヤ教，キリスト教，そしてイスラム教について述べておこう。いかに多くの文化的暴力がこれら宗教に，つまり直接的暴力を正当化する聖句にあることだろうか。その程度は，想像を絶するほどである。十字軍の騎士にあっては，「ルカによる福音書」(19章27節) が特にお気に入りであった（「ところで，わたしが王になるのを望まなかったあの敵どもを，ここに引き出して，わたしの目の前で打ち殺せ」）。そして中世の神学者は，異教徒はムスリムほどは悪くはないのだ，なぜなら異教徒は光を見ていなかったからだと，熱心に説明したのである。ムスリムは，しかしイエスの存在を知っており，彼らはそれをコーランで読んでいる。けれども彼らは，彼，イエスが神の子だと認めようとはしない。光を見てそれを認めないとすれば，そうした者は，上の文脈（「ルカによる福音書」19章27節）で言えば殺されても当たり前なのである。

　ムスリムでは，「ジハード」という言葉は，教養ある人々にはその意味が「聖戦」ではなく「努力」であると知っている。しかしながらこの努力は，4段階に区分されると言える。つまり，魂をめぐって神と悪魔が戦う「内面の戦場」に始まり，まず防衛戦争として理解される戦争で終わる。剣によったところで，誰も改宗せることはできない。ムスリムは，今日，3つの歴史的事例を引き合いに出す。そこでは，暴力がこの信者のための防衛戦争という意味において，過去もまた現在も正当なものとされる。つまり，第1に十字軍の遠征，第2にシオニズム，そして第3に共産主義のアフガニスタン侵攻である。第4の事例に関しては，ムスリム神学者の間で論争がある。ムスリム世界への西側の「平和的」浸透が，暴力をもって防衛するにふさわしい意味での侵略なのかどうかという問題である。

　1835年のフランスのアルジェリア侵攻の場合には，ことは明らかなように思われる。そして，過去の影は，『イスラム救国戦線』(FIS) という形で，あまりに生々しく残っている。しかし純粋に「経済的」な浸透については，議論がある。抵抗が正当だと認めることに何ら疑念を持たない者は，テロリストと呼ばれる。

　であれば，ユダヤ教はどうだろうか。なぜイツハク・ラビンは殺されたのだ

第5章　宗教・文化・暴力

ろうか。その事を，モーセの第4の書「民数記」（33章55-56節）で読み取ることができる。すなわち，「もし，その土地の住民をあなたたちの前から追い払わないならば，残しておいた者たちは，あなたたちの目に突き刺さるとげ，脇腹に刺さる茨となって，あなたたちが住む土地であなたたちを悩ますであろう。わたしは，彼らにしようと思った通りに，あなたたちに対して行うであろう」ということである。そしてラビンは，当初ユダヤ人テロリストであり，その後平和の人になったのだが，後年，「私はこれらの人間を追放するのではなく，彼らと契約を結ぼうと思う」と語っていた。その場合，少なくとも1人の若者がヤハウェの声を聞いたと考えても，意外なことではないように思われる。

なぜ，そのことが一切論議されないのだろうか。故国ノルウェーでは完全なタブーなのだ。ユダヤ人問題を議論しようとしない理由は，歴史的にユダヤ人がひどい迫害を被ったためでもあるし，自分たちの文明の根本を思い浮かべるためでもある。私たちには，この議論は無理なように思われる。

もう1つの例を挙げよう。1994年にヘブロンのモスクでパレスチナ人を少なくとも44人殺したバルフ・ゴールドシュタインが，どういう出自か知りたければ，「エステル記」の9章5節を一読すべきであろう。そしてゴールドシュタインが実際に彼の息子に，その行為の前日，聖書のまさにこの部分を読み聞かせた。すなわち，「ユダヤ人は敵を1人残らず剣にかけて討ち殺し，滅ぼして，仇敵を思いのままにした」。

それゆえ，宗教には多くの暴力を容認する側面があると述べることもできよう。私はそれらを一定の対称性をもって引用した。と言うのもそれらは，同じ源泉から出たものだからだ。つまり，選民思想，「約束された地」の観念である。しかし，中世が終わった後は，どうなったのだろうか。しばしば，この時代について「神は死ぬ」と言われる。私はそうは思わない。きわめて多くの他の人もそれについて信じていないと考える。学者として私は，もし神が死んだのであれば，一体誰がその後継者なのかとの疑問を持つ。私は，4人の後継者を見出している。彼らは，この世俗化された世界像の中で，そして近代の知において同じような地位を占めている。神は，全能であった。今や国家がそれで

ある。国家は，今や権力を独占し，「王の最後の手段」を行使する権利を有する。神は，至るところに存在した。今では，アダム・スミスが見事に書き表したように，2人の人間が集うところ，常に1つの「市場」が存在する。それは，ホモ・エコノミクスの背後で，「見えざる手」により規制されている。神は，全知であった。今や科学がそうである。そして神は，善意であった。われわれにあの世に入る資格があれば，住み家をあてがってくれた。この家が，民族(ネーション)になった。国家，市場，科学，そして民族——これが新しい4つの神なのである。人は，これらの名において殺戮を行うのであろうか。もちろん！

今日，「この地は自分たちに欲しい」と主張できるくらい強い民族が，約2000存在する。国家はおよそ200存在する。科学が過剰に存在する。そして市場は今や世界市場にまでなった。これらの神の名において，20世紀は，あらゆる世紀の中で最も血塗られた世紀となった。そのことからおそらく，あらゆる点で宗教にその責を帰することはできないと結論できよう。たしかに，宗教の名において人が殺されてきた。しかしその後継者とて，ほとんど五十歩百歩だったのだから——。

このことを根拠づけるために，もう少し精確に「国家」というテーマを分析するため，中世の歴史に言及してみたい。近代国家は，市民に多くのことを保証すると約束しているが，しかし緊急の場合には，この国家のために生命を犠牲にすることを求める。まさにこのことを，フランス革命時の国民公会は，1793年に一般防衛義務を導入した時に，世界史上初めて明文化した。しかしながら，この近代国家とは，本来どこにその起源を求められるのだろうか。このことを理解するため，さらに中世の事情を探ってみよう。

当時，5つの階級（よく言われるように3つではなく）が存在していた。聖職者，貴族，市民，それから単純手工業者・農民・農奴などの勤労者，そしてそれ以外の者，つまりユダヤ人・シンティ・ロマ・流民，あらゆる類の法的権利を喪失した人々である。しかしこの体制は，永久には続かなかった。11世紀に黎明期が始まり，14世紀の中葉，黒死病(ペスト)の時代は，最終的な崩壊のきっかけとなった。そして，これまでとは異なる何かが生じた。経済的に見れば，生活様

第5章　宗教・文化・暴力

式は，もちろん全然「持続的」ではなかった。人々は，エコロジーが何たるか知る由もなかった（今日私たちは，エコロジーが何たるかをわかっていながら，これに敵対的な行動をとっている）。貴族は，自分のイデオロギーを持っており，それは権力の独占に根ざすものであった。貴族階級の子弟は，いわば，2つの目的，つまり殺すことと殺されることに向かって社会化された。紛争の解決に，無駄な時間は費されなかった。むしろ，紛争が多ければ多いほどよかった。そのことはすべて，一定の流儀を有していたかもしれないが，明らかな暴力の賛美を意味していた。

　このシステムは崩壊した。地方の貴族は，やせ細っていく収入の糧を得るだけで，農奴は一部，都市へ遁走した。そしてこの状況の中で，国家建設が始まった。さながら国家を求めての大群であって，この逆ではない。ドイツの平和研究者，エッケハルト・クリッペンドルフは，この展開を緻密に研究している[2]。ここで主張されている論は，おそらく他のすべてのそうした見解と同様，少し誇張されているが，「82％の真実」でしかないとしても，それほど悪くはない。貴族階級の権力者は，近代初期の国家に2つの地位を見出した。軍司令官・将軍（後には提督も）と，外務大臣や外交官である。今日なお，ヨーロッパの至るところで，きわめて多くの貴族がこれらの活動分野で見受けられる。そして，彼らは中世の「悪い作法」を近代にまで引き継いだと言えるかも知れない。たとえば，すぐに感情を害し，尊敬されたいと強く思い，常に権力を語り，決して「弱み」を見せない——。中世では，近代的な意味での「対話の用意」は存在せず，暴力を用いない紛争解決戦略に何らの関心もなかったのである。暴力を用いて紛争を解決することは，まさにより高い名声と名誉を勝ち取るチャンスとして有効であった。今日では年4％以上の経済成長を語るが，当時は，常に年4％以上の名誉成長率を追求していたとつけ加えておいていいかも知れない。

---

2) Ekkehart Krippendorff, *Staat und Krieg. Die historische Logik politischer Unvernunft*, Frankfurt a.M.: Suhrkamp, 1985.

第II部　紛　争

　中世世界秩序の後継システムは，近代の国家システムであるが，大いに期待を抱かせるようなモデルではない。研究職に従事して50年近くが過ぎた現在，私は，この国家システムと平和システムとの間に根本的な矛盾が存在するとすら考えている。しかしこのことは，希望を持てないままでいなければならないことを意味するものではない。中世社会の秩序を振り返り，上に述べた5つの階層・階級のうちの第3番目，つまり主に都市で生活していた市民を考察してみよう。都市は，歴史の流れの中で本来，常に適度な速さで進んできた。比喩的に言えば，イズニーのような都市に「イズニー，イズニー，世界に冠たるイズニー」といった（外の世界との線引きを暗示する）市の歌があるとは思えない。市長がそれを歌おうものなら，おそらくは誰もがあざ笑うか，市長にこう言うだろう。「あんたなんか，この施設に入れてもらいな。」

　都市は，通常何ら常備軍を持っていない。アメリカの格言に「自分の持っている唯一の道具が金づちだと，すべての問題を釘と見てしまうようになる」とある。誰かが軍を持てば，世界は突如，軍事問題だらけになってしまう。しかし都市は，何ら軍隊を持たず，経済や文化の十字路である。交換が行われ，人々は実利的に行動する。だから考えが異なった時には，他の都市に引っ越す機会を有するのである。もし，世界政治が国家よりも都市によって決定されるのであれば，たしかに進歩であろうが。

　中世の階層モデルにおいては，その他の民衆，第4の階級・カーストが存在した。そしてこの民衆は，今日おびただしい非政府組織（NGO）を形成している。今日世界中で，6000のNGOがあるが，必ずしも全部が平和にかかわるものではない。しかし大まかに言って，これら組織を通じて多くの人々が出会い，マスメディアには登場しないが，人々にとってきわめて重要な多くの協定が結ばれているのである。これらの集団は，特に冷戦の終結に際して重要な役割を果たした。そして端的に指摘しうるのは，冷戦の終結が本質的に2つの運動によってもたらされたことである。1つは平和運動，もう1つは異論派の運動で，両者間には対立も存在した。

　さて，中世社会の最下層，5番目の階層はどうだろうか。それに対応するの

第5章 宗教・文化・暴力

は，現代の数多くの「新しいアクター」である。1989年10月9日にライプツィヒのニコライ教会前に集まった7万5000人のほとんどが女性で，ライプツィヒの5つの教会の信者だったことを想起してみよう。まさに「善良な」ユダヤ教が存在するように，「善良な」キリスト教も存在する。それゆえに，かの3大宗教に関して一般的な物言いはできない。だからこそ私は，文化的な暴力を宗教全体としてではなく，その一側面として定義するのである。もし冷戦の終結を祝うとすれば，本当なら，あの10月9日のことを祝うべきだろう。11月9日は，「ベルリンの壁」の開放という目に見える姿にすぎない。10月の夜，手に手にろうそくを持つ人々――。それは，何かまったく新しい出来事だった。しかし私は，ドイツが未だ，はっきりとすべてのことを認める心構えができていないと思う。あれから6年が経って，エーリッヒ・レーストの新著〔訳者注：12頁注12参照〕が出版され，この問題を明らかにしてくれた。

さて，まとめに入ろう。私は3つのテーゼを展開させようと試みてきた。まず，3つの宗教，ユダヤ教・キリスト教・イスラム教において，明らかに暴力賛美の性格があることは疑いのないところだ。第2に，だからと言ってそれは，（いつからか，その起源はどうあれ）非宗教の時代，世俗化した時代の方がましだということを意味しない。そればかりか，それに続く時代の方が悪いことだってありうる。国家やお上は，かつてなかったほどの服従を要求している。科学と市場の力は，いかがわしいゲームを繰り広げており，民族は，しばしばこの上なく残虐な目的のために無数の人間を動員する。そのバランスシートはしたがって，矛盾に満ちたものとなる。

そして第3に，私は，中世の後継システム，つまり近代の国家システムにおいて，中世の特徴を継続させる性格，たとえば，特に歴史的な行動規範や，現在の外交政策に引き継がれている戦士カーストの文化が存在することを示そうと試みた。現在では，たしかに「女性化」が多くのヨーロッパ諸国の省庁で見受けられるが，外務省については，ほとんど例外なくこのことは当てはまらない。ここでは，男たちの権力ゲームが，性懲りもなく繰り広げられている。

私は，考えられうる対抗勢力，つまり都市の文化，NGOなどの組織，そし

第Ⅱ部　紛　争

て政治的舞台での新たなアクター（その中には特に女性が含まれるのだが）にも言及した。重要なのは，対話である。この対話は，論争ではない。論争は，言葉による「決闘」である。そこには，勝者と敗者が存在する。対話は，互いを豊かにする。私は，このことを，キリスト教徒とイスラム教徒との間で組織化しようと試みたが，ことは簡単ではない。私は，すべての宗派のキリスト教徒，ユダヤ教徒，イスラム教徒のためのエキュメニカル研究センターをサラエヴォに設置しようと提案した。

　これが機能するかどうかはわからない。しかし，1つだけ確信している。対話なくしては，何も動かないということである。そしてこの対話は，「相手側」からも学ぶことのできる何かがあると受け入れるのを前提としているのである。

　私は，文化，暴力，そして宗教について語ろうとした。そしてこの領域で，私が楽観的すぎてはいないかと，読者には感じられるだろう。さまざまな学派が役立たずで，あまりにも多くのテーマが大きなタブーに覆われていると思う。それゆえに，これらすべてのテーマについて，オープンに話し合うことこそ，私たちの課題なのである。

第6章
国家・資本・市民社会
──1つのコミュニケーション問題

1　近代社会の3本柱

　ヨーロッパの神は，啓蒙期に死への道を歩み始めたと言われている。このことを1人で成し遂げたのは，本当にヴォルテールだったのだろうか。いずれにせよ，それによって，ヨーロッパのみならず，世俗化の道が開かれた。しかし，神は強力な封建的後裔，つまり君主と教皇を遺した。前者は，自らを「神の国の主」と見なし，後者は自らの無謬性を主張した。両者とも長い間神の人格的な化身と見なされ，世俗の主導権を熾烈に争った。君主は，「主の最後の手段」，つまり武器を用い，教皇は，「神の最後の手段」，つまり救いと罰を用いた。その結果はソロモン的（直截的）で，教会は，舞台の脇に押しやられ，そこで正式に，現世的な事柄ではなく宗教上の事柄をつかさどった。

　現世的な事柄には，軍事力や政治権力のみならず，海外にまで常に膨張を遂げる循環を伴う全経済セクターが含まれた。君主は，それに関心を持たなければならなかった。必然的に近世初期のヨーロッパの歴史は，君主に東インド・西インド貿易などの管理を譲渡したのである。

　産業家および商人の新しい階級は，抑えつけられなかった。彼らは，革命によって（1688年名誉革命，1789年フランス革命），人権宣言（1776年，1787年，1789年）によって，そしてとりわけ資本に神的性格を与えた理論によって（1776年，アダム・スミス『国富論』），権力を獲得したのである。「自己原因」として「神の見えざる手」が賦与されていることを前提とすれば，資本は，常に至るところ存在し，全知全能で，善意のように見えた。そして新たな聖職者カースト，つまり市場の英知を讃美する経済学者が登場した。

第Ⅱ部　紛　争

図表6-1　経済システムの類型

色	概　念	国　家	資　本	市民社会
青	資本主義的	弱	強	中間もしくは弱
赤	社会主義的	強	弱	中間もしくは弱
ピンク	社会民主主義的	中間	中間	中間
黄	日本的	強	強	弱
緑	ローカル	弱	弱	強

　君主もまた，次第に後方に退場した。宮廷は，大臣や省庁を伴う内閣に変じた。最終的にはすべての近代の国において，国家として知られる組織が発展した。そして，またもや聖職者カーストが国家の英知を讃美した。彼らは，遍在・全知・全能が，善意であるにせよそうでないにせよ，いかに実現されうるかをきわめて詳細に説明した。このカーストに属したのは，法律家・国家学者・政治学者である。

　国家と資本という近代の社会フォーメーションにおける2つの権力の柱は，主として，19世紀北大西洋地域における諸々の出来事の2つの産物である。それらは，全世界で模倣された。しかし第3の柱である市民社会は，常に存在していた。市民社会は，民衆とその相互関係を包摂し，血筋（家族，氏族，近さ（隣人，親和性（同一の利害や価値）を媒介としてきた。このことは，近代社会については社会学者によって，前近代の社会については人類学者によって説明されている。その結果，社会的フォーメーションに関する知識は，3ないし4の社会科学に分割され，それによって包括的で全体論的な洞察は，それらの社会科学にとって一番上に留保されたままだ。

　別の関連において，私は，経済システムの類型（タイポロジー）を設定した。これは上述の社会の3本柱に従って容易に解明されるものである。

　もしこうした図表に基づくならば，7通りではなく27通りのもの組み合わせが描かれうる（3×3×3）。強—強—強と弱—弱—弱という極端なケースは，理論的にはありえようが，現実には意味を持たない。権力とは，相対的なものである。それだけになおさらのこと，凝集を促す何らかの権力の存在がなけれ

ばならない。私は他のところで，同一の社会的フォーメーションのさまざまな領域に対しピンク・黄・緑の折衷的コンビネーションを主張した[1]。

現実に，ある社会的フォーメーションの経済システムがどのように発展しているかは，社会の歴史の中に根を下ろしている多くの構造的・文化的な要素によるところがもちろん大きい。

しかしながら国際関係の論理は，今日の社会に，高いレベルの同質性を強いている。そのことは，今日の社会が上で議論した3分構造を必要とするばかりでなく，これらの部分がある一定のレベルまで類似せざるをえないことを意味する。たとえば，ソヴィエトに指導された東側ブロックは，党によって指導された国家が，資本を保有し市民社会を抑圧する，極端に赤い社会を作り上げようと試みた。しかしこの試みは，人々の諸権利を侵害し，生活上の欲求を無視したばかりか，国際関係をも阻害した。2つの社会が同質的であれば，一方は他方に対等な立場にある人を見出すことができる。そのことは，相互作用一般，特に集中的なコミュニケーションをもたらす。それゆえ，ソヴィエト・ブロックは，内外から二重の圧力に陥っていたのである。

中国は，この問題をずっと以前から理解していたので，資本を日本型構造に一致させて形成した。つまり，他のファクターが強いために，市民社会は，相対的に弱い（このことを集会の自由や言論の自由と取り違えるべきではない。というのも，両者は直接権力に転化しえないからである）。3部構造は，今後も定着していく，しかも世界的規模で広がっていくと予測できる。当然，問題も同様に拡大していく。

今日では，近代社会のこうした区分はありふれている。しかし，たとえばきわめてよく似た3部構造を伴ったルードルフ・シュタイナー（1861-1925）の先駆的モデルが存在する。彼にとって社会は1つの社会的有機体であり，3つの異なった生活領域，つまり霊的・文化的領域，政治・法領域，そして経済領域

---

1) 特に，*Peace by Peaceful Means : Peace and Conflict, Development and Civilization*, Oslo: PRIO, 1996（ドイツ語版は，*Frieden mit friedlichen Mitteln : Friede und Konflikt, Entwicklung und Kultur,* Opladen: Leske + Budrich, 1998）第Ⅲ部。

に区分される統一体である。それらはたしかに自律的ではあるが、社会的有機体全体の各部分として見なされる場合にのみ意味を持ちうる。シュタイナーによれば、それらが最もよく機能しうるのは、フランス革命の3つの古典的要求に導かれる場合である。つまり、霊的・文化的領域については自由、政治的領域については平等、経済的領域については友愛というわけである。それゆえ、彼にとって教育は、自由によって導かれ、他の2領域から自立した霊的・文化的領域の一部なのである。

シュタイナーの霊的・文化的領域が、「市民社会」ほど包括的ではないように見えるとしても、シュタイナーによる教育の包摂、そしてその自主的な管理は、両概念をきわめて似かよらせている。各個人は3領域すべての部分であり、これらを互いに結びつけている。経済を例にとってみよう。シュタイナーにとって、分析単位は企業（使用者と従業員）でも、市場（売り手と買い手）でもない。そうではなくて、生産者・商人・消費者を含めた経済の循環全体である。こうした人々が集まって協同組合を作る。そこでのみ友愛（男女の差なく！）が実現されるのである。この循環は、小さすぎてはいけない。小さすぎると高くつく。だが、大きすぎてもいけない。構成員にとって、見通しがきかなくなってしまうからである。所有権は、真の所有者である協同組合の委任に基づいて、信託管理としてのみ存在する。

社会の3本柱の問題は、それぞれの論理に根拠づけられている。

【国家の論理】
・神的自己認識：最終権力の所有者であったり、善意の扶養者であったりする。
・暴力の独占：「金づちを持っていると、世界を釘に見立ててしまう」。自己実現の予言として暴力を投入する用意。
・傲慢：人を殺し、支配し、徴税する最終権力の担い手として、国家は「自己原因」となり、国家元首は「閣下」となる。
・拡張主義：権力（パワー）を拡大しようとする一般的傾向。

第6章　国家・資本・市民社会

・敵の創出：領土的基礎を拠りどころとしているかもしれない一般的なゼロサム志向。至るところに敵とペテン師が見られる。
・情報の独占：秘密保持により，下々ならびに内外の「国家の敵」に対して情報が保護される。君主に耳打ちする「枢密院」。
・閉鎖的サークル：役人は，神秘的身体として自らを組織する傾向にあり，下々の声に耳を傾ける気持ちはない。
・家父長制：老人支配の要素を持つ。国家は通常，支配的な人種／民族に属する年長者によって指導される。
・コスモロジー的志向：社会の（エリート層の）深層文化は，予見的でステレオタイプ的に実施される。
・相応関係：社会の深層文化・コスモロジーを反映する人格を持った国家元首に対する優遇。
・慣習への固執：イデオロギーよりも，慣習（したがってまたコスモロジー）に従った場合に，むしろより間違いを犯しやすい。前者は世界が間違え，後者はアクターが間違えた。
・普遍性と特殊性：合意しうる行動の基礎を発展させるために多くの時間が必要な，主体間の基準に基づく行為。

【資本の論理】
・神的自己認識：豊かさや利益の相続人であったり，財貨や仕事の調達者，問題の解決人であったりする。
・独占の願望：不断に増大する市場の占有率。
・傲慢：市場を動かす最終権力の担い手として，資本が自らを自己原因と見なすのに対し，企業の最高経営責任者（CEO）は自らを「グル」と見なす。
・拡張主義：権力を拡大しようとする一般的な傾向。
・競争相手の創出：至るところに，市場の競争相手が見られる。
・情報の独占：秘密保持を通じて，情報は下々や競争相手に対し保護される。
・閉鎖的サークル：トップ経営者は，神秘的身体として自らを組織する傾向

にあり，下々の声に耳を傾ける気持ちがない。
　・家父長制：通常は，企業は男性が経営するが，無条件に年長者かつ／または支配的人種民族である必要もない。
　・コスモロジー的志向：すべて同じ社会の成員であること。

【人民の論理】
　・人間的自己認識：人間的な欲求を満たすことの追求，つまり生存・健康・アイデンティティ・自由。
　・客体としての認識：他者によって行使される権力の客体として。
　・服従：国家や資本への服従傾向。
　・現状主義：少なくとも所有しているものを保全する。
　・敵味方の創出：至るところに両者は見られる。
　・情報の独占と共有：エンパワーメントのため。
　・オープンなサークル：エンパワーメントのためのネットワーク化。
　・家父長制：一定の範囲まで国家と資本を模倣。
　・コスモロジー的志向：すべて同じ社会の成員であること。

　本論において，国家と資本は自律的なものとしてスケッチされている。国家は軍事力と警察力を独占し，資本は経済力を独占する。それゆえ権力にとって重要なのは，強制手段と契約により実施されるアメとムチである。国家と資本は，その権力を，人民を搾取するために利用するが，その唯一の力の基礎は規範的な力であろう。その根源は，構造的には封建主義に，また文化的には，この地のかなたに住まわれる超越した男性神の宗教であるアブラハム的諸宗教（ユダヤ教，イスラム教，キリスト教）の中に容易に認識しうる。母なる大地の代わりに，天にいます父にかかわるのである。もちろんこの分析は，他の歴史を有する世界の他の地域に同じ尺度で当てはまるものではない。しかしそれらは，すべて西側の3つに区分された「モダニズム」を模倣しているように思われる。
　歴史の大部分は，社会の3本柱の間の闘いと見なしうる。一方で，国家と資

本は，人民を搾取する。つまり，国家は住民を抑圧し，資本は労働者と買い手を搾取する。それゆえ人民は，二重にだまされる。これによって，階級的フォーメーションが生じ，あるいは少なくとも強化される。しかしながら他方で，人民は，さまざまな結社の創設や，市民社会（地縁・血縁に基づかなくなり，似かよった価値や利害に基づくようになった）の形成によって，抵抗するようになる。人々は，自分たちの地位を改善する。すなわち具体的には，単なる住民から，諸権利を付与され国家の責任を問う市民になるのである。加えて，人民はいてもいなくてもよい労働者や買い手ではもはやなくなり，生産者と消費者，つまり経済循環の輪の不可欠な構成部分となるのである。

　この過程で，人民は，場合によっては革命により国家を制圧し，次に国家もしくは消費者組合によって資本を統制しようと試みる。もちろん，資本と国家もまた，純粋に青色もしくは赤色の解決策を実施するために，互いに制圧を試みる可能性がある。

2　社会の3本柱——唯一のコミュニケーション・チャンネル

　本章の基本的な考えは，現代社会の多くの問題が，市民社会—国家，国家—資本，資本—市民社会という相互関係の内部でのコミュニケーションの欠如に帰せられるという点にある。市民社会—国家という関係においてのみ，コミュニケーションは，①すべての者にとって透明であり，②制度化されており，③双方向的で対話的であり，④包括的でどのテーマにも開かれ，⑤両当事者に拘束的な諸決定に有用である。コミュニケーションは，直接市民社会と国家間で生じる場合には，民主主義としても特徴づけられる。また，それが間接的にたとえば政党や議会を通じて生じる場合には，議会支配（パーラメントクラシー）として特徴づけられる。国家と資本，資本と市民社会の間で同じように機能する明白なコミュニケーション・チャンネルは存在しない。この場合，社会の実際と近代社会理論におけるギャップが問題となる。

　どうしてそうなるのだろうか。右派の理論家は，資本を「自己原因」と見る。

この考えに従えば、コミュニケーションの試みは、「コミュニケーション」が対話的で相互的であろうとも、結局のところ、支配への意訳に終わってしまう。資本の最重要市場は、神と同様、このことを好まず、恩恵を保留するか、より望ましい領域を探し求める。「民主主義＋自由市場」は、市民社会—国家に集中し、資本には触れない。「青」イデオロギーにとっては、もちろんそれでは不十分である。「赤」の答えもまた同様である。

左派の理論家は、資本を讃美する代わりに、悪者に仕立て上げる。彼らは、資本をパートナーではなく、統制するべきものと見なしがちである。この統制は、国家（社会主義）もしくは市民社会（アナーキズム）によってなされるべきであるとする。国家と市民社会との間を支配するようなバランスのとれた対称関係は、ほとんど誰も積極的に主張していないように思われる。

だからと言って、私は、国家と市民社会との間のコミュニケーション・チャンネルが、議会支配によって完全になると述べるつもりはない。しかしながらそれは、第3の要素である立法機関が、国家に深く埋め込まれ、そこで行政権力を監視し、いやそればかりか指図すら行っていることを意味する。両者は、一定程度まで司法権によって監督を受ける。この第3の要素が、市民社会を代表する。ここに間接的な権力（立法機関によって国家の行政権力に対し行使される）に反対する主張の余地がある。だから、「民主主義」という概念は、頻繁に国民投票や発議が存在するスイスのような国のために、とっておかれる概念なのである（世界中を見れば、この100年にすべての国民投票の6割が、人口わずか1％のスイスでなされた）。

国家の内部もしくは上部で、人民の意見を明確に表明するチャンネルの状態に関しても、論議がなされている。すなわち、選挙区は（たとえば国民組織のように）地域的に、それとも非地域的に分割されるべきか、また選挙は、政党、候補者、それともテーマ中心に行われるべきかといった問題である。だが、とりわけ、チャンネルの情報能力に関するアシュビーの法則〔訳者注：システム（組織）が複雑な環境に適応していくためには、システム（組織）自体が、その環境に適応できるだけの多様な要素を内包していかなければならないという必要多様性の法

則〕によって生じた問題に出くわす。(コンピュータを用いた)イエスかノーかの国民投票は，二大政党制と同様，情報をほとんど含まない。しかし，頻繁になされる国民投票や多党制（そして特に両者が共同して）は，国家の効果的な統制のための多くの情報を含んでいる。

さらに，間接的な制度において，選ばれた代表者が，どの程度まで有権者の意見，国家の意見，両者の意見を代表しているのか，もしくはどちらも代表していないのかという問題が，常に残っている。とどのつまり，立法機関が通常，国の首都に位置し，それゆえ有権者よりも行政機関により近くあることに，留意すべきである。

3　メディアもしくは他の誰かがコミュニケーション・ギャップを埋めることができるだろうか？

問題の次元をより理解するために，明らかな答えを考えてみよう。コミュニケーション・ギャップのあるところに，原則として，メディアが入り込んでくるのであろうか。

そう，もちろんメディアは，原則的に社会を構成する構成体間のコミュニケーション媒体として役立っている。メディアは，至るところで見え，かつ／または聞こえることによって，相互の透明度を形成する。原則として，メディアは国家・資本・市民社会の内部で，社会の3本柱を相互に透明にするために，何が行われているかを見つけ出す必要がある。メディアは，その際コミュニケーションを可能にしなければならない。ただし現実には，必ずしもそうは機能していないのだけれども。

一方で，メディアは，これら3本柱の間に，4本めの柱として妥当するため非常に強力でなければならない。メディアが，どこかに従属する，つまり補助金を通じて，もしくは財源の遮断による処罰へのおそれから国家に従属したり，広告収入によって資本に，暴力・セックス・スキャンダルへの世間のニーズ（そうしたニーズが実際のものであるか，押しつけられたものかは問題ではない）を満

たすことによって市民社会に従属することは，それぞれありうることである。この3つの従属は，相互排他的ではない。

　他方で，起こっていることに関する情報や相互の透明性のみが望まれるわけではない。単に編集者の満足に左右されない制度化された透明性が望まれる。加えて，対話を通じての双方向のコミュニケーションが望まれるが，この対話とは，諸々の出来事に影響を与えたり，あるいは諸決定を下す可能性をも開いておくものである。メディアは，この対話を促進するため，きわめて多くのことをなしうる。つまり情報を公開したり，特に上の3つの機関の代表者に，彼らの見解を表明する場所と時間を提供することによってなしえるのである。しかしながらそのことは，もちろんある判断を導く対話とは同一ではない。

　重層的構成員。もちろん国家と資本は何ら抽象ではなく，具体的な人間によって運営されている。これらの人々は，同時に市民社会の一部をなしている。彼らは二重の，時として三重の役割を有している。情報は，幾重にも重層的な構成員となっている各人の内部に到達する。そのことは，付加的な能力や洞察力を導くが，上に述べた意味でのコミュニケーションを自動的に導くものではない。あるいは内的対話をもたらすかも知れないが。さらに，人々は，自分が知っている秘密のどれが，実際に市民社会で他の誰かに役立つのかを考えてみるがいい。時には，そのように知りえたことが，その者に社会構造の2つの柱との関係を遮断するほどに強い負荷となるのである。

　布告。多くの人々は，行政機関の発する布告が，一方的なコミュニケーションであるがゆえに，いかなる意味でも対話をもたらさないということに同意するだろう。古典的なロシアの法令は，対話ではありえない。驚いたことに，多くの人間は，マスメディアにおける資本の広告（製品やサービスのための）を，同じ光で見ることができない。こちらもまた，対話ではなく，一方的なコミュニケーションなのである。

　18歳のアメリカ人は，平均して34万回のコマーシャル・スポットを見てきた。それらは総じて，民主主義的でないというだけではなく，おそらく人々を白痴化すらするであろう。このことは，その内容のせいではなく，対話のチャンス

が失われるためである。それゆえ，テレビ・ラジオ・新聞・雑誌で，対立する見解に対して，同等の時間とスペースを提供することは，コミュニケーション的行為の性格を相互作用へと転換することになろう。なにゆえにこの場所が，たとえば国家の公報といった事柄のために使えないのか。納得のいく答えとは，2つの制度は，神の後継者のように神聖なものであり，教会では，神に逆らう者など存在しないからということである。

　人々はカネで投票する。彼らの選好は，生産に影響を与える。資本の側に立つ最高経営責任者は，供給サイドとして製品を供給し，賛成票として効果的な需要を手に入れる。同じように，国家の独裁者は，自らの理念を王宮のバルコニーから宣言し，眼前の人々の数を数えながら，非抵抗を賛成票と見なす。彼ら（国家と資本）が，人々には選択の可能性があって，買ったり姿を見せたりする必要はないと言う場合，彼らは両方とも正しい。彼らはしかし，黙従と対話を混同している。彼らは，両者が対話から学び，もしかしたら変わるかもしれないということ，そして何か新しいことや異なったことが結果として生じるかもしれないことを理解していないのである。

　誰かを自分の側に獲得することは，ディベートに勝つようなものである。対話では，両者がともに勝利する。国家―資本は，市民―消費者を，彼らが提供するもので釣り上げようとする。ちょうどリーダーの後に続く「メダカの学校」のようにである。釣り人は，釣り竿にかかったこの魚を手に入れようとし，逃がすまいとする。しかし普通，餌の提供はコミュニケーション行為としては見られない。あらゆるものが魚の側の選択を制限するからである。同じことは，なおアクセスしにくいが，ある種の対話を形作っている株式市場にも当てはまる。

　世論調査。国家も資本も，製品の嗜好性を把握するために市民―消費者のムードを確かめようとする。製品は，国家にあっては政策であり，資本にあっては財貨やサービスである。この場合にも，明らかにコミュニケーションは，問題とならない。なぜなら，「送り手」である市民―消費者は，意識的にコミュニケーションを取るために招かれるのではなく，ありそうな好みを探り当て，しかる後に徹底的に利用されるからである。対話は，折に触れて起こるかもし

れないが，しかし選ばれた閉鎖的な集団としか行われない。
　労働組合。疑いなく労働組合は，資本と市民社会間のコミュニケーション・リンクを形成している。制度化され，両者の間で対話が行われ，決定に至る。しかしながら，透明性が欠けている。困難な交渉を伴う会談は，通常は閉じられたドアの背後でなされる。さらに，テーマの範囲は，一般的に労働条件に限定される。市民社会にとって，資本一般と相対して，関心のある幅広い範囲の事柄をカバーするものとはならない。しかし，もしきわめて広範なコミュニケーション・チャンネルにとって，4つの条件すべてが満足のいくものであるならば，集められた経験の巨大な宝庫は，有為なものとなるだろう。
　消費者団体。こうした団体は存在し，資本が製造する製品の消費者として，市民社会の関心事を表明する。もっとも焦点は，主に「価格に見合った質」，つまり，その価格が，その物の価値を手に入れるにふさわしいかどうかの判断にあるのである。コミュニケーションは，消費者団体の地位が公共的だという意味で透明性があり，規則的に公表されるという意味でしばしば制度化されている。しかしながら，ここでどんな対話がなされているかと言うと，まるで明確ではない。その関係は，むしろ芸術家・文筆家と批評家との関係のごときところがある。すなわち，製品が供給され批評家が反応する。芸術家・文筆家は，それに注意を払ったり払わなかったりする（あるいは払わないふりをする）。もし何らかの決定がなされる場合，それは共同決定にはならない。なぜなら，当事者が，その製品がどのように改良されうるのか，またそれが市場に受容されるかどうかを論議するために，本当に同席してはいないからである。そうしたイニシアティブは，むしろ国家によって，たとえば消費者の苦情の結果なされる。そして上述のように，事柄の範囲は限られるのである。
　日本モデル。明らかに，労働者は同時に消費者でもある。経営者が消費者であるのと同じである。両者は，労働者―消費者および経営者―消費者として，市場で提供する製品について内部的な対話を持つことができる。彼らが経営者―労働者の文脈で出会う時には，これら2つの内的な対話を1つの外的な対話に転換することができる。そればかりか，企業に対する義務の重要な構成要素

としてみなしうるであろう。その条件は，もちろん彼らが自分の企業の製品を消費することである。企業は一般的に，それらの製品が家庭の消費のためであることを前提にしている。というのも，ほとんどの人々が，家庭経済のみを支配しているからである。このコミュニケーション・チャンネルは，1つを除いて，5つの基準を全部満たしている。その1つとは透明性である。コミュニケーションは，企業内部でなされるのであり，市民社会と資本との間でではない。だが，ここでも重要な経験が集められる，それらは，伝統的な組合交渉よりも包括的である。

　中国モデル。このモデルは，文化大革命の期間，多くの論議がなされた。それは，もちろん西側の目では受け入れがたいものと映る。その考えとは，経済の循環の全結節点から代表者が集まり，プロセス全体を討議することが可能な場を創るというものである。綿栽培の農夫，紡績・織物工場の労働者・経営者，綿製品を販売する店の店員・店主，そうした店の消費者，生産にかかわる諸要素の関連分野である輸送・コミュニケーション・廃棄物などの事業所である。その理念は，シュタイナーのそれと類似しており，2つの隣接する接続部分の関係のみならず，経済がどのように機能するかを映し出すという意味で現実的である。このことは，後々のために心にとどめておくべきだろう。

　ロビー活動。もちろん，国家と資本のような2つの重要な権力中枢は，ほとんどの基準を満足させるコミュニケーションなしには，現代社会の一部として機能しえない。対話，政策決定，そして幅広いアジェンダがなければならないし，相当に規則性がなければならない。通常最もよく犠牲にされるのは，まさに民主主義において最も必要とされる透明性である。透明性によってのみ，あらゆる当事者が，現実に何が起こっているかを知り，それに続いて自らのインプットができるのである。透明性のないコミュニケーションは，ロビー活動として知られている。そしてそれはもちろん，行政・立法・(こちらは稀かもしれないが) 司法というすべての3つの権力に到達するため，資本が利用する最も重要なチャンネルである。しかしながら，資本のみならず，市民社会もまたこのチャンネルを利用する。たとえば，米国における全米ライフル協会や反堕胎

運動（AIPAC）という具合である。

　日本における国（通商産業省）と資本（経団連）との間の緊密な協力は，相互的なロビー活動と考えられる。このことは，社会民主主義国家における国家と資本との間の無数の会合にも当てはまるし，そこだけに限られるものではない。おそらく，国家がいかに資本に対してロビー活動をするかは，これまで十分には研究されてこなかった。というのも焦点は，それと反対の方向にあったからである。しかし，国家は税の源泉として，また国内外での国民的・階級的利益の担い手として，資本に大きな利害を有している。もし，資本が順調であれば，それは国家にとって高い歳入を意味するので，そのインセンティブは価値あるものである。もし，AがBが欲することをBが行うように，AがBに促す場合には，明らかに権力の行使の問題となる。それと汚職との相違は，わずかに（しかしこれが重要なのだが），透明であるか，加えて議会，つまり市民社会により正統性を賦与されている点にある。

4　汚職に関する小論

　言うまでもなく資本は，常に国家から何かを，たとえば認可や契約といったようなものを欲している。汚職は，部分的にはコミュニケーション不足の結果と見なされうる。資本は，もちろん5％，10％，15％，もしくはそれ以上の高さで「チップ」を喜んで払おうともする。「私的な利益のために公権力の濫用」というきれいな定式化は，「トランスペアレンシ・インターナショナル」〔訳者注：国内の汚職および国際的な汚職に取り組む国際NGO〕によって刻印されたのであるが，国家公務員を十分に誘惑するものである。すなわち，彼／彼女は権力を持っており，資本は，認可・契約に対して利益を得ることができる。資本は，それを必要経費として処理できる。政治家，団体役員，裁判官，官僚もしくは高級官僚，大臣，もしくは国家元首にとってすら，彼／彼女の（時にはごくわずかの）収入を補う。それゆえすべてはスムーズにいくのである。近代国家がヨーロッパにおいて封建的な社会的フォーメーションから生まれ出た時，家臣

や貴族は相変わらず，サラリーとして上の者から禄を得るのではなく，農奴ら下級の者によって禄を得ていた。賄賂のカネが流れていた。さらにヨーロッパの歴史の中で，国家と資本は最も高いレベルで結合し，カネが一方の懐から他方へと流れ出た。第三世界は，まさに今この段階にあると訴えている。その場合，何が誤っているのだろうか。

まず，ヨーロッパの歴史の悪い側面は，模倣されるべきではない。いずれにせよ，2つの誤りから，1つの正しさは生じない。第2に，賄賂のカネは，どこからか調達されねばならない。最終的には，より高額な値段もしくは税金をそのために支払う消費者—市民となる。第3に，汚職は，誤ったプロジェクトを優先させることにより，経済を歪める。第4に，汚職は，誤った人々に権力をもたらすがゆえに，国全体を歪める。そして第5に，汚職は，民主的な決定過程全体の無視へと至る。

しかしながら，買収者と買収された者たちは，おそらくいくつかの事件では，同じ連中であったり，またはきわめて容易に他の者にとって代わられたりするのだが，彼らに一様に責を負わせる代わりに，汚職が起こらないようにする構造を考えるべきだろう。発見に役立つ目的として，なおもう1つの事例を考慮すべきであろう。それは機能しないコミュニケーションと解されうる街頭デモ・ハンスト・テロといった政治的抗議である。

少数派は，日の当たる地位につく権利について少しも疑わない。これは，自治もしくは独立によって達成できる，地球上の自分たちの土地に対する部分的もしくは全面的な管理のことである。問題は，誰も同じ意見を持たないこと，また決して耳を傾けようとすらしないことにある。もしくは，消費者のグループは，市場で提供された特定の製品が毒性のあるものであると確信し，賠償の権利，ならびに他の人々に警告し，製品を回収させ，企業を処罰する義務について疑いをはさまない。

誰も聞いていないし，もし聞いていたとしても，それは何らの足跡をも残さない。

ならば少数派は，何をするのだろうか。彼らは，もちろんコミュニケーショ

ンの慣例にとらわれない方法に訴える。もし少数派が暴力的な政治文化の中で生きている場合，彼らは自分たちの言うことに耳を傾けてもらえる場所に，身を投げかけるであろう。そして，いつでもどこでも攻撃しうるテロリズムと，いつでもどこでも警戒しなければならない反テロリズムとの間の非対称性を前提とすれば，成功するであろう。この少数派が，非暴力的なサブカルチャーの中で生きているか，そうした状況を築こうとしている場合には，目的をはるかに迅速に達成しうるであろう。すなわち，ガンジー的，キング牧師的，インティファーダ的な方法によって。非暴力的な方法との出会いには透明性はないが，成果にはあるだろう。

　同じことは，消費者グループにも言える。企業の前で座り込みストライキや，会社に出入りする経営者に立ちはだかって視線を合わせ，無言の抗議を行ったりしながら，遅かれ早かれ，いつかは5つの特徴すべてを持つ言葉によるコミュニケーションに至るであろう。まさに少数派と同様，彼らは，おそらく「活動家」として根っからの「聞く耳を持たない」と，つまり聞き分けのない者の烙印を押されている。この概念は，アメリカでは頻繁に用いられ，ある特定の他の人々は「受動主義者」であることを含意している。

　最初の事例においては，市民社会と国家との間のコミュニケーション・チャンネルは，それが3者の内部での最善のチャンネルを原則として描き出しているにもかかわらず，機能していない。活動家らは，議会外の政治に没頭している。というのも，彼らの代表者は彼らを代表していないか，彼ら自身が不十分な投票の数しか代表していない，かつ／またはそのテーマが国内の政治的なディスコースの彼方にある（たとえば，長い間問題にならなかった同性愛がそれに当たる）からである。第2のケースでは，コミュニケーション・チャンネルが不十分にしか，もしくはまったく存在していない。いずれの場合にも，フォーマルなコミュニケーションが欠けている場合には，インフォーマルで異常，時に暴力的なコミュニケーションに至る。

　われわれは，通常抑圧された少数派や，合法的な主張の担い手としての毒された消費者，しかし腐敗した輩ではない，そうした人々を見ている。ことはそ

第6章　国家・資本・市民社会

う簡単ではない。多数派は，少数派を高慢と見る。というのも少数派は，適切な場所を見つけられず，議会外での政治を行うからである。しかもその理由は，合法的な政治が阻止されているからではなくて，それが多数決民主主義において十分な重みを持っていないというものである。企業は，その製品を市場での提供物と見る。買い主には購入する決定を下す前に，そのコストと製品の有益さとを相互に天秤にかけることが任される。もしその製品が嫌なら買わないだけである。

　資本は，需要があるところ製品が存在するとの確信を持ちうる。潜在的な買い主がそれを決めると主張するわけである。国家は，その際妨げとなる。市場を開放するために賄賂を伴うコミュニケーション・チャンネルを円滑にすることは，あらゆる利害関係者の利益になる。「私的な利益」は，十分に割に合うものだ。還元すれば，いかさま師は必ずしも自らをそのような人間とはみなしていない。それにもかかわらず，道徳的な判断は，必要である。それによって行動の基準と規範を確立するのである。それらは，無視された場合，処罰を通じて支持されるのである。おそらくは，アメとムチとの使い分けを意味する規制に依拠するなら，必要な時には何らかの報酬もありうるだろう。

　しかし，なお，別のよりソフトであまり合法的ではないアプローチも存在する。それは，贈賄者をコミュニケーション上問題のある者とみなすアプローチである。資本からの供給が全部，ある特定の国もしくは地域社会に対して公的になされたとしよう。さらに，地方自治体が供給受け入れのための基準を公表し，どれくらいの価格でどれくらいの量と質のものかという問題のみならず，生産および消費プロセスの環境基準，雇用の創出も公表したとしよう。市民社会，つまり無数の消費者グループが，彼らの基準を公表し，たとえば，女性やマイノリティの雇用，原子力産業への関与等も含めるかもしれないと考えてみよう。米国の経済優先度評議会（CEP）が，その年次企業評価「ショッピング・フォー・ア・ベター・ワールド」で用いる要素をもたらすのである。開かれた対話で両立性が求められず，コミュニケーションが，ロビー活動，賄賂，世論のごまかし，買い手のストライキの組織化等の形態をとるのであれば，そ

れは社会の成熟度を表すものではない。

5　資本が対話に踏み出す——経済議会

　国家，資本，そして人民の論理を振り返れば，社会の3本柱がどのような役割を演じるかは，きわめて明らかである。すなわち，国家はその権力をとりわけ暴力の形で行使する。資本はカネを用い，人民つまり市民社会は道徳的な力を用いる。それは最終的には，道徳的な行動（非暴力）と言葉とを意味する。軍事的・警察的，そして経済的な権力を，道徳的な力によって置き換えることは，社会的進歩を証明することになろう。さらに，人間的成熟の特徴とは，権力や，カネを自由に用いる者を，暴力に屈したり買収されたりするのではなく，言葉で納得させようとすることである。既述したように，コミュニケーション・チャンネルは，対話が，説得手段としてのカネや力に徐々に取って代わるために用いられるようにならなければならない。力でなければ，カネや言葉によらない道徳的なコミュニケーション，たとえばストライキなどが利用されるであろうし，それは社会にとって良好以上のものである。暴力は，犠牲者に直接向けられるだけではない。それは，時間的・空間的に暴力の循環やスパイラルに至るトラウマをも残す。経済は，ストライキによって弱められ，汚職によって歪められる。オープンな対話は，この場合，はるかにいいアプローチのように思われる。

　こうなるためには，3当事者がそれぞれに組織化されなければならない。市民社会は，すでに政党において組織化されている。これらの政党は，代表者としてスポークスマンを擁している。これと並んで，しばしば政党以上に適切な議論を行う，政党に拘束されない非営利市民組織が数多く存在する。国家もまた，国家の最も上位の奉仕者としての大臣によって代表される各省庁という形態で組織化されている。そして資本は，最高経営責任者や取締役会によって代表される会社という形態で組織化されている。だから土台は存在するのである。

　しかし，まさに政党にとって投票の獲得を見すえて最低限の必要条件がある

ように，企業にとって資本の占有率を見すえてやはり最低限の必要条件が，また政府の省庁や部門にとっては国家の関与（予算？）に対する最低限の必要条件が存在すべきである。このことが，重大な少数者の劣勢に至らないために，彼らはおそらく自分自身が選ぶことのできる代表を手に入れるべきであろう。すなわち，新しい政党の代表であるとか，小規模のビジネス，小さな政府といったものである。もちろん代表の数については上限がある。しかし比較的大きな集会でも，まったくないよりもましである。人々は，一定の範囲でも束ねるか集めることが有用なのである。

　これの資本バージョンは，今日，2つの興味深いバリアントを提示している。すなわち，国際商業会議所（1920年設立。本部パリ。職員93名。59カ国に国レベルの委員会。国連連絡事務所をジュネーヴとニューヨークに設置）を併設する商工会議所と，世界経済フォーラム（1971年設立。本部ジュネーヴ。職員100名。1990年以降は毎年ダヴォスで公開の会議を開催）である。ヨーロッパの歴史では，重要な先例，つまりギルドがある。ギルドは，相互扶助の組合であり，とりわけ商人ギルドは12世紀，13世紀にきわめて強力な力を有していたが，次第に職人ギルドに取って代わられるようになった。この職人ギルドは，特定の手工業と関係のある商人を含んでいた。20世紀の第1四半世紀，特にイギリスで，このシステムを再興する運動が起こった。[3]この運動は，社会主義的であった。すなわちギルドは，労働者によって管理され，資本は信託基金として存在すべきであり，いかなる巨大な「労働者国家」の官僚主義も拒否された。

　しかしながら，この社会主義的なアプローチも，20世紀の第2四半世紀のファシズムに関係するコーポラティズムも，今日の主たる関心事，つまりコミュニケーションと真の対話からはずれている。この対話が，3つに分割された社会における三角形となるのが最善であろう。3つの壁の前で3つの集会場が

---

3) Arthur J. Penty, *The Restoration of the Guild System,* London; S. Sonnenscheinin, 1906 および Samuel George Hobson, *National Guilds: An Inquity into the Wage System and the Way out,* London; G. Bell, 1917（『ナショナル・ギルヅ：賃銀制度並びにギルド組織の研究』文化学会出版部，1921年）参照。

存在する大きさの建物を思い描けるかもしれない。すなわち，政党の代表者，省庁の代表者，そして会社の代表者である。ただし，会社の代表は，部門ごとに統合されるであろう。そして4番目の集会場には，もちろん人民が集まっている。人民にとって，その手続きは透明であるべきである。そしてメディアは，第一列にいるべきである（今日，多くの国会の傍聴席のように）。

　最初の3つの壁の1つを取り払えば，3つの個別的な対話のための場所が生まれる。ここでは，原則的に人民と，人民の目と耳となるべきジャーナリストに対して，いつの時代でもすべてが透明性を確保される。この思考実験においては，国家がわれわれによって十分代表されていないがゆえに，われわれが今日の立法機関を十分に有さないということが気づかれるであろう。その理由は簡単である。歴史的に見れば，立法機関は，不同意の国家をコントロールするために発展してきたのだ（「朕は国家なり」。あるいは，現代のエリツィン・バージョンでは「朕は民主主義なり」）。国家は，時には世間やジャーナリスト，立法者から離れた特別なボックスに入って，人々の方から話しかけられ，不機嫌な表情を見せられた時にのみ，耳を傾け，言葉を発する。国家に対するより参画型のシステムにあっては，行政の各部門は自分たちの代表者を有している。彼らは，熱心に両院内部での対話，およびもちろん両院間の対話に参加するであろう。

　2つの新たなコミュニケーション・チャンネルにおける典型的な対話のテーマとは何であろうか。

　国家と資本との間には，多くの紛争および協力のテーマが存在する。それらはたしかに，今日の現代社会において，しかし単にこうした背景だけではないところで，議論されている。どんな国家も，資本がより多くの税金を支払うのを好むように，資本はインフラストラクチャー（もしくは彼らがインフラと考えているもの）の整備の費用を支出する国家を好むのであり，なかんずく単により高い歳入を得るためだけではなく，再生産可能な持続的雇用関係を創出するための計画を構想する国家を望んでいるのである。なにゆえにこのことが，虻蜂取らずになるかもしれないリスクを犯す国会議員によってのみ議論されてきてしまったのか。なにゆえに，最終的な決定権が立法機関に留保されるという

第6章　国家・資本・市民社会

ような，社会の2極の権力間での透明度の高い対話がなされてこなかったのか。その際，このことは市民(デモス)の直接的もしくは間接的な支配としての民主主義の浸食に至るのではなく，最終的な決定がなされる前のよりよいコミュニケーション・プロセスをもたらすことになるべきだろう。原則として，このことが汚職を減らすことにもつながることになろう。資本は，公表されている論拠は良であり，またそれらは，国家および立法機関との対話をかなりの程度無傷に切り抜けてこられたので，それが望むところを手に入れている。また別の時には，資本は意思を満たすことができず，買収により市場を開けようと試みるだろう。しかしこの場合には，非常に高い問題意識が存在する。さらに，あらゆる「取引」がまずオープンに，3つの個別の対話で論議されるよう，ルールが存在すべきであろう。国家と資本の通路は，特に両者がかつて秘密裡の取引のために出会った薄暗い通路は，より開放されるであろう。

　市民社会と資本間では，テーマとなるリストは，経済学で論議される範囲全体を投影するであろう。市民社会の側では，そのことは，政党よりも人民の組織にかかわる。というのも，政党は，彼らの考えを，対話が遅かれ早かれ立法機関に届く場合に表明しうるからである。いくつかのテーマは，すでに既述した。しかし最も重要な一般的定式は，新しい製品の開発に際しての社会の参加であろう。なにゆえに，人々は自分たちの望みを表現しようとしないのか，そして資本にまさに自分たちの需要のために生産するよう促すのだろうか。このことは，資本の現在の方法に加えて，もしくはそれに代えてなされうる。すなわち，密かに新しい需要を作り出す，次にゲリラ的な方法で人々に，彼らを買い手として釣り上げるためにこっそり近寄り，新しい製品を紹介する，そして広告の集中砲火を浴びせ，人々を店に誘い込む。なにゆえに，もっと釣り合いの取れたアプローチが存在しないのか。市場は，売り手・買い手・ディーラーに等しく属しているのである。ここには，いくつか新しいことがあるだろう。もちろん，オーダーメードのスーツは，結局注文によりしつらえられる。多くの製品は注文できるが，しかし重要なのは，新製品ということより特殊化なのである。この場合，ある集団の人々によって注文されたり求められる新製品が

113

より重要なのであって，個人的な消費ではない。その需要は，国家が公共事業の受注のための公示の場合とまさに同じように，資本のある一定の部門へ行くであろう。このことは，けっして競争を排除するものではない。むしろ競争はますます強まる。そしてなにゆえに，国家は新製品を発注するのに，人民よりも多くの権限を持つことになるのだろうか。この遠回りの方法は，どのように人々の需要を扱おうとしているのだろうか。この指令型資本主義は，国家が指令型社会主義における需要を決定する場合よりずっとベターなのであろうか。

6　国家・資本・市民社会間の対話の国際化

　国際的ないし世界的なレベルで，国家はさまざまな政府間機構に組織化されている。その最も重要なものは，国連総会（これはまた国連の政府議会とみなすこともできる）である。資本はトランスナショナルな企業に組織され，また産業分野ごとに統合される。国際商業会議所と世界経済フォーラムは，2つの興味深い組織形態である。市民社会は，ますます国際的な市民社会として，国際的な人民組織に組織化されている。汎ヨーロッパ的な変種は，たとえばヘルシンキ市民会議として知られている。

　明白な予想として，1世代のうちに，国連は，人々の利害をこれまでよりも表明しうる第2の会議，つまり国連人民総会を持つことになるだろう。また，第3の会議も有することになろう。つまり，資本の利益を代表できる国連企業総会である。

　国連憲章第23条の下，そうした新たな総会機関が創設できる。それゆえ，権力構造が変わらない限り，憲章を変更する必要はない。このことは，おそらく多くの国がそうしたコミュニケーション・チャンネルを創設しないうちに起こるかもしれない。トランスナショナル企業の側での雇用創出構想（トランスナショナル企業は，世界の総生産の3分の1，総取引高の約4分の1を有しているが，雇用についてはわずか3％を生み出しているにすぎない），ならびに持続的な発展というグローバルな需要が存在する。そして，直接の対話に代わるいかなる代替物

も存在しない。また，汚職というテーマについても，真の世界的対話に代わるいかなる代替物も存在しない。そして，本章で述べたものがそうした場なのである。

7　結　論

「国家・資本・市民社会が，どのような相互関係にあるのか，私に話してほしい。そうすれば，君が今いるのは一体どんな社会なのか話してあげよう」。これは，本稿で語られた話の寓意である。強制手段や契約というとてつもない権力(パワー)の所持者として，国家や資本は，「ゲーム」全体を単独もしくは共同で営むことができる。その際，両者がどのように連携するか，相互関係を結ぶかに応じて，さまざまな政治的・経済的システムが生じる。市民社会は，規範的・調整的な権力を用いることができる。権力の第4のタイプは，意思決定権力であるが，それは，市民社会が他の2つの社会の柱を市民化するために有益に用いられることによって，これら3つのバランスを保つべきである。今日まで，このことは，市民社会と国家との間にバランスが作られ，資本は，あたかも両者によって代表されるか，手つかずにされることを通じて起こっている。もし，現代社会における資本の強さが顧慮されるとすれば，他の権力は，小さな駅の駅長の力と比肩されよう。その任務は，特急列車が大音響をたてて通過するのに緑の小旗を準備しておくことである。現代社会では，国家に抵抗することが可能であるがゆえに，階級抑圧は昔ほどないかもしれない。しかし階級搾取は，資本が挑戦を受けず，責任も引き受けないがゆえに，数多く存在する。

　民主主義の本質とは，社会の転換の第一歩となる透明な対話である。もちろん上述の3つの権力のトップは，たとえばロータリー・クラブで出会う。彼らは，対話し決定するが，社会全体に対しては責任を負わない。

　しかし，J. F. ケネディが述べたように，彼らは，人類を消すことも貧困をなくすこともできる権力を有している。それゆえ，この時代の重要な諸問題に，共同して解決する以外，選択の余地はないのである。

第7章
冷戦後の地政学——アジェンダ論に関する試論

1 基本概念と仮説

　エリートが支配し，あるいはより一般的には，リーダーが統率するためには，目的と手段が比較的明白に定義されたプ・ロ・グ・ラ・ム・が必要である[1]。その向こうの彼方の地平にはビ・ジ・ョ・ン・があり，これは，たとえば「開発」・「栄光」・「安全保障」・「平和」といったものである。プログラムの下の，より生活に近いところにあるのがア・ジ・ェ・ン・ダ・である。それは日々の活動からなり，1日の各時間，1年の各日，毎年，そこから（永遠でなくとも）エリートが権力にとどまろうとする期間にわたって，具体的に何を行うかを規定するものである[2]。同時にエリートは，トインビーの言うように，国民の忠誠を保持するためには創造的でなければならない。ここに矛盾が存在する。

　権限の非正統性が蓄積されていく途には，多くのものがある。アジェンダの欠落は，その主要なものの1つである。隠されたアジェンダは，必ずしも満足しうるものではない。エリートは自らに対して，そして国民に対して，明白なアジェンダ，すなわち語られた言葉の説明責任を負う。アジェンタを持ったエリートは，プログラム化されたエリートである。アジェンダなきエリートは，

---

1) 定義されるべきは，何・が・だけではなく，なにゆえに，またど・の・ように，とりわけど・こ・で・，い・つ・，誰によってなされるべきかである（後の3点は固有のアジェンダをなしている）。おそらく誰のために（したがってまた暗黙裡には誰に反対して）も言及されるべきであろう。
2) フランス語での表記がここでは有用である。つまり，ビジョンのためのプロジェクト（projet）と，アジェンダのための「日々の命令」（l'ordre du jour）。要するに，基礎となるプロジェクトと，（軍事的概念である）日々の命令である。

第7章　冷戦後の地政学

道に迷い，ただ惰性か剥き出しの力によってしか権力を守れない。しかし国民もまた，彼らのコスモロジー（深層文化および深層イデオロギー）によってプログラム化されている。それは，人が彼／彼女の性格によってプログラム化されているのと同様である。同意は，明白なアジェンダがコスモロジーと両立する場合にのみ達成できる。困難に直面している船長は，少なくとも，針路を持っているかのように振舞わなければならない。もし彼が，何をなすべきかについてまったく何の考えも持っていないことがわかれば，反乱かアパシーがいっそう差し迫ることになる。

　アジェンダ理論の基本的な問題を述べることにしよう。アジェンダはどのように生じ，どのように終わるか。これは，アジェンダのライフサイクルにおける生起と消滅について理解しようとするものだ。これらの理論は，アジェンダを中心とする，もしくはその担い手であるエリートを中心とする理論である。エリートは1つのアジェンダから他のアジェンダに移ることができ，またアジェンダも1つのエリートから他のエリートに移ることができる。アジェンダはエリートの死活を決し，またエリートもアジェンダの死活を決する。どちらが先か。これは，鶏と卵の問題である。ともあれ，どのようにアジェンダは生み出されるのだろうか。

　やや同語反復的であるが，はっきりした答えは次のようなものである。すなわち，アジェンダの空白が満たされるべきだと声高に主張されることによってである。何か他のものが登場するには，何かが退場しなければならない。換言

---

3) コスモロジー理論に関する手短な入門書として，Johan Galtung / Tore Heiestad / Erik Rudeng, On the Last 2,500 Years in Western History, And Some Remarks on the Coming 500, in: Peter Burke (ed.) *Companion Volume to the New Cambridge Modern History*, XIII, Cambridge : Cambridge University Press, 1979, pp. 318-361.

4) アジェンダ理論に関するいくつかの総論的な入門書については，以下の文献を参照。R. O. Keohane & J. S. Nye, *Power and Interdependence*, Boston: Little, Brown and Company, 1977, pp. 32-33 and R. W. Mansbach and J. A. Vasquez, "Agenda Politics", ch. 4 in : Mansbach / Vasquez, *In Search of Theory : A New Paradigm for Global Politics*, New York: Columbia Universty Press, 1981, pp. 87-142.

すれば，アジェンダについての生成・消滅の理論は，相互に緊密に関連し合っている。しかしこのことは，ただちに次の問題をもたらす。アジェンダはどのように退場し，消滅するのだろうか。

　最も簡単な回答は，それらはすでに実現されたというものである。エリートはその仕事をやり遂げ，自己の成功の犠牲者となる。成功裏になされたアジェンダは，空白を残して行ってしまう。

　第2の回答は，まさに正反対のものである。つまり，エリートは，アジェンダを実行に移すことができなかった。エリートがより深いアジェンダに実際に取り組んでいたと偽って主張するのは，あまりにも見え透いている。エリートは，アジェンダの実現に失敗することにより退場する。あるいは，エリートは別のアジェンダを持ってくる。それはたった1つの項目しか持たないアジェンダかも知れない。権力の維持のためには，それが何であろうともというわけだ。あるいは，エリートはアジェンダもろとも権力から追放される。それは，エリート，またはアジェンダ，あるいはその両方が虚偽だったとされた場合である。

　第3の回答は，より強く状況に結びついたものである。すなわち，新たな状況が，古いアジェンダを時代遅れにしてしまう。コンテクストが変化したので，手段はもはや適切ではない。さらに悪いことには，目的それ自体が無意味になってしまうのである。冷戦は過ぎ去った。「昔は変わり，あともなし」。それでは，新たなアジェンダは，システムからどのように生まれるのか。

　これについては，まず以下のことが留意されるべきだ。すなわち，アジェンダは，イデオロギーの操作であることと，イデオロギーは，その根底にあるコスモロジーと両立すべきことである。換言すれば，選択肢は限られている。しかし，探求者には重要な指標が存在する。政党は，イデオロギーもしくはアジェンダと同一視できるものである。すなわち，何らかの理由でアジェンダが死んだ時，それを担う政党もまた死ぬ。例外は，その政党が相互に両立不可能なアジェンダを有するいくつかの派閥から構成される場合である。明らかに，キー・メカニズムは，エリート・対抗エリートの待機の列に照応するアジェンダの待機の列があることであろう。彼らは自分のアジェンダが有用になると，権

第7章　冷戦後の地政学

力の地位を得ることになる。議会制は，こうした序列のプロセスを整然と規制する1つのシステムである。民主制は，もちろんずっと広範な概念で，人民のアジェンダも提供する（エリートを権力につけるメカニズムである場合の政党のアジェンダとは，正反対である）。しばしば「直接民主制」と呼ばれる民主制は，未だ政党としての標準形態には至っていない対抗エリートのみならず，間接民主制を矛盾とみなす反エリートにも発言の機会を与える。[6]

議会支配(パーラメントクラシー)は，原則的にアジェンダの変換にとって秩序にかなったプロセスである。その場合，それとの境界がおよそ明確でない他のプロセスがまだある。クーデター，革命，謀略などである。それらに共通なのは，異なるエリートにおける異なるアジェンダの配置であり，権力の分配（権力や間接民主制に真っ向から敵対する反エリートへのそれをも含めて）である。[7]

しかしながら，そうしたエリートと人民からなる政治システムが，何らかの理由でまったく突然に，何らかのアジェンダもなく取り残されたとすればどのようなことが起こるだろうか。そうした状況は，かなり深刻な実存的な危機として知られている。唯一の治療法は，もちろん新しいアジェンダである。しかし，それはどこからもたらされるのか。

1つの可能性はよく知られている。互いに競合しているエリートが，非常事態を宣言し，共通のアジェンダ（彼らすべてが寄与できる最小公倍数または最大公

---

5) こうした論拠は，日本（自民党，自由-民主-党は，まさにそうした党である）・旧ソ連などの一党体制を注視する時，明らかとなる。前者は，常に新しいアジェンダを提示しているが，ソ連共産党は，特に派閥形成に対する不寛容ゆえに，そうすることができなかったのである。
6) 単なる共同体とは異なり，マーストリヒト条約やEUをテーマとする最近のヨーロッパでの国民投票やその他の意見表明の形態は，政治階級／カースト（エリートおよび対抗エリート——彼らはEU市民よりもはるかにEUというテーマに有用である——）と人々との間の明らかなギャップを示している。民主制が間接的になればなるほど，当然にも直接民主制は完全ではなくなる。
7) その限りで従来の例外は，緑の党であるように思われる。この党は，ある種真正の抵抗政党であることを示しており，少なくとも権力の地位を占めるのを警戒する。ここでの例外は，より控えめな地方自治体レベルである。

第Ⅱ部　紛　争

約数，あるいはその他何であれ）を持つ連合政府を形成することである。そうした状況において，彼らは，個々の事項の交換により相当なアジェンダの浸透が生じ，また一部のアジェンダが脱落することによって，想定したよりも課題の遂行は容易だと理解するかもしれない。戦争や自然災害の後，このことは，再建への典型的なアプローチとなるであろう。何も新しいものが建設されるのではないので，コンセンサスは容易に得られるのである。

　しかし，まったく新しい状況を考えてみよう。再建よりも構築が要求されるような状況である。そこでは，現実に何も破壊されてはいない。エリートたちはおいしそうなアジェンダを見つけるために，公式の担い手の待機の列とその人に属するアジェンダの待機の列を探している。しかし徒労に終わり，何も新しいものを見出すことはできない。

　そうした状況では，新しいアジェンダが見出されるか，あるいは少なくとも経験豊かなアジェンダ職人により捻出されるかの可能性のある場所が2つある。

　第1は，歴史である。過去を振り返って掘り返してみると，アジェンダの堆積物や層が見つかるが，それらのうち完成したものや誤まりとされたものはまったくといってよいほどない。それらのほとんどは，新しいアジェンダによって乗り越えられたものであるにすぎない。[8]

　第2は，地理の中である。どこか他の場所でアジェンダを見つけようとする。結果は，他のエリートのアジェンダの模倣や追従に終わる。

　冷戦後の状況は，以上述べた2つの可能性のコンビネーションである。

2　ポスト冷戦の悲哀——アジェンダの空白

　冷戦は偉大なアジェンダ提供者であったと，今やかなり明白に言うことができよう。それは世界中のエリートに仕事を与え，いたずら半分ではないにして

---

[8]　もちろん未完成のものは相当な魅力を持っている。その1例は，2楽章しかないシューベルトのロ短調交響曲である。もしくは，イプセンの『人形の家』である。次はどうなるのだろうかと，読者や観客を絶望や欲求不満の淵にとどめおくのである。

も，彼らを人々の生活から遠ざけてきた。以下の3つのアジェンダが包括的なスーパーアジェンダ（国毎あるいは権力にあるエリート毎にあまり変わらない）として容易に見出すことができた。

　西側のアジェンダ。超大国によって率いられるブロック形成と，あらゆる戦域また主要な武器システムにおける軍事的優位を目的とする軍備を通じて，「共産主義」と闘う。市場システムを通じて民主主義と資本主義を構築する。
　東側のアジェンダ。超大国によって率いられるブロック形成と，広い意味で軍事的同等性を狙った軍備を通じて，「帝国主義」と闘う。計画を通じて一党「指導」体制と社会主義を構築する。
　非同盟第三世界のアジェンダ。どちらの陣営にも入らず，両超大国のどちらにも政治的に依存しない。その代わりに，両者を争わせて漁夫の利を得る。民主主義と一党支配，資本主義と社会主義の独自の混合による近代的国民国家を形成する。

　これら3つの陣営はすべて，1949年のNATO成立から1989年の「ベルリンの壁」崩壊まで，40年間にわたって実施されてきたアジェンダで，否定的な面と肯定的な面を有していた。そうしたアジェンダは，否定的・肯定的な目的の設定を危うくしうるオルターナティブなアジェンダに対する敵意も含め，3つの陣営内部でのコンセンサス形成に役立ってきた。
　1989年秋に社会主義ブロックの解体と3つの否定的なアジェンダすべての解体が生じた[9]。その2年後，一党制と社会主義計画経済は消滅した。
　世界的規模での巨大な空白状態が生じた。一体，次はどうなるのか。

---

9) 発生した事柄の分析の試みについては，Johan Galtung, Eastern Europe Fall 1989 : What Happend, And Why? in : Louis Kriesberg (ed.), *Research in Social Movements, Conflicts and Change*, Vol. 14, pp. 75-97, Greenwich, CT/USA: JAI Press 1992. 抄訳は「東欧1989年秋　なにが，なぜ起こったか　―理論的スケッチ」『構造的暴力と平和』（中央大学出版部，1991年）。

第Ⅱ部　紛　争

　実際にはほとんど類似のことが，その前の政治的世代，つまり第二次世界大戦後に起こっていた。世界システムは，それまでかなりの時間，エリートが無秩序に並んだ列を目撃してきた。第1の列は，アメリカ・イギリス・フランス・オランダ・ベルギーなどの西側の主要な植民地権力から成っていた。第2の列は，対抗エリート（ドイツ・イタリア・日本）から成り，彼らもまた世界に向けたアジェンダ（彼らの側からする新秩序）を有していた。両者は，その後「連合国」と「枢軸国」となり，とりわけ自陣営に支持国を引き込もうと張り合った。連合国側の勝利がより確実になるにつれ，若干の国は，そちら側の隊列に加わった。ソ連は，第2の隊列から攻撃された時，最終的に連合国側に大きく重心を移動せざるをえなかった。[10]

　全面的ではないにせよ，ヨーロッパ・太平洋における戦争がほとんど世界戦争になったのは，植民地システムが戦争行為の導火線としての役割を有していたからである。[11] しかし，多少とも中立的な国家ですら，冷戦期の非同盟諸国と類似のアジェンダを有していた。行うべき明確な仕事があった。すなわち，「勝つ」ということである。

　1945年5月のヨーロッパ，そして1945年8月の太平洋は，しかしながらアジェンダの空白を生み出さなかった。復興が行われなければならなかったし，占領，賠償そして平和条約の作業が行われなければならなかった。しかし，これは永久に続くものではなかった。現代技術を用いれば，4～5年の仕事であった。そして，1949年から50年にかけて，大きな空白が生じた。ヨーロッパでは冷戦が，太平洋では朝鮮戦争がまさに見計らったように到来した。それは疑いなく，

---

[10]　このことはもちろん，2つの興味深い問題に行き着く。すなわち，ヒトラーが「バルバロッサ作戦」を開始しなかったとすれば，どうなっていたか。そして，ヒトラーが「バルバロッサ作戦」のみを行っていたとすれば，どうなっていたか。

[11]　このようにして，アフリカの大部分は蚊帳の外に置かれた。南アメリカ・南アジアも同様である。さらには，当時28（ミニ国家は含まれていない）のヨーロッパ諸国のうち6カ国が多かれ少なかれ中立を維持した。残る22カ国のうち4カ国（イギリスとアイスランド・マルタ・キプロスという3つの島国）のみが占領されなかった。しかしヨーロッパの列強は，自らをヨーロッパと見なし，またヨーロッパを世界と見なす旧弊にとらわれている。

部分的にはアジェンダの空白そのものによって作られた。そして,「戦い,勝利する」という容易に演じることのできる古くて単純なアジェンダを作動したのである。

　植民地も,まったく同じ行動をとった。彼らは,解放と自決権のための戦争を開始した。彼らの敵は,西側世界であった。西側は,突然二正面の戦争(両方とも「共産主義」に対する)に直面することとなった。[12]

　端的に言えば,1939年から1989年までの50年間に,われわれは,世界レベルにおいて連続して戦争か戦争準備を行ってきたのであり,このことは,地域においても(全世界が巻きこまれた),範囲においても(戦争と戦争準備は両方とも潜在的に「全面的」であった),そうであった。おそらく,ポスト冷戦のアジェンダがこんなにも多くの戦争と暴力を含んでいることは,驚くには当たらない。理由は簡単である。ある状態に突然とらわれた時,まったくの惰性から,以前の状態が1つの解決法だと思い込んでしまうのである。思考の方法も行動の方法も,まさにそうセットされてしまった。未来は過去の模倣になる。行動への要求が,アジェンダの非活動から活動へのステップを短縮させる。レトリックは最新のものに改訂されなければならない。[13]イノベーションの更新も新しいアジェンダの生産も不要である。

　惰性よりもいっそう重要なものは,過去の未完のアジェンダである。しかし,これはむしろ一般的な定式化である。われわれは事態を詳しく見ることにしよ

---

12) ソヴィエト陣営は,少なくとも公式には「共産主義」であったが,植民地の民族解放戦線は,必ずしもそういうわけではなかった。もちろん,第一世界はきわめて迅速に,自分たちに反対するすべてのものに,「共産主義」というレッテルを貼るような習慣が身についてしまっていた。その結果,20年後に彼らは,日本を打ち負かそうとこのレッテル貼りをしようとして大きな困難に陥った。

13) 枢軸国との戦争から共産主義との戦争への矛盾なき移行(かつての枢軸国およびその若干の主要国とともに)は,この場合の好例である。古い決まり文句——「独裁は本来的に攻撃的であり,内部の結束のために外部への攻撃を利用する」——は,必要な修正を施して適用できる。もちろん普遍的な原則も存在する。それは,西側の拡張主義や,使命感の邪魔になるあらゆるものに対する闘争,世界の変革を要求するあらゆるものに対する闘争,というものである。

第Ⅱ部　紛　争

う．悪魔は細部に宿っているからである．きわめて興味深い洞察もまたしかりである．ポスト冷戦のアジェンダの危機は，西側，東側，そして非同盟世界ではかなり異なっているようだ．われわれがかつての超大国，他の主要大国，もしくは比較的小国のどこに焦点を当てるかによっても異なるであろう．ここでのコメントは，アメリカ・EU・日本を「西側」とし，ロシアを「東側」とし，そしてイスラム世界・インド・中国を「非同盟」として，これらの国々に限ることにしよう．そして分断国家のドイツと朝鮮，およびユーゴスラヴィアを加えておこう．[14]

　しかしその前に，全体としての世界システムにかかわるもう1つの体系的な観点に言及しておこう．すなわち，縮小しつつある世界は，従来より高いレベルのアジェンダの共時性を要求する．第二次世界大戦と冷戦は，ほとんど全世界を巻き込むことによって，この機能によく適合していた．1つのアジェンダが遅れるかまたは先行する非共時性は，明らかに著しい周縁化の犠牲の下でのみ維持されうる．このことは，そのコストを担える十分な力のある諸国家によってのみ果たされうるのである．

3　ポスト冷戦のアジェンダ——西側世界

　西側のアジェンダは，この500年間きわめてはっきりしていた．世界は，文化的に（宗教的にも）西側の刻印が押されるべきであり，経済的に利用され，政治的に支配されるべきである．そしてこれら3つの側面の1つ，もしくはいくつかが失敗した場合には，世界は，帝王の最後の手段として軍事的に管理されるべきであるとされた．第二次世界大戦は，（軍国主義的）日本が西側の挑戦者に加えられたが，本質的には西側内部の対立をめぐるものだった．（ファシスト国家である）スペイン・ポルトガルを背後に従えた（ナチス）ドイツと（ファ

14）　1992年末，上述の3カ国は，きわめて重要であった．ところが，93年初頭，これらの国はまったく別の国々の事件によって，半ば忘れ去られた．何が起こったのか理解するのに用いられる類の分析は，新しいニュースの焦点に簡単に応用される．

シスト）イタリアが西側内部の挑戦者であった。冷戦は，主として社会主義ブロックという主要な挑戦者との対立であった。枢軸陣営と社会主義陣営に対する勝利を2つのサブアジェンダとし，それらは今や成功裡に完了したから，世界に新たな挑戦者を探し求めつつ，西側はその普遍的なアジェンダに立ち戻るであろうことは明らかだ。

　旧社会主義世界である「第二世界」の後に「開発」途上国である「第三世界」が来る。そして次に南東世界である「第四世界」が来る。それは，西側すなわち「第一世界」に経済成長において対極に立つ仏教・儒教的世界である。西側と対立する可能性のあるこれら2つの候補は，かなり異なっている。ラテンアメリカ／カリブ，アフリカ，アラブ世界，西アジア，南アジアなどは第三世界にあるのに対し，東南および東アジアは第四世界に属する。後者には，中国，韓国，ヴェトナム，日本など主要な強国が含まれる。

　はっきりとした具体的な西側のアジェンダは，その文化的・経済的な浸透であろう。それは，パラダイムとしての新古典派の経済理論を通じて，また世界銀行やIMFなどの西側によって支配された世界組織による政治的統制に基づいて行われる。必要とあれば軍事行動により補完される。こうしたことは明白だが，退屈きわまりない。

　戦うべき冷戦がもはやないので，米国はその出発時点，すなわち1940年代後半にまで立ち戻っている。当時，相対的な軍事力からして，他国がこの国を攻撃することは不可能と見られていた。この状況は，90年代に再現された。少なくとも軍事費の支出に関し，米国は，実際には，現状を維持し，他の諸国はある程度の軍縮の過程にあった。「過去における未完のアジェンダの第1のものに復帰する」という理論によれば，1940年代のローズヴェルト大統領宛の有名な報告書JCS570/2[16]（そこでは米国の野心が詳細に述べられていた），および冷戦に

---

15) 世界の軍事支出に対する米国の占める割合は80年代初めには，25％以下であったが，90年に30％に達した。1997年から98年の評価は47％から48％になる。このことは，20世紀の終わりに，軍事費支出について，1国が軍事的能力の半分を占めるまでになったことを意味する。*The Nation*, June 8 1992, p. 789.

より強く拘束された NSC68（1950年4月にアメリカ国家安全保障会議により大統領に提出された報告書）が，そうした未完のアジェンダである。

ところで，EU についてはどうだろうか。1945年におけるアジェンダは，一言で要約されよう。つまり復興である。損害をこうむらなかった西側の国が，損害をこうむった西側の国を援助する（マーシャル・プラン）。しかし，冷戦がアジェンダの設定者となる前に，他のアジェンダを定式化する十分な時間的余裕がなかった。復興から1世代経ち，そして冷戦が終結して後，1990〜91年に初めて，新しいアジェンダが到来した。それは，米国のアジェンダよりも野心的でさえあった。すなわち，欧州連合である。それは，米国以外の西側を連邦制の超国家にまで強化しようとする。それは本質的に国家連合の欧州共同体にとどまるものではない。しかし，それは新しいものではまったくない。このアジェンダは，少なくとも1306年[17]，いやすでにカール大帝に由来するのである。その後，ナポレオンとヒトラーが，彼らのアプローチを付加した。復興が終了した1950年，ヨーロッパの歴史を貫通したこのテーマは，再びフランスによって取り上げられた（モネ，シューマン）。しかし今度は，より現実主義的に，どの1国も他の諸国を全面的に支配してはならないとされた[18]。対米依存の低下と，米国と異なる変更を加えたアジェンダは，最終的な世界支配をめぐる米国とEU 間の紛争を，遅かれ早かれ白日のもとに曝すであろう[19]。

世界のもう一方の側にある日本（冷戦の意味において，そしてその意味においてのみ西側の一部）はどうだろうか。

大きな，しかもしばしば陥った誤りとして，日本は西側と同じアジェンダを

---

16) Peter Hayes/Lyuba Zarsky/Walden Bello, *American Lake : Nuclear Peril in the Pacific,* Penguin, 1986.
17) Abbé Pierre DuBois, *De recuperatione terrae sanctae.*
18) Jean-Baptiste Duroselle, *L' Europe : Historie de ses peuples,* Perrin : Bertelsmann, 1990. ここでは，ヨーロッパ統合に向けたさまざまな努力を分類する試みがなされている。
19) この場合，「新しい世界秩序」というロジックの下で，米国は単なる覇権国家（西半球や中東に対する）ではなく，世界システムにおける最終的権力者たる地位を占めるという意味での覇権国家中の覇権国家として自らを位置づけていると推察できよう。

第7章　冷戦後の地政学

追いかけてきたという主張がある。日本の歴史からは，互いに排他的ではない2つのテーマがアジェンダとして容易に導かれるであろう。第1のプロジェクトは，近隣諸国に対する優位性の確立であり，第2は，アジア人のためのアジアの建設である[20]。後者は，2つの大きな戦争に導いた。すなわち，日露戦争(1904-05)とアジア・太平洋戦争（植民地宗主国のイギリス・フランス・オランダ・ポルトガル・米国に対する戦争，1941-45）である。アジア・太平洋地域における非植民地大国である米国との戦争の場合を除き，これらすべてのケースにおいてプロジェクトは成功した[21]。

これら2つのプロジェクトの論理によれば，日本は，米国との衝突線上にあることになる。日本の軍事的敗北は，1945年にアジェンダの一時停止をもたらした。冷戦は，日本を米国の受動的クライアントから能動的クライアントに変化させた。2つの長期にわたるアジェンダは，しかし経済的に追求されたのであり，今なおそうである。もし戦争が他の手段による政治であるならば，経済は他の手段による戦争であると言えるのではないか。レトリックは異なるが，組織形態と多くのアクターは同じである。国家と資本の緊密な協力は，日本の経済構造の要件である。国家と軍とのきわめて緊密な協力は，戦争のための不可欠の前提条件である。

冷戦が終わって，われわれは日本にクライアントとしての従属的な地位を脱ぎ捨てることを期待できるかもしれない。同様のことを試みているヨーロッパ

---

20) この観点から，「大東亜共栄圏」（大東アジアの共同体的繁栄政策）などのもくろみは，「八紘一宇」（「世界の隅々を1つの屋根の下で覆う」）政策の特殊な，しかしきわめて重要な事例と見られる。
21) フランスはインドシナ，オランダは「オランダ領東インド」，イギリスはビルマ（および南アジア全域，それからフランスと同様太平洋諸島），ポルトガルは東チモール，米国はフィリピンからそれぞれ撤退した。これは，日本がまさに望んでいたことだ。これら西側諸国のうち米国のみが，新植民地の足場を築くことができた。しばしば指摘されていたことだが，この足場は，「ハード・パワー」（政治的・軍事的）よりも「ソフト・パワー」（経済的・文化的）に基づいている。その際，経済力は，軍事力よりも残酷であるかもしれないこと，また軍事力は，経済力が挑戦を受けた場合，しばしばその救済手段として利用されることはあまり考慮されていない。

を主導するか遅れるかはともかく，われわれは日本にそのことを期待できるであろう。米国のみが，「同盟相手」という言葉を日欧双方に用い，それによって，決して存在しないかもしれないアジェンダの一致を示唆している。反米主義が増加しつつある日欧とも，そうしたアジェンダが存在しないことを（米国よりも）よく知っている。米国と日本，米国と欧州の２つの衝突のコースが形をとりつつある。日米間のそれがより重要である。日本は一度しか敗けていないからだ。

4 ポスト冷戦のアジェンダ——東側

1989年から91年の間，ソヴィエト連邦は三重のアジェンダの喪失をこうむった。まず，次に，資本主義‐社会主義‐共産主義というアジェンダを捨て去った。最後に，ソ連自体が冷戦から消り去り，その結果，冷戦が歴史から消え去った。ソ連という多文化社会（ロシア支配下の）の建設も放棄した。過去の残骸や傲慢といった遺物からアジェンダを掘り起こすためには，歴史をさかのぼり，より広い論究が求められる必要があった。ペトログラードにとどまらずサンクト・ペテルブルクにまでさかのぼらなければならなかったのである。

東欧で生じた多くのことを説明するアジェンダは，民族自決というウィルソン・アジェンダ（ウッドロー・ウィルソン大統領にちなんで）である。この公式は，オーストリア＝ハンガリーのハプスブルク帝国が瓦解した時に必要とされたものである。結果として，ポーランド，チェコスロヴァキア，ハンガリーが，そしてユーゴスラヴィアという幻影が生起した。東方に波及する自決の波は，西方に波及する波とぶつかった。すなわち共産主義革命の波は，ハンガリーやバイエルンにまで達し，世界最大の領土，世界第３の人口のソ連に，最終的に安住の地を得たのである（それは約70年間存続した）。

ポスト冷戦の最初のアジェンダは，すなわち共産主義革命以前の未完のアジェンダであったし，今もそうである。階級ではなく国家(ネーション)である。もし冷戦のみが消失していたならば（ワルシャワ条約の解体に象徴されるように），よりまし

な社会主義とよりましなソ連の建設が目標となっていたであろう。たとえば，前者に対しては社会民主主義が，後者に対しては何か国家連合的なものが。それは，多かれ少なかれゴルバチョフの二重のアジェンダであった。しかし，そうはならなかった。おそらく，明確なオルターナティブを切望していた民衆にとって，そうした過去との決別は，不十分と感じられたからであろう[22]。

しかし，かつて社会主義陣営と呼ばれていた巨大な体制を血にまみれていたと言い続け，ロシア自体をひどく酷評することも含め，現在の実践を引き続き追求するとしても，これは1世代か2世代の1つのアジェンダにすぎない。そして，単一の，普遍的な一神教を持つ東側のどの国家も有するより深いアジェンダがある。それは拡張主義的であり，独善的であり，他者（その肉体・心・精神・構造・文化）を変えようとする欲望で満たされている。一般に大国になればなるほど，そうした野心も肥大化する。その能力も同様である。そしてロシアは今やそのように大国である。

面白いことに，マルクス＝レーニン主義は，拡張主義の推進力というより，むしろその歯止めとして働いた。たとえば，歴史的発展の段階論および内発的な社会弁証法によれば，最初に労働と資本の矛盾が成熟しなければならなかった。その時初めて社会は，共産党による権力奪取に適した段階を迎える。社会主義の分野でパイオニア国家であるソ連は，おそらく産婆役を演じるであろう。こうした論理の1つの系としてソ連は，ある社会が資本主義に逆戻りし，これに対する不断の注意を必要とする場合にのみ介入するであろう（1956年のハンガリー，1968年のチェコスロヴァキア，1979年のアフガニスタンへの介入は，こうした観点から見ることができる）。この観点は，他の言葉で言えば，救済者的なものであった。介入の機会は，しかし当てにならない社会主義ブロックを除いては，マルクス主義の段階論仮説を反証しようとする第一世界の努力の前に，ほとんど存在しなかった。

---

[22] その理由は，ゴルバチョフの人柄とか政策にあるのではなく，ロシアの文化の深い位相，つまり唯神論的思想（1つの教義と1つの神への信仰）にある。歴史はソ連を裏切った。唯物史観は完全にすたれ，市場経済の見えざる手を含め，神が流行になった。

今日ロシアは，普通の拡張主義的な東の国である。わずかながら具体性のあるアジェンダは，スラヴ文化と正教に根ざし，ロシア・ベラルーシ・東ウクライナ・北カザフスタンからなる第2期ソヴィエト連邦を建設することであろう。

5 ポスト冷戦のアジェンダ——非同盟諸国

客観的に見て中間に位置することの栄光は，2極世界とともに消失した。6極か7極の世界でも，非同盟である（中傷されない？）ことが有意義だと諸政府が理解するまでは，そうである。超大国同士を争わせるというサブ・アジェンダも消滅した。かつては，非同盟にとどまるか，あるいは相対的・対称的に同盟関係を結ぶことの対価を両者に要求することができた。

ほとんどが第一世界のかつての植民地であった第三世界にとっては，なお，解放とそれに引き続く国民形成という第2の付随的アジェンダが存在した。資本主義と社会主義との間のバランスは，非同盟の程度を示す1つの尺度であった。このアジェンダは，社会主義ブロックのモデル諸国における社会主義の崩解とともに，当分の間は閉じられている[23]。そして第三世界のほとんどすべての国が，実際上は社会主義的アジェンダの諸要素を取り上げていたがゆえに，二重のアジェンダ不在の状態に至っている。

ここで，単に時間のみならず，空間までもがかかわってくる。すなわち，社会主義諸国の場合と同様，民主主義—資本主義の二重のアジェンダが，主として国際的なシステムの制裁を通じて外部から強要される。世界のヒエラルヒーは，定義からして，その頂点におけるアジェンダの送り手と，底辺におけるその受け手から成り立っている。そしてこのアジェンダは，拒否することが（きわめて）困難な，かの有名な提議の1つなのである。

しかし，諸国家はどう内発的にアジェンダの項目を定義できるのかとの疑問

---

[23] しかし留意すべきは，「社会主義」という概念の持つ多くのニュアンスである。たとえば Johan Galtung "Socialism is dead, Long live socialism", *Festschrift to Georg Fernandez,* New Delhi, 1990.

が，依然として出される。その答えは，かつての社会主義の第二世界の場合と同様，「第2次民族解放」である。西側の植民地主義の重荷を払拭した統一とは，それ自身が西側の建造物であった。すなわち，1つの植民地内部における諸民族の集合体であり，いくつかの民族は植民地的な境界によって分断された[24]。

このグループには，3つの主要なアクター，すなわち西アジア・インド・中国が含まれる。

西アジアの非アラブ地帯，つまりトルコ（ヨーロッパの小部分を含む），ソ連邦を構成していた6つのイスラム共和国（通例中央アジアと呼ばれるが，ファルシ語＝ペルシャ語を話すタジキスタンを除き，トルコ語と類似の言語を話す），ならびにイランとパキスタンは，非同盟ではなかった。3カ国は西側に，6カ国は東側に属した。冷戦はイスラム的でないという意味で世俗的なアジェンダであった（それはキリスト教世界での出来事であり，いつもながら東方の教会に対して西方の教会を対抗させた）。今や，ポスト冷戦のアジェンダ空白は，イランとパキスタンによって鼓舞されたイスラムによって埋められることができる。これは世俗主義からの離反を意味し，西側によって「原理主義」と解釈されるであろう。

しかしなお，第2のアジェンダがある。とりわけトルコによって追求されている第2のオスマン帝国である。トルコは，イスラムの状況が顕著に好転するかさらに悪化するまで，アラブ世界とバルカン諸国から距離をとっている。イスラム国家としてのトルコは，非世俗的な性格を持つプロジェクトであるEUへの正式加盟を確実に排除される可能性がある。トルコ＋（プラス）はその代わりに，先述したロシア＋（プラス）と同様に，自らの連合体を建設する兆候がある。

アラブ世界は22の国（パレスチナを含む）からなる。その二重のアジェンダは，きわめて明白で，イスラムと汎アラブ・プロジェクトである。それに対して西側は，これまで多くの幻滅を与えてきた。とりわけアラブ世界の中心にイスラエルを建国することで，マシュリク諸国からマグレブ諸国を分離した。論理的

24）最近のアフリカ研究は，西洋諸国が，千差万別の諸民族を，非常に小規模だという理由で，分けるよりも人為的にまとめたことを強調しているように思われる。

第Ⅱ部　紛　争

には，1つのアジェンダに失望すればするほど，他方のアジェンダはそれだけいっそう活性化される。いつか両方のアジェンダが実現されるであろうが，おそらくトルコのプロジェクト（トルコ+）の実現よりも遅れるであろう。アラブ世界の亀裂は深いし，西側は引き延ばしを図るからである。

インドは，目下のところ非同盟と社会主義というもはや存在しないアジェンダの二重の欠落に苦しんでいる。しかし，自由市場の社会を建設するという新たなアジェンダがある。これには，エリートがしばらくの間かかりっきりになるだろう。とりわけ彼らが，生存ギリギリの淵にいる人々による大衆的抗議のなだれに対し，「法と秩序」を維持しようとする場合にそうなる。しかしまた，別のより強力なアジェンダが存在する。それは文化と人々により深く根ざしている。すなわち，ヒンドゥー化である。そこには，第2の国民的解放の要素が存在する。しかしこれは，エチオピアからのエリトリアの解放，あるいは非アラブ・アラブ西アジア5カ国からのクルドの解放と比較することはできない。ここでは，多数派が自らを世俗主義から解放しようとしていることが問題なのである。彼らは宗教的少数派（その中でも最大のものはイスラム教（アヨーディヤー）とシク教（アムリッツァル寺院））と衝突する可能性のある過程に入ろうとしている。そこに見出せるのは，非常に古いアジェンダである。それはマハーバーラタ（「大インド」を意味する）の中に記述され，マウリヤ朝，グプタ朝や，それ以前の時代にさかのぼり，ムガル帝国，英国，および世俗的社会主義・資本主義的なネルー王朝による数百年の屈辱を振るい落とそうとしている。南アジア（SAARC 諸国）[25]への拡張主義は，ありえそうである。

もちろん，インドではなお長期間，西洋的で世俗的な市場志向のエリートが存在するであろう。彼らは，政党に関しては多元主義的である。だが，政党はますます意味を持たなくなるであろう。このことはすべて，彼らの利益のためにあるにすぎないからだ。しかしこうしたエリートもまた，きわめて異なるアジェンダを追求する何億ものヒンドゥー教徒によって，案外早くに払拭されて

---

25)　南アジア地域協力連合。

しまうであろう。理由は簡単である。大衆にとっては，(物質主義的な)「開発」という名の世俗的プロジェクトは失敗したからである。宗教的な次元へと転換する時代がやってきた。それこそ彼らの時代である。

　最後に中国である。中国は，野蛮人が東西南北のどこから入ってくるにせよ，彼らを中に入れないという1000年にわたる古いアジェンダを持っている。そしてこの国家は，香港・マカオ・台湾を含め1つの統一体として維持されてきた(おそらくチベットはこの中に含まれない)。しかし，ロシアの場合と同様に，資本主義に内在する新しいアジェンダが加わる(ロシアの拡張主義［ロシア＋］の場合，それが一旦物質化されると，このことはいっそう強く妥当する)。資本主義国家は，その原材料の基地と市場とを確保するために，必然的に拡大しなければならない。どちらか一方または両者が，国境の外に位置しているとしてもである。このことは，ソ連／ロシアの場合と同様の結論にわれわれを導く。共産主義者であった限り，彼らは千年王国を確信し，黙示を待ち続けた。資本主義国として，彼らはどの資本主義国家も行っているように，経済的な景気循環を保証しなければならない。必要とならば軍事的手段を行使してもである。西側はそのことを理解していないが，2つの怪物を生み出しているのだ。

　なかんずく中国は，それ自身に固有のアジェンダを用意している。第1に，あらゆる種類の野蛮人からの自己防衛，第2に，エリートが有する他のいかなるプロジェクトであれ，自分以外の者に対する説明責任を持たないことである。彼らは，「共産主義」という言葉が米国内での意味と同じだといういかなる契約書にもサインしていない。たとえば，それは「社会的市場経済システム」を意味するかもしれない。それは，支配政党のキリスト教民主同盟(CDU)という名で，「キリスト教」という標題の下に表現されているドイツのシステムと，大きな差異はない。これは，イデオロギー的・神学的レベルの問題ではない。この巨大な国家は，この尊大さを許容するのである。しかしそれだけではない。インドもまた同様に巨大ではあるが，自己に対する疑念がより強い。社会主義的世俗主義は，民主主義と共存した。しかし，「中華」における共産主義的儒教主義は，共存しえないであろう。

第Ⅱ部　紛　争

6　分断国家——ドイツとコリア

　相違は多いが，ドイツもコリアも，自己のアジェンダを設定し実行できる誇り高い民族である。各アジェンダは，前者ではプロテスタンティズムと，後者では儒教と共存する。両国家は，第二次世界大戦の結果分断され，それぞれ自己のアジェンダを作り上げる時間もほとんどなく冷戦に組み込まれた。各アジェンダは，超大国によって押しつけられた。冷戦下の服従が，第二次世界大戦への赦しと交換された。4つの地域はいずれも，成功裡にヨーロッパおよび東アジア的変種の資本主義と社会主義を形成した。

　冷戦は消失したが，結果は大いに異なった。東ドイツは内部崩壊した。北朝鮮では，その可能性は薄いが，あってもおかしくはない。もはや冷戦のアジェンダはない。そして東ドイツにおいては，社会主義のアジェンダもない。前者のアジェンダがなくなっても，資本主義と社会主義の建設が残った。しかし，後者のアジェンダがなくなったら，何が起こるだろうか。

　ドイツの場合，原則として3つの可能性があった。

　第1に，彼らが行うべきであったこと，すなわち統一国家のための新しいアジェンダの創出。時間をとって，円卓会議を開き，全国から最良の男女を集め，文化・政治・仕事について討議する。

　第2に，彼らが行ったが，実はまったく行うべきでなかったこと，すなわち西ドイツのアジェンダの一切合切を東ドイツに押しつけたこと。おそらくこれは，植民地主義の最も単純な定義であろう。

　第3に，なすべきであったことをしない，あるいはなすべきでなかったことを行った結果として生じていること。人々は，過去の未完のアジェンダを掘り起こしている。それには2つある。

1．ドイツ人のためのドイツというナチスのアジェンダ。暴力を伴う。
2．（南）東方への拡大というドイツの古い地政学的アジェンダ。東ドイツがもはや存在せず，東欧が疲弊している今日では，より容易に実現される。

134

第3のオプションの中でのこれら2つの選択肢は，互いに排除し合うものではない。同じ連中がこれを行うことができる。ナチスはまさにこれを行った。「絶滅」と「オストマルク」〔訳者注：1938-45，ナチス時代のオーストリアの呼称〕である。

　しかしそれらは，より特殊階級的なものとしても見ることができる。上述のナチスのアジェンダは，野卑で，まさに経済的に不満な「ルンペンプロレタリアート」に適合している。もう一方のアジェンダは，最良の社会によって，エレガントなサロンで，言うまでもなく外務省のオフィスで活性化される。もちろんそれは，今日の言説と適合して定式化される。すなわち，民主主義と自由市場経済の困難なアジェンダを課すことと引き換えに，然るべき国々に援助を行うことである。エスニックな分裂の程度に応じて，必要であれば平和維持活動が加わる。

　この第3のアジェンダが実行されるのはいつだろうか。その答えは明らかだ。すなわち，ドイツの政治階級が，新しいアジェンダを発展させる能力がなく，そして第2のアジェンダが失敗する限りにおいてである。これが東ドイツで失敗する運命にあったことは，旧DDRを知る誰をも驚かせないであろう。しかし，それはいつか，西ドイツでも失敗するかもしれない。なぜなら，「ヴェッシー」(旧西独市民)が何をしているかを本質的に傍観者として観察するよう強制されている1700万人の「オッシー」(旧東独市民)を統合しようと，西ドイツで必死の努力が行われているからである。

　もちろん，理論的には第4の可能性がある。すなわち，東ドイツにおいて未完に終わった社会主義のアジェンダである。ある日それは，沈殿したいくつものアジェンダの理論に従い，再び出現するかもしれない。しかし時は未だ熟していない。失敗の衝撃がなお鮮やかだからである。廃墟から夢を発掘しようと準備する世代は，未だ存在しない。まさにナチズムが掘り起こされ，相当規模のグループのためのアジェンダとされるまでに1世代待たねばならなかったように。われわれは，未来なくして過去を新たに追体験することを強いられている。通常それは直近の過去ではない。とりわけそれが，あまりに完璧か，あま

りにトラウマをもたらす場合は，そうである。

7　特殊ケース——ユーゴスラヴィア

　ユーゴスラヴィアもまた，社会主義と非同盟という二重のアジェンダの喪失を被った。確かな治療法は，新しいアジェンダを展開させることであった。しかし，チトーによって育まれ，成長した政治階級は，第三世界の国を中欧（東欧ではない）の国に転換させようとしたが，そうした短期の警戒期間では，新しいアジェンダを作り上げることはできないことを示した。加えて２つのファクターが，迅速なアジェンダ制作の妨げとなった。すなわち，まず党内の派閥主義（ファクショナリズム）は違法とされた。それゆえ，「党機関」内部において，代替的なアジェンダを持ち，いつでもそれを担いうる担い手が存在しなかった。さらに，このシステムは民主主義的ではなく，代替的なアジェンダを有する代替的な政党が存在せず，開かれた議論もなかった。そうした状況では，最後の未完のアジェンダの蘇生が指示された。すなわち，大セルビア主義／大クロアチア主義という民族浄化のアジェンダである。

　それを彼らは実行した。東欧には，ウィルソン流の要素が共有されている。しかし極端な暴力は，第二次世界大戦が終わったところから継続されたということで，最もよく説明がつく。すなわちセルビアは，クロアチアのウスターシャの手による殺害に対する復讐を行ったのである。[26] そこから引き出される恐ろしい結論は次のようである。すなわち，他のアジェンダを持たない状況において——

- 彼らは，おそらくこのアジェンダを，それが完遂されるまで，すなわち民族的に浄化された大セルビアや大クロアチアが実現されるまで続行するだろう。

---

[26] 旧ユーゴスラヴィアのどんな他の定義と同じように，これはあまりにも自明である。さらに互いに仕打ちを受け，また外部（トルコとドイツの２カ国のみ挙げておこう）からも仕打ちが加えられたユーゴの人民の苦悩は，たしかに無限のものだった。時間的にもあたかも何ら終わりがないかのように今のところ思われるし，いかなる終わりの兆しもない。

あるいは，
- 外部の力が，彼らがそれを行うのを妨げる。彼らに代替的なアジェンダ（犯罪人の処罰，自決）を課すことによってである。あるいは，
- 彼らがより平和的な性格を持った新たなアジェンダを展開する。まさにそれを，旧ユーゴスラヴィアの平和運動が試みている。

8　冷戦後の地政学——世界はどう展開するか？

　他によりましな方法が見つからないから，結論は次のようにならざるをえない。世界の政治階級は，地政学的なアジェンダ空白を，過去の未完のアジェンダで埋める。国内政治においては，事柄がはっきり見えるから，状況は異なる。社会が民主的でない場合でさえ，アジェンダの設定に関してある政治階級の独占は，それほど大きくはない。例外は，きわめて強大か，あるいは周辺化された諸国家である（その元型として中国が挙げられる）。これらの国家の自閉性は，ベルリンの壁の崩壊のような世界の他地域にとって画期的な事件（その時，歴史は突然可塑的になる）から自らを隔離してしまう。しかしわれわれは，未来に向き合わなければならない時に過去に目をやり，現在に束縛された並みの政治家によって，素っ気なく扱われている。彼らは，平和を思考する能力を持ち合わせてはいない。

　それゆえ，われわれはおそらく，われわれにふさわしいもの，すなわち7極と7つのヘゲモン（覇権国家）から成る世界の出現を得ることになる。大きい順に並べれば，次のようになる。

　▷米国。西半球と中東におけるヘゲモン。覇権国家中の覇権国家を目指して野心を燃やす。

　▷EU。ヨーロッパおよびACP[27]におけるヘゲモン。ユダヤ・キリスト教的およびローマ・ゲルマン的アイデンティティを見出す。連合を志向し，ロシア

---

27)　アフリカ・カリブ・太平洋諸国。

やトルコとの古い対立の道程にある。

▷ロシア＋（プラス）。旧ソ連および（おそらくは）東欧の一部におけるヘゲモン。（より拡大した）正教とスラヴ，ナロードニキに自己のアイデンティティを見出す。

▷トルコ＋（プラス）（9ヵ国）。それ自身におけるヘゲモン。あらゆる方向へのかなりの圧力を伴いながら，東方にイスラム的アイデンティティを求める。

▷インド。それ自身におけるヘゲモン。あらゆる方向へのかなりの圧力を伴いながら，（より拡大した）ヒンドゥー教的アイデンティティを求める。

▷中国。それ自身におけるヘゲモン。道教・仏教・儒教，資本主義。

▷日本。神道・仏教・儒教，新大東亜構想。

要するに，世界は7極から成る。もう少し専門家風に表現すれば，世界は，それぞれヘゲモンを持つ7つの並列的な単一極地域から成り，各ヘゲモンは自身の法と秩序を各地域に課す。それは，覇権国家中の覇権国家，つまり米国によってある一定程度まで調整される。ジャーナリスティックに短く言えば，最底辺に開発の遅れた国（LDC）が，より上層により開発の進んだ国（MDC）があり，そして最上部に米国（WDC＝ワシントンDC）が君臨する。2つの地域は，文明を共有している。つまり，米国とEUブロックで，両者はプロテスタント・カトリック・ユダヤ教であり，民主主義・資本主義である。冷戦は，マクロな文明社会，すなわち西洋の中でなされた。それは，起こりうる文明にかかわるすべての紛争が，迅速に表現されることを覆いかくした。3つのプロテスタント・カトリックの核保有国があり，3つの正教の核保有国があり，（おそらくは）3つのイスラムの核保有国がある（その背景には，比較的小さなユダヤ・シオニスト国家の存在がある）。そして1つのヒンドゥー教の核保有国，1つの道教・仏教・儒教の核保有国がある。あの神道・仏教・儒教国家の日本がどのような方向に漂流するのか，今のところわからない。7ヵ国のうち，未実証の核兵器可能国は，日本だけである。

7つのヘゲモンは，うち4つがすでに確立し（米国・日本・インド・中国），他の3つは生成過程にあって，それぞれが主要な世界の地域を支配しており（中国とインドは，すでに主要地域である），21の2国間関係が存在する。私自身は相

互関係の中で，とりわけ日米と，EU—ロシア＋（プラス）—トルコ＋（プラス）の三角形を危惧する。もちろんそれにトルコ＋—インドも加わる。単独的な，つまりヘゲモン内部の諸関係は，日本を除いてすべて問題含みである。日本は，表面上はいかなる内部矛盾も見られない驚くべき同質的な国である。しかし7つのヘゲモンはいずれも，周縁との間に深刻な問題を抱えることになるかもしれない。

おそらく将来，垂直的な地域統合への多大な努力がなされるであろう。そして，そうした努力は，ヘゲモンによって導かれ統制されるであろう。同時に各ヘゲモンは，それ自身の内部の結束の程度が，他のヘゲモンと少なくとも同じ程度に高く，そして地域統合の度合いよりは高いよう躍起になるであろう。EUは，共通の財政・外交・防衛政策，場合によっては，共通の市民権と連邦警察を伴う超国家，もしくは少なくとも超連邦の方向に向かっている。それゆえ，EUは，米国の結束の程度には到達するだろう。だが，その内部的な結束は，EUが欧州経済領域（EES），東ヨーロッパ諸国，ましてACP諸国との間に築いた関係よりも格段に大きい。同じことは，アメリカとNAFTA（北米自由貿易協定）地域，それにもしかすれば東アジア共通市場（中国・日本・コリア・ヴェトナム）に当てはまる。

今後も軍事同盟関係が存在するであろう（たとえば，アメリカ—EU—ロシア＋（プラス），つまりはワルシャワ条約機構を吸収したNATO対中国—日本—統一コリア—ヴェトナム）ことは，自ずと理解される。政治階級は，新思考などしてこなかった。いかなる創造的活動のための時間もないというのは，部分的な理由でしかない。核兵器の材料はすでに存在しているのであり，新しい紛争フォーメーションが形成されるほど，素早くは解体されないのである。7つのヘゲモンはいずれも，他の6ヘゲモンの原理主義を引き出すであろうし（まさにすべてが深層文化に基礎づけられているがゆえに），またヘゲモンが全部資本主義的であり，原材料・市場への追求に際して対立関係にならざるをえないという事実に鑑みて，国連は，おそらく拒否権を持つ国が一致した場合にのみ活用されることになろう。この段階は，すでに過去のものとなったのかもしれない。

要約すれば，見通しはあまりよくない。しかしそうであるがゆえに，おそら

く真剣な平和のアジェンダへの希求が増大するであろう。22世紀になるまでには，そうなってほしいものだ。

第Ⅲ部 開発

第8章
開発の目的とそのプロセス
―― 1つの統合的観点

1　開発の鳥瞰図

　長期にわたってわれわれは，世界を東と西に，そして後には南と北に分割し，そうすることで東西紛争と南北対話が行われていることを自らに説得しようとしてきた。今日そのことは，より深い洞察を生むことなく，世界地図の些細な研究（たとえば，「日本は西洋か」）にも耐えられなくなっている。しかし，東西・南北という2つの区分を同時に用いれば，開発または不良開発の4世界への世界の驚くほど有益な分割が得られる。

　このように世界を区分すると，いくつかの立場が明らかになる。
アクターとしての「北」は存在しない。資本主義と一部の旧社会主義はそれぞれが異なった存在であり，異なった道筋で第三世界に関わっている。

　▷アクターとしての「南」も存在しない。東アジアおよび東南アジア，とりわけ「ミニ日本」である韓国・台湾・香港・シンガポールは，豊かで工業化され，日本と類似の役割を世界で果たしている。中国やこの地域の他の諸国は，とりわけやや長期的な展望の下で，他のどんな主要グループよりもうまくこの像に収まる。

　▷いかなる「南北」紛争も存在しない（肌の色や人種的な意味を除いて）。しかしたしかに，北西世界と南東世界との間には主要な経済的紛争が存在し，北西世界と南西世界との間にも従属一般に関わる主要な紛争が存在する。南北紛争という観念は，世界の現実を神秘化する。

　▷「東西」対立も存在しない。しかし，北西世界と北東世界との間には主要な2極間の政治的紛争が確かに存在した。1989年以降，それは経済的な紛争に

第Ⅲ部　開　発

図表 8-1　4 つの世界——（不良）開発

	西	東
北	第一世界：私的資本主義 OECD 諸国	第二世界：(旧) 国家社会主義 CMEA[1] 諸国
南	第三世界：NIEO[2] 南アメリカ，カリブ海諸国，アフリカ，アラブ世界，西アジア，南アジア	第四世界：イチバン（一番） 日本，中国，東アジア，東南アジア，オーストラリア，ニュージーランド，太平洋諸島

転化する可能性がある。北東世界は南西世界にますます似たものになり，北西世界はヨーロッパにおいて覇権主義的かつ一極的な権力を行使しつつある。

　このように，豊かな資本主義諸国である北西世界は，以下のさまざまな紛争の中心点になりつつある。つまり，世界の基本的な経済再編成をめぐる南西世界（いわゆる第三世界）との紛争，ますます先鋭化する経済競争を伴う南東世界との紛争，そして主要な軍事的な対立の勃発をはらむ北東世界との紛争である。

　これらの 3 つの紛争は，たしかに関連はなくはない。しかし共通の根は，第一世界のプ・ロ・ジ・ェ・ク・トによって，国民経済および世界経済に押しつけられた私的資本主義という構造である。他の 3 世界は，この構造（第一世界に中心をもち，西洋的なコスモロジーの特別の側面に根ざしている）への弁証法的な反作用なのである。

　今は放棄された最初の反作用は，ソ連によって牽引・支配された第二世界で見られた。国家社会主義というオルターナティブなプロジェクトを建設する努力の中で，それは部分的に世界システムからの撤退を試みた。第 2 の反作用は第三世界に見ることができ，新世界経済秩序（NIEO）というプロジェクトを伴う。これは，国家レベルで第一世界と第二世界の一方または両方のいくつかの側面を模倣することによって（時にどちらも成功せずに終わる），本質的にグローバル市場の客体ではなく主体となる努力である。第 3 の反作用は第四世界に

---

1) コメコンとして知られる「相互経済援助会議」のこと。
2) 新国際経済秩序。

第8章　開発の目的とそのプロセス

見られる（たしかに日本は他の2世界に先行しているが）。相手のゲームそれ自体の中で彼らを圧倒し，「イチバン」になろうとする。

　私の主張は，第四世界のいくつかの国はすでにこの点で成功した，ということである。それは，ゲームを行う際の彼ら自身の技能によるだけではない。第二世界との間で行われた冷戦という名の紛争および軍拡競争（一般的な軍事化をも含む），70年代の石油危機や80年代の債務危機に示された第三世界を搾取することの限界，自国内プロレタリアートを搾取することの限界，それに自然を搾取することの限界による第一世界の弱体化にも起因していた。もちろん，歴史的に重要なのは，1973年の石油輸出国機構（OPEC）の行動であり，それは部分的なNIEOの制度化に導いた。

　しかし，OPEC諸国は誤ったやり方で豊かになった。加工や勤勉な労働によってではなく，所有によってである。そして，それゆえに世界経済の中で持続的な役割を果たせなかった。加えて，利子に対するイスラム的な制限があり，OPEC諸国のほとんどがそうしたイスラム国家であるという事実から，商業資本主義から産業資本主義への進展はほとんど不可能に違いない。組織的な基盤整備も欠けている。新興工業国家群（NICs）は，第三・第二・第一世界に属する諸国を含んでいるが，世界の経済的覇権をめぐる戦いにおいて，工業製品供給者として第四世界の諸国の脅威にはほとんどなっていない。それは，知的に欠陥のある経済的カテゴリーである。

　人為的な東西・南北の境界によってあいまいにされてきたこれら3つの主要な世界の紛争は，今や2つになりつつあるが，さらに発展し事前の予測が困難な形で相互に作用し合うであろう。とりわけ，第四世界への第三世界の依存がますます増大することによって，新たな構造的紛争が同時に形をとってくるからである。まさに第四世界の最も巨大な国家である中国が，もはや存在しない第二世界の論理からついに自らを解放しようとするように，第三世界もまた，第一世界からますます自らを解放しようとするであろう。他の世界において重要で信頼しうる同盟国を見出そうとする第一世界の努力（第二世界を「南」によって要求されたより公正な世界秩序の負担を分かち持つ「北」の一部として，第三世界

を「自由な世界」の概念において「共産主義」に対する防衛として，そして第四世界を世界資本主義の管理のための三者同盟の一員として）は，おそらくすべて失敗に終わるであろう。実際，第一世界（米国＋EU）は，第四世界（中国＋ミニ日本＋日本）との競争でおそらく経済的に敗北し，そしてまた第三世界を巧みに操り続けることも（たとえば麻薬の管理を通じて）政治的に敗北するであろう。さらに，第一世界は，第二世界との対立において軍事的敗北も被るかもしれない。第二世界がより効果的な破壊力を有しているからではなく，第一世界こそはるかに弱点があるからである。

第一世界の相対的な経済的衰退（低またはマイナス経済成長率，失業やインフレ，市場占有率の低下）はおそらくは続くが，同様に第四世界の経済成長と他の2世界の停滞も（いくつかの例外を伴いながら）続くであろう。富の相対的に適切な分配により，第四世界は保全されるであろう。ただし，中国は依然これを実現する方法を見つけなければならない。他の3世界は，より保守化した諸国で不公平な分配がいっそう厳しくなる程度に応じて，無気力または内的反抗に向かうであろう。西ヨーロッパは，その社会的な特性が維持される程度に応じて，これを回避できるかもしれない。

2　開　発──社会空間

こうしたことすべてがなぜ生じるのだろうか。何らかの意味においてすべて「開発」が行われている。このタームをこれから批判的に見ていくが，ここでは本質的に「近代化」または「国民形成」と同義に用いることにする。この概念がどのように理解されるかとは無関係に，それにはある種の社会変革が含意され，社会変革は政治であり，政治は権力にかかわっているから，開発とは，権力の／権力における意図的な行使なのである。以下，この行使の一般理論をスケッチする。

権力の3つの類型から始めよう。すなわち，理念・アメ・ムチの各権力である。もう少しまじめに表現すれば，規範的・報酬的・強制的な各権力である。

第8章　開発の目的とそのプロセス

全般的に私の考えは，主要な潮流，しかも世界的な潮流としての開発主義が次のように権力のこれら3つの側面を具体化する，ということである。権力の3要素の各内容に関して，開発の4世界相互の間には，ごくわずかな差しかない（3要素の相対的なあり方に関しては別であるが）。
規範的権力：ブルジョア的生活様式というほとんど普遍的な目標から導かれる
　▷非肉体労働。汚く辛く，退屈で危険な労働の回避
　▷物質的快適さ。自然の変動の制御。1-2-3-4症候群（1人の配偶者，2人の子供，3部屋の住宅，4輪のクルマ）の充足
　▷私生活中心主義。家族や仲間への撤退
　▷持続性。永続する権利のパターン
報酬的権力：財貨・サービスを供給する構造から導かれる
　▷国家。国家計画を伴った官僚
　▷資本。企業，国内市場
　▷知識人・専門家。上の2つへの奉仕
強制的権力：強さ・苦痛を供給する構造から導かれる
　▷警察。対内的な強さ
　▷軍隊。対外的な強さ
　▷政党。強さの正統化

　これらの症候群を，以下ではBWL（ブルジョア的生活様式）複合，BCI（官僚・企業・知識人）複合，PMP（警察・軍隊・政党）複合と呼ぶことにする。すると，「開発」とは，国家レベルでの3つすべての表現であり，それらは相互に統合し，BWLは目標，BCIは公言された手段，PMPは最後の議論である。もちろん，これら3タイプの権力すべては，これまで常に存在してきたし，これから先もそうであろう。しかし，「伝統」社会にあっては，目標は大部分宗教によって定義されていた。計画は（拡大された）家族レベルで立案され，市場は村の市場であった。人々は自らが知識人であった。警察や軍隊は存在し，前者はローカルなレベルで，後者は外部に対して活動していたが，いずれも国家のレベルではなかった。

第Ⅲ部　開　発

　この認識が正確だとすると，明らかに，「開発」は国家レベルで巨大な権力の集中をもたらす。目標設定は，十分な物質的生活水準という国家イデオロギーを作るに至る。すなわち，唯物論的個人主義であり，信奉者の多さという点では，世界がこれまで経験したうちでおそらく最も大衆的なイデオロギーである。そして，財貨やサービスを提供する国家的な計画や市場があり，BWLやBCIの牽引が不十分なとき，PMP複合がそれを後押しするのだ。こうした権力集中は，国（カントリー）または（誤った呼称だが）「国家」（ネーション）を意味するところの，われわれがここで社会空間と言い習わす場所で行われる。しかし，他の空間も存在する。すなわち，人間（つまり内的）空間，地域・世界・自然（つまり外的）空間である。国家レベルで計画や市場が低レベルであるということは，計画や市場の不在を意味しない。それらは地域レベルで表現される。国家的な表現は一般に，地域レベルの非表現を含む——少なくとも相対的な意味としては。とはいえ，国家および地域レベルの双方で，権力がともに増大するプロセスが考えられないことはない。同様のことは，国家的な表現との関連で世界にも当てはまる。

　今，国家的な計画・市場を，社会空間の開発の主要な側面として，すなわち開発のための主要な手段として捉えるとすると，「開発の4世界」は，「5つの開発モデル」のスキームにかなり良く適合しうる（図表8-2参照）。

　この図から，第一世界と第二世界が，市場・計画の実践に（依然として）専心していることが見てとれる。両世界は，財貨とサービスの分配のために，きわめて強力な企業と官僚機構を構築している。

　しかし，今や古典的存在となったソ連では，国家が資本よりはるかに強力で，米国では資本が国家よりはるかに強力だとしても（ここでは「国家」とは財貨やサービスを提供する主体の意味であり，強制の道具としての意味ではない），多くの国々で両者は比較的同等である。これら諸国のいくつかは，さまざまな歴史的理由から「社会民主主義」と呼ばれている。そうした国々は，S（国家）とC（資本）の妥協の線上に位置してきたが（S+C=一定），古典的なソ連から見れば資本主義的だし，米国から見れば社会主義的である。これら諸国では，財貨

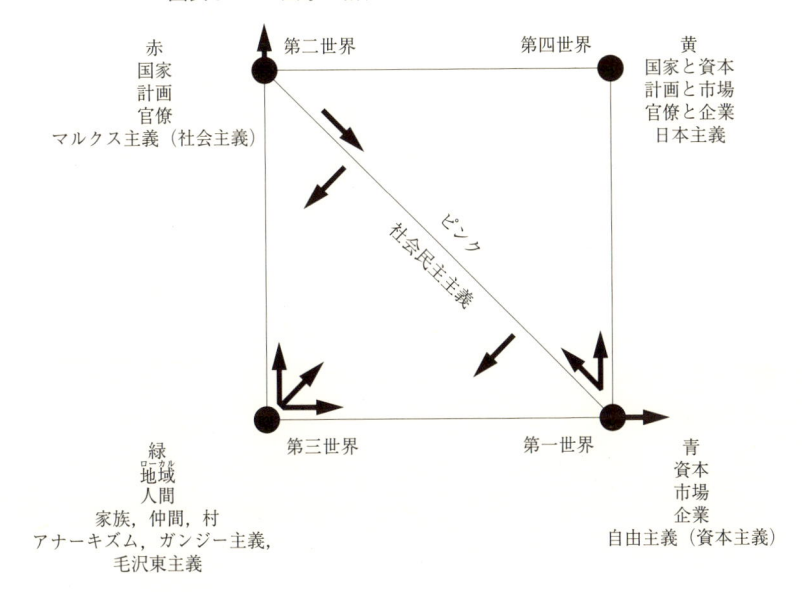

第8章　開発の目的とそのプロセス

図表8-2　国家の計画・市場の機構としての開発

赤
国家
計画
官僚
マルクス主義（社会主義）

第二世界

第四世界

黄
国家と資本
計画と市場
官僚と企業
日本主義

ピンク
社会民主主義

緑
地域
人間
家族，仲間，村
アナーキズム，ガンジー主義，
毛沢東主義

第三世界

第一世界

青
資本
市場
企業
自由主義（資本主義）

やサービスの供給は混合的である。すなわち，一部は計画により，一部は市場により行われる。供給の主体は，一部は官僚組織であり，一部は企業である。こうした混合経済は，また交渉経済とならざるをえない。一方が他方に対して自動的に優位とならない場合，実行可能な妥協点を見出すために，国家と資本との間で多くの交渉を行わなければならないからである。

　かつて有名な収斂理論というものがあった。第一世界と第二世界が中間で出会うだろうというもので，そこは社会民主主義的な一・五世界かもしれない。しかし，世界の他の多くのシステムとの相対関係において，規範的なモデルとして北西ヨーロッパの福祉国家が多くの点で好ましいと言えるとしても，具体的な歴史過程において第一世界と第二世界がそこで出会うはずだということを意味するのではない。図表8-2の空間における軌道は，矢印の方向が示すようにより複雑であり，明白な最終状態は存在しないことは確かである。1つには，第一世界のかなりの部分が隅から中央寄りにあるとしても（隅はレーガン／ブッ

149

シュ政権が米国を，サッチャー政権が英国を置こうとした場所），第一世界は，第二世界が私的セクターの拡大を通じた市場化によってその位置に到達する前に，他の位置に移動しているかもしれないからだ。ピンクは青に，青は黄になりうる一方，赤はピンクまたは青になろうと努力している。

「開発」というものは，きわめて脆弱な国家レベルの上部構造を持つ第三世界諸国を，それらが（われわれすべてと同じく）伝統的にあった隅の位置から，対角線上のどこかの場所に引き上げることのように見える。それらの国々が米国／第一世界の「援助」を得れば，緑の隅から青の隅へ，ソ連／第二世界の「援助」を得れば，赤の隅へ，ユーゴスラヴィアやノルウェーのような「一・五世界」の「援助」を受けているのであれば，中間の「ピンク」の領域へである。これら諸国はみな国連加盟国であるので，国連が開発援助一般に取り組むことはそれほど容易ではない。問題はしばしば，物質的な基本的ニーズや「行政上の基本的インフラストラクチャー」に対する供給といった，十分な合意が存在する基礎的事項に国連が依拠することによって解決されている。

要約すると，「開発」とは，国家レベルで強力に構成された特定の国々が，自らを再生産させる1つの方法である。そうするのはなぜなのかは，議論されてよい。世界空間に同盟国を持つためか，自分たちのシステムの有効性を示すためか，「開発」を通じて形成された何ものかによりよく浸透するためか，貧しい者や抑圧された者との連帯のためなのか。どのように評価されようと，明らかなのは，開発が，そうした国々の行いうる唯一のことだということである。自分たちは何をすべきかを知っていることを望みつつ，自分たちが知っていることをこれらの国々は行う。近代化され開発されるためには，この対角線上のどこか，あるいはその向こうに位置しなければならないとの広範な合意が存在しているのである。

たしかに広範な合意が存在する。しかしそれは，3つのきわめて重要な例外を伴っている。その例外の1つは，この線上からの離反者の間に見られる。対角線上の，あるいはそれを超えた人々の緑の波で，彼らは計画かつ／または市場の過多から覚醒し，ローカルなレベルで，家族，仲間や，真の人間的ニーズ

第8章　開発の目的とそのプロセス

と考えられるものに深く根差したシステムを探し求める。同時に，第三世界諸国をこの対角線上のどこかに着地させるために押したり引いたりする努力が行われているが，そこに到達した国の多くの人々は，そこから離れようとする。彼らは，自分たちが自由に行動できるようになるまで，地域レベルを活性化させようと試みる（第一世界においては生産かつ／または消費の協同組合，第二世界においては自主管理労働組合や全企業）。こうした自由は，後に議論する理由により，現在では対角線のピンクの部分，つまり一・五世界の国々で最もよく実行しうるように思われる。こうしたことすべては，全体の過程のきわめて矛盾したイメージを作り出している。到達した多くの人々が離れようとするのに，なぜ到達しようと試みるのか。

　そしてそのことが，第2の例外である。第三世界では，それが最も現実的というだけでなく，最も望ましいということから，開発の緑の極にゆるぎなく根差した人々が存在する。開発についてのこうした考え方がすべてそうであるように，イデオロギー的な公式化は，現実に意図される以上に原理主義的に聞こえるかもしれない。国家はまだ存在するだろうし，ナショナルなレベルでの国家計画でさえ存在するであろう。しかし重点は，ローカルなレベルにある。明らかに，自由主義が開発の青の極に対して，またマルクス主義が赤の極に対して意味してきたものを，ガンジー主義と毛沢東主義（それにアナーキズム一般）が緑の極に対して意味している。これら2つの巨大な開発理論は，第三世界自体から出現したものである（中国を第四世界に分類できた——その方が望ましい私は思う——までの話だが）。

　次に，第3の例外が存在する。卓越した手本として日本を持つ開発の黄の極である。「日本主義」としか呼びようのない，書かれざる日本の開発イデオロギーが存在する。明らかにそれは成功し，定義がどうであれ，明らかに開発とかかわってきた。そして，国家と資本，計画と市場等が手を携えて進むように見えるやり方で，明らかに他と異なっている。

　そういうわけで，5つの開発モデルないし理論がある。3つ（自由主義，社会民主主義，マルクス主義）は一方の対角線，2つ（ガンジー主義／アナーキズム／

151

毛沢東主義，日本主義）はもう一方の対角線に沿っている。もちろん，実践は理論と異なるし，常に異なるはずのものである。いかに理論的に首尾一貫した社会思想の体系も，複雑で矛盾を含んだ社会的現実を，一切歪めることなく反映することはできない。

　それでも，この5色モデルないし理論に即して考えることは有用である。そこには多くの人間の願望や夢があり，人間的な条件一般とそこに埋め込まれた特殊開発問題と格闘する多くの真摯な努力があるからである。だからこそ，それらの理論が本当に排斥し合っているのか，社会的・知的分極化の表現でもあるのではないかと考えるわけである。ある集団が，ある知識人の唱えたあるイデオロギーを採用するが，彼は別の知識人から「彼の」理論を唱えることで反駁され（ここはふつう「彼の」である。女性はこうした言葉遊びにあまり関心を持たないようだ），その理論は，最初の集団が相反する利害を有する別の集団に受け入れられる等々，という具合である。

　もしそうなら，実行可能な組み合せの探求は，興味ある課題となるかもしれない。そうした分極化は，何か深い社会的過程よりも，理論過程に還元できるからである。図表8-2の2つの軸，すなわちC（資本）軸とS（国家）軸を，社会的空間を理論化する努力における2つの基本的イデオロギーを示すベクトルとして用いるならば，主対角線に沿う緑から黄（ピンクも含め）が示すイデオロギーないし理論は，すでに折衷的である。S＝Cの対角線上で，問題はどの程度の高さのS＋Cを望むのかである。すなわち，緑の解決策が示す最小値か，ピンクの解決策が示す中間値か，それとも黄の解決策が示す最大値であるべきかということである。

　私自身の好みは，緑とピンクの間の領域である。というのは，それが地域と国家・資本の双方を併せもった高度の複雑性を伴う社会を生み出すであろうからである。エコロジーは，諸要素の間の多様性と共生に基礎を置いたシステムの成熟の意義を知らせてくれる。ピンクと緑の間の領域では，社会空間の開発にとって少なくとも3つの根源がある（緑，青，赤）。青の隅，赤の隅の1つ，あるいは黄（第四世界／日本）の隅の2つにとどまらない。そうしたシステムは，

高い柔軟性を有している。柱が1本壊れても，なお他に2本の柱がある。そして共生関係は，あらゆる方向に紡ぎ出される。資本・市場あるいは国家・計画のみに基礎を置いたシステムは，あまりに脆弱である。柱が1本壊れたら，全部壊れ，あらゆるレベルであらゆる種類の不良開発がその帰結となる。このことは今日，主要な青の社会と赤の社会，つまり米国と（すでに崩壊した）ソ連の不条理な側面に，はっきり見て取れる。他にも理由があるだろうが，この点に関して，そうした複雑性（ないし複雑性の欠如）の議論だけがある程度重きをなしている。

　図表8-2の主対角線（第三世界と第四世界を結ぶ）と副対角線（第一世界と第二世界を結ぶ）との間には，興味深い相違がある。後者は，西側でよく知られた政党のスペクトルと一致する。

　強い資本と弱い国家を擁護するのは，伝統的に「右」の立場と見られ，強い国家と弱い資本を擁護するのは，「左」と見られる。さらに，資本の犠牲者，すなわち労働者階級の可能な保護者として国家を見る進歩的な立場にすら見られる（この考えについて，ポーランドの労働者，あるいは東欧の労働者一般に聞いてみるがよい）。世界の政治的議論の多くは，わずかな対案しか受け入れず，世界のある部分の最近の社会史からしか結果を取り入れない政治的な軸に沿って，このように政党に分割することの反映である。副対角線に焦点を合わせることは，自由主義とマルクス主義の思想家が共有する非現実的で自民族中心主義的な単純化に対する開発の対話全体を隠蔽し，それどころか矮小化してしまう。両者はいずれも，「古代的」な緑の極と，折衷的で不純なピンクの極に敵対的で，黄の極に関しては無知で混乱している。今やまさに開発の対話を，2極から（少なくとも）5極へと拡大させるべき時である。

　次に他の2つの権力，すなわち規範的権力と強制的権力を検討することにより，状況をさらに複雑にしてみよう。単に，財貨やサービスを供給するために築かれた構造（人々を生産者として機能させ，さもなければ消費者としても存在しえないようにする）だけではなく。マルクスに従って，この点を少し敷衍すると，権力の要所は，生産手段の所有である（必ずしも個人としてではなく，階級――資

本家，または官僚，またはその両者——として)。となると，「われわれの条件で生産せよ，さもなければ餓死せよ！　消費に必要なものを，お前たちは得ることができないからだ」と言える。「与えられんがために，我与う。与えられしものに対し，同等のものを」。

　ところが，人々はまた，他の財貨やサービスではなく，生産される財貨やサービスを消費したいと思わなければならない。そして，官僚や資本家や御用学者によって表現されるやり方で，生産を行う意志を持たなければならない。BWL（ブルジョワ的生活様式）を目標として普及するのは，第2の項目として挙げた「物質的快適さ」という目的に役立つ。問題は，非肉体労働が目標の一部でもあるなら，物質的財貨すべてはどのように生産されるべきかということである。この矛盾は，おそらく非常に高度な生産性とオートメーションによって解決される。依然として肉体労働や瑣末な労働に従事しなければならない他の世界の人々を犠牲にして，である。それは，中心と周縁の経済間の差異を明白に現実的なものにする。サービスに対する需要は，第3と第4の項目によって保証されている。私生活中心主義は，地域レベルから，財貨も全サービスも供給できないかもしれないミクロ空間への撤退を意味する。「愛情と扶助」はあるかもしれないが，医療や学校教育は提供されない。結果として地域レベルは空洞のまま放置され，国家レベルが基本サービスを独占して出現する。地域経済の（財貨・サービス）循環は破壊される。循環は拡大して国家的なものとなり，官僚かつ／または資本によって紡がれる。地域レベルではなく，資本でさえもなく，国家が究極的に安全を保証すると見なされるようになる。それは，単に暴力に対する防護という限られた意味だけでなく，基本的ニーズを持続的に供給する社会的安全（かの有名なセキュリティ・ネット）という意味においてである。

　しかしBWLイデオロギーは，規範的権力の名で必要とされるすべてではない。構造的な解決もまた，受容しなければならない。そこで，しばらくの間，伝統的な叡智に同意して，緑の極を開発への1つのアプローチではなく，単に開発の欠如と見ることにしよう。緑の国は，未開発または低開発（その潜在力に比して）の状態にある国である。この国に，資本かつ／または計画のプロセ

第8章　開発の目的とそのプロセス

スを導入する。単純だがかなり重要な社会学の命題が, 有用になる。すなわち,「人間は, しなければならないことをしたいと思う時に, 最もよく従う」。このことが意味するのは, 制度化された社会構造の根底にある基本的価値が内面化されれば, それらは個人的価値になる, ということである。そして, これらの中心的価値が何であるかを認識するのは容易である。

▷市場にとって：競争。最も賢い売り手となるための生産者間の競争, 最も賢い買い手となるための消費者間の競争。

▷計画にとって：合理性。「最善」の社会的解決を受け入れるための社会的および個人的レベルの合理性。

▷官僚と企業の双方にとって：規律。権威への尊敬とその至高性への信念。

これらの3つの価値は, 緑と黄がなぜ別々の極なのかを理解する基礎として役に立つ。アナーキストの哲学・イデオロギーならばたいてい, 競争より協力・連帯を,（上からの）計画より参加を, そして規律より連帯を強調するであろう（規律の代わりに, 上への忠誠——それは水平的な規律である連帯とは正反対の垂直的な規律を意味する——とも言えるかもしれない）。

他方, 日本では, こうした価値はすべて, 十分に内面化されている。あるいは, そのように見える。規律は, 国家・民族一般への忠誠（神道）という形でも, 権威への尊敬（儒教）, 他者との連帯（仏教）でも見られる。競争と合理性は, 武士道の伝統で常に存在した。だがそれは, 日本の西洋化の一部, 3つの教えに加わる価値あるいは志向性としても見ることができる。価値の折衷主義のおかげで, 日本は, これほど多種多様な開発のプロセスに携わるのがずっと容易になっている。

この価値の多様性を有する国は, ほとんどない。たとえば西洋では, キリスト教（もともと緑の諸価値に高度に適合した宗教）を屈服させ, 良いキリスト教徒を国家（コンスタンティヌス大帝のローマ帝国）, かつ／または資本（カルヴァン）に奉仕させるのに長い時間がかかった。やらなければならないことを, その意志に反してでも行わせるには, 社会的な統制（強制の婉曲的表現）が必要となる。（奴隷・農奴・労働者として）定められたやり方で生産させるには, 生産物という

155

アメではなく，懲罰というムチが必要なのである。十分には内面化されなかった基本的諸価値は，少なくとも制度化されなければならない。こうして開発の歴史は，強制・無理強い・暴力の歴史でもあるのである。開発空間（図表8-2）の特定の領域で，システムを維持するのに不可欠な強制であるPMP（警察・軍・政党）もそうだし，この空間から立ち退く（たとえば，従来のモデルを維持した構造の破壊によって）のに必要な強制，新たな領域に身を落ち着けるのに必要な強制もそうである。どの形態も，他よりある特定の集団の利益に奉仕する。一般的に，特権をより享受している者は変化に抵抗し，特権の恩典が少ないもの者は変化を支持する。

　本来的に他より抑圧的な開発世界というものは，果たしてあるのだろうか。たしかに，経験主義的な研究が，ある国の位置と抑圧の程度との相関関係を示すかもしれない。しかしそうした研究は，方法論的に解釈が難しい。抑圧は，その形態固有の部分なのか，それとも内部かつ／または外部から現状の変革を試みることへの反動なのだろうか。それは，現状を実質的に単独で変革しようとする試みであるのか，それともその形態は，何か別のものへの途上にあるのだろうか。

　この点に関して最も確実な立場とは，おそらく，いかなるシステムであれ，高い抑圧のレベルを持つことも持たないこともある，とすることであろう。いわば褐色〔訳者注：ナチスを象徴する色〕の要素があったりなかったりするのである。封建主義は大部分，断片的で比較的自給自足の地域共同体に対して行使された抑圧であった。資本主義への移行は，ローカルな自給自足の循環の開放を前提とし，労働力をナショナルな労働市場に押し込んだ（たとえば，税金を現金で支払う農場〔プランテーション〕）。可能な限りの経済の貨幣化を伴うナショナルな資本市場が押しつけられ，そうした貨幣経済の中心から財貨やサービスが供給された。自家消費，または物々交換，または小規模な経済循環で貨幣を媒介とする交換のために生産を行う緑の経済は，その範囲と意義を次第に低下させ，青の経済がそれに取って代わる。すべてこうした変化が起こるには，強制が必要とされ行使される。

このことは，資本と市場が完全に備わった成熟した資本制経済で起こるとされる，社会主義への移行にも当てはまる。革命は，プロレタリアートに対するブルジョアジーの構造的独裁を，ブルジョアジーに対するプロレタリアートの直接的独裁に転換させ，その後に強制手段としての国家は消滅する。
　しかしながら，
　▷革命は，成熟した資本主義ではなく，周辺の半資本主義社会で生じた。
　▷革命はまた，封建制社会でも発生し，モンゴルやアフガニスタンのように，資本主義を飛び越した。
　▷独裁は，プロレタリアートによってではなく，PMP複合体によって行われた。それは，ブルジョアジーに対してではなく，①農民（彼らが食料品を低価格で供給し続けるため），②労働者（彼らが低コストで財貨を生産し続けるため），③知識人（彼らが御用学者となるため）に対して行われた。
　▷国家は消滅せず，PMP複合体とBCI複合体の双方にとって居心地の良い環境として，むしろ強化された。すべての人に好ましいBWL（ブルジョワ的生活様式）に関して言えば，1－1－2－2症候群（1組の夫婦，1人の子供，2つの部屋，2輪車）以上のものではなかった。
　マルクス主義の理論には，明らかにいくつかの問題点がある。しかし，生産・利潤・蓄積が不断に増加するという資本の存続・累積しか見ない自由主義理論よりはるかに優れている。マルクス主義は，われわれが歴史から知るいくつかの不連続を少なくとも反映している。難点は，それが直線的な継起——本章の概念を使えば，緑（封建主義）—青（資本主義）—赤（社会主義）—緑（共産主義）——を前提にしていることである。社会主義から共産主義への移行は，まず抑圧手段としての，次に中央集権化された計画の手段としての国家の消滅に現れる。それが，より小規模で自立的な共同体へと道を拓く（だから，共同体主義が緑のモデルとなる）。共産主義に対する緑の反論は明らかで，なぜ，緑からより高次の緑のレベルに直接移行しないのか，こんなドラマチックな回り道をする必要があるのかというものである。
　抑圧的な構造がどこにでも見出されるという見地から，非抑圧的な構造も同

じようにどこにでもあるとは言えない。参加を伴う政治発展は，経済発展と同様に重要であると認識すべきである。参加とは，人々に単なる発言ではなく最終決定権を認め，当局に最後に人々への説明責任を負わせることを意味する。このことは，図表8-2の空間に第3の次元をつけ加える。どういうことだろうか。

それが起こる方法は，さまざまである。まずは議会制民主主義，それにおそらく大統領制民主主義も，1つの構成要素である。第2に法の支配，第3に憲法による基本的人権の保障がある。だが，いとも簡単に解散される議会や，やはりいとも簡単に侵害される憲法は，PMP複合体の強制権力を阻止するには不十分である。彼らに，組織としての国家が属している。加えて財貨やサービスを組織し，イデオロギーを広める国家である。その国家を抑圧的でないものにするには，集会や言葉以上の何か（いくらかまとまりのある別の構造）によって釣り合いをとる必要がある。そして，国家の諸構造の間には，いくつかビルトインされた矛盾，それどころか対立さえ存在しなければならない。それにより，諸構造のバランスがとれ，人々が何らかの余地，何か間にある空間を獲得できるのである。

ここに，2つの可能性があるように思われる。1つは自由主義の理論から，しかし実際には，むしろ社会民主主義の実践から生じる。もう1つは，連邦主義の理論と実践から生じる。いずれも，開発と政治理論との不可分性を示している。

前者は，資本が国家を平衡させるという古くきわめてブルジョア的な理念である。ここで国家が意味するのは，通常，BCI部分ではなくPMP部分のみである。しかし，国家をより広く捉え，一連の財貨・サービスの計画・実行も含むのであれば，社会的な開発空間の社会民主主義的部分にいることになる。

北西ヨーロッパの福祉国家（そして，これらの国々から強く刺激された英連邦諸国）が混合経済で，かつ通常の意味における民主主義でもあることは偶然ではない。もちろん，それは両方の機能を果している。民主主義的な伝統ゆえに，1つの集団，あるいは1つの階級でさえ，他者に自分の意思を完全に押しつけ

第8章　開発の目的とそのプロセス

ることはしない。民主主義的なゲームの続行を可能にする合意のための基盤を用意すべく，妥協が図られる必要がある。他方，国家と資本双方が常に争い・紛争に巻き込まれることによって，人々一般にいくばくかの空間が与えられる。

　だが，日本のように両者が調和していると，人々は自分の意見を聞いてもらうのがきわめて難しくなるということになろう。最終決定権については，言うまでもない。外皮があまりに厚く，負荷があまりに重い。このことは，国家・資本間の分断線，いわば分水嶺を越えて高度のエリート統合を有するフランスやスイスにも，ある程度妥当する。フランスでは高等専門学校（グランドゼコール）を通じ，スイスでは軍隊（2カ月間の基礎兵役を終えると，20年にわたり毎年2週間，再会を繰り返す）を通じて，エリート統合が行われる。いずれの図式も，大学の同窓会が強い結束力を持つ日本と似ている。日本では，年功序列や終身雇用の原則があるので，同窓生たちは，日本社会のどこにいようと（B（官僚）またはC（資本）またはI（知識階級）にいようと，さらにはP（警察）またはM（軍隊）またはP（政党）にいようと），ほぼ横並びに出世する。以上3つの事例では，社会はその最上部で，ほとんど継ぎ目なく，編み合わされている。

　後者は，ナショナルなレベルをローカルなレベルと釣り合わせるという理念である。そのための条件は，ローカルな単位が協力できることである。それらがバラバラだと，中央のナショナルなレベルに簡単につけ込まれる。つまり，ナショナルなレベルを，さまざまなローカル・レベルの連合と釣り合わせるということである。たとえば，北京に対し，7万もの人民公社の連合を対置する。これは，かつて実際に行われたことなのである！　異なった視角が異なった展望を与え，そのことによって人々は，主たる構造的紛争の最終的仲裁者となれるのである。世論を組織し，自覚させ，結集させることは困難である。構造は常に機能し，それらの中心人物たちはフルタイムで働いている。一方，市民集会やデモは1つのイ・ベ・ン・ト・であって，「永続的」な状況ではない。だから，人々をエ・ン・パ・ワ・ー・し，かつ／または諸構造に対して釣り合いをとる必要があるのである。

　さて第3の可能性として，すべての地域単位における直接民主主義を伴う全

面的に緑（ダーク・グリーン）の社会を加えることができよう。なぜなら，それらは十分に小規模だからである。しかし，これは1つの社会だろうか。それとも，地域単位の集合にすぎないのだろうか。それが1つの社会となるためには，ある中心的な構造上の要素（それを国家レベルと何と呼ぼうが）が必要である。そして各地域レベルは，当局が人々に対して十分に説明責任を負いまたリコールが行われるという意味において，民主主義的と言うだけでは十分ではない。地域レベルは共同して行動できなくてはならない。そうでなければ，次々に，地域レベルは中央権力の餌食になってしまうであろう。

　しかしさらに，それ自身の権利における1つの社会としての地域単位という第4の可能性がある！　結局，古典的なヨーロッパ国家は，ミニ国家であった。アンドラ，サン・マリノ，リヒテンシュタインといったこのシステムの名残が，今なお見られる。それらのミニ国家がグローバルな流れの中で大きな魚の餌食にならないことを前提に，それ（ミニ国家）は1つの解決であろう。言い換えれば，グローバルな文脈が正しいときに限って，それは1つの解決策になるのだ。

　こうした考えによれば，潜在的に最も抑圧の程度が低い社会は，双方のバランス・メカニズムが機能している社会であろう。すなわち，国家は資本とのバランスをとり，国家レベルは地域レベルとのバランスをとる。スイスはどうか。スイスは，これには妥当しない。国家と資本はあまりにうまく行きすぎており，カントン（州）はバラバラにされすぎている。かなり頻繁に住民投票がこの国で行われているとしても，人々が地政学的に，また行政上もバラバラにされている場合には，相互に協調がとれている中央に反旗を翻すことはきわめて難しい。

　再び解決は，開発空間にある主軸対角線にそって配置されているようだ。バランスという原則は，上述した複合性の原則に付加されるべきであろう。それは再び主対角線（緑—黄）に照準を合わせ，特に緑とピンクとの間の領域に照準を合わせている。そして黄の方向にはそれほど向かってはいない。なぜなら，そこでは社会上部に重心がかかりすぎているからだ。経済的な選択は，政治的

に中立ではない。

3　開　　発——人間空間

　ここまでは，まず良しとしよう。開発は，一般的に社会開発として認識されている。それは，財貨やサービスをいかに供給するかという経済的側面に始まり，政治的側面に進み，常に文化的側面の重要性を意識下で強調する。この開発空間において，ある恰好の地域が定義されたと想像してみよう。社会の開発にとって良いものが，人間の開発にとっても良いという保証は果たしてあるだろうか。われわれは，主対角線上の，およびそれを越えた（「黄の空間」へと入る）フォーメーションが，経済成長にきわめて好都合な影響を与えられることを知っている。それが計画によって誘導されるか市場によるのか，国家によって誘導されるか資本によるか，あるいはその両方によるのかはどうでもよい。しかし，このことは，人間開発の何か理性的な概念化とどう関係するのだろうか。

　私は人間開発を，「人間の基本的ニーズ」という言葉において理解している。それが満たされなければ，人間がその可能性をずっと下回る，それどころか挫折や人格破壊に至りかねない基礎ということである。人間のニーズは，もちろん時間と空間の関数である。十分に厳密に規定しようとしても，不変量ではありえない。それらを満足させる方法（満足演算子）も，不変的ではない。しかし一般的な水準では，4つのニーズの範疇が認識されるであろう。それらは，生存・福祉・アイデンティティ・自由である。最初の2つの範疇は，文献上しばしば，「不足から生じるニーズ」と呼ばれる。食料，空気，水，睡眠，セックス，自然の脅威からの保護（ここに衣料や住居も含まれる）が不十分のとき，福祉の不足がある。不十分な健康（罹病）や，言うまでもなく不十分な生命（早死）の場合は，生存の不足がある。不足は，ニーズを満たすことによって除去される必要がある。こうしたニーズは，身体的・物質的なものと見なされているか，あるいは見なされうる。

第Ⅲ部 開　　発

　しかし，物質的というより心的・精神的な成長または開発のニーズも存在する。そのための物質的基礎，たとえば物質的なニーズの最低水準の充足は確かにあるが。アイデンティティや自由へのニーズは，上述した所有ニーズとは反対に，存在ニーズである。政治開発は，いくらかの満足をもたらす。しかし，空腹のように身体的なニーズに係わる満足とは異なって，その満足には限界がない。疎外や抑圧の沼地から日の光へと上がれる梯子がある。この梯子は，聖書にあるヤコブの梯子のように上へ上へと登って行く。しかしヤコブの梯子と異なって，天国では終わらない。それには終わりがない。しかも，1つだけでなく，数多くの梯子がある。加えて，登るのはたいてい独力だ。ある段階では必要になるとしても，外から押し上げられたり引き上げられたりする必要はない。人に食料や衣料は与えられても，アイデンティティや自由を与えることはできない。これらはその人の人格の側面，政治開発の内面的な側面なのであり，努力によって，さらにさらにと発達する。存在に限界はない。あったとしても，遠い彼方にある。たとえば，ゲーテの『ファウスト』〔訳者注：第2部第5幕〕には，「絶えず努力して励む者を，われらは救うことができる」とある。また，仏教の教えによれば，人間の成長は最大のエントロピーの状態，すなわち涅槃において終わる。

　ここは，アイデンティティや自由の理論を深く探求する場ではない。われわれが経済的・物質的というより人間的・精神的な時代に生きていたとするならば，こうした理論を素早くしかも深く伝えるコミュニケーションのための語彙が，もっとあったに違いない。しかしわれわれはそういう中には生きていない。しかし，1人の人が自分と同定（アイデンティファイ）できる多くの焦点があると述べるだけで十分であろう。自分自身（労働生産物も含む），自分に身近なミクロ空間にいる人々，ローカル空間，マクロ空間（諸制度が備わった国，文化を有する国民），地域（リージョン），全世界（人類），外的空間（ミクロ・メゾ・マクロ宇宙（コスモス）各レベルの自然），そしてこれらを超えるもの，すなわち宗教やイデオロギーが扱う超個人や超自然である。自己同定の焦点には広い幅がある。誰もこのすべてと自己を同一視することはできない。少なくとも，同定のより高いレベルにまでは。これは

一体性(ユニティー)や合一化(ユニオン)として知られている。後者は神秘主義において多くの意味が与えられている。しかし，自己同定の幅が非常に狭くなったとき，いかにアイデンティティが深まろうと，実際に起こるのは開発ではなく不良開発である。そして，ここにおいて，人間が〔不良開発という〕1つの道から脱出し，人間開発という別の道に入ること，すなわち自由ということが問題となるのである。

どのような条件の下で，人間開発（その概念化の幅を極力広くとったとして）は可能となるのだろうか。開発の理論と実践双方にとって非常に重要な2つの要因が際立つように思われる。

第1に，存在において成長するためには，「不足から生じるニーズ」の諸次元において，過多であっても過少であってもいけない。最低限は保証されなければならないが，最大限も意識される必要がある。床だけでなく天井も，というわけである。でなければ，「過度の所有が存在の成長を阻害する」。このことは多くの人によって指摘されているが，とりわけ釈迦は「中庸」という理念で最も明晰にこれを表現した。

第2に，人間開発は，アイデンティティと自由の成長という意味でも，おそらくは人間の内的空間において最も良く行われる。この空間は，友人や家族というミクロ空間によって支えられ，またそれを支える。さらに人間開発は，人々が国家的(ナショナル)・地域的(リージョナル)・地球的(グローバル)なレベルで構成してきた比較的大きな空間によってそれほど混乱させられないローカル空間において行われる。自然との緊密なコンタクトも，きわめて重要である。しかし，心の安らぎには一般的な条件がある。通常それは，大きな場所でよりも小さな場所で与えられる。いかなる家族の生活もたいへん騒々しく，静穏が巨大都市の雑踏の真ん中で見出されるかもしれないのはよく知られているが。ここには完全な相関関係があるわけではない。しかし，この道沿いにずっとやって来た人々は，たとえ「仏性」には達していなくとも，少なくとも「人間性」と呼んでいいところのものには達した。彼らは，物質的に過少でもなく過多でもなく，小さな，時には孤立すらして，何の邪魔もされない環境で暮らす中で，創造的行為を通して，彼らが獲得したものを他者に伝達してきたのである。

第III部　開発

　それでは，こうしたことすべては，BWL（ブルジョア的生活様式）の一般的目標として表現される規範的権力，BCI（官僚・企業・知識階級）が作り出す財貨やサービスとして表現される報酬的権力，そしてPMP（警察・軍・政党）が行使する統制・強圧・苦痛としての強制的権力という権力表現の3つの次元を伴う社会空間からわれわれが知っている開発の実践と，どのように関係するのだろうか。その結論は，単純，明快，そして周知のことである。ただしそれは，（可能な限り頻繁に）導き出す必要がある。しかし，まずは，権力の次元とニーズの等級の対応関係（それは偶然ではない）に注目しよう。規範的権力は，何に人は同定すべきかを定義する。報酬的権力は，生存と福祉に重要な財貨やサービスを定義する。そして強制的権力は，自由の限界を定める。

　青・赤・黄と呼ばれた開発様式の強みが，生存および（物質的）福祉のための物質的ニーズを充足するために十分な生産を行う能力に（少なくとも最初のところでは）あることは，ほとんど疑問の余地はない。第一世界と第四世界の多くの人間にとって，所有の不足は存在しない。実際，「そのシステムは，〈所有〉には何の制限もない，あるいはあってはならないかのごとくふるまう」。しかしニーズの他の2つの範疇については，状況はより否定的である。規範的権力は，シロアリのような生産狂でBCI複合を正当化するために行使され，この目標から外れる他の関心事が排除される中で，きわめて物質主義的なBWLの目標との同一化を要求する。さらに，ナショナルなレベルで定義され，人々に説諭される，競争・合理性・規律という諸価値も存在する。社会民主主義では，これは，ある程度の競争の合理性への信念と競争的合理性への信念との両方を意味する。実際，開発空間の中心における開発の立場から予想されるように，これはきわめて複雑である。

　しかしそれは，私的消費およびBCIと一致する生産（これまで述べてきた立場からすれば，人間の不良開発に他ならない）との自己同一化を意味する。さらにその上に，他の生活様式，つまり一体性（ユニティー）に至るいっそうの省察・沈潜・アイデンティティを可能にするオルターナティブを求める自由を，PMP複合が抑圧し許容しないならば，不良開発が凍結し，より永続的なパターンになってしまう。

それゆえ，結論は明白で，社会空間における開発（開発という言葉で，青と赤の様式ないし世界を意味するなら）は，人間空間における相当な不良開発という犠牲を払って行われるのである。このことは，オルターナティブな考えや，さらにはオルターナティブな実践さえも（少なくとも一定程度）許容するくらい十分に多元主義的な社会には，あまり当てはまらない。ここで改めて，北西ヨーロッパの社会民主主義諸国やいくつかの英連邦諸国に目を向けることができよう。もし緑の波のようなオルターナティブ運動が，これらの社会でもっとはっきり現れるとしたら，それは必ずしも，そうした運動が他の場所よりもそこで必要とされるからではなく，絶対主義的で，あまり複雑でなく，バランスを欠いた青や赤の社会よりも，そこでは運動にとって大きな空間が存在するからなのである。どんな社会にも物質的かつ／または精神的な力が強く，標準規範から逃れられ，類例を見ない水準の自由とアイデンティティに到達する人間が存在するといった反論は，受け入れがたい。

概して，最もよく知られた開発様式は，人間開発の滑稽な模倣である。なぜなら，存在を所有の陰で覆い，疎外や抑圧の典型だからである。もし人間空間が最初にあったのであれば，社会空間はその後をついて行くべきであった。しかし，実際はその逆である。

4　開　発──世界空間

さて，世界空間向けに同様の練習を行ってみよう。まず，簡単な質問を出そう。世界空間，政府空間（国家），また非政府空間（営利・非営利の国際非政府組織）にとって，さまざまな開発のスタイルの帰結はどのようなものであるのだろうか。これは，簡単で難しい問題である。簡単だというのは，国家の支配エリート（BCI・PMP）の手中にある規範的・報酬的・強制的権力の巨大な蓄積の帰結は，きわめて明白であるからである。難しいというのは，開発された世界空間がどのような姿になるかについて明示的な考察がほとんどないからである。ある意味では，これは奇妙なことだ。世界空間の開発の帰結は，どちらか

第Ⅲ部　開　発

と言えば重要なことに違いないし，知的訓練としても魅力的であるからである。しかし，世界がそれ自体の可能な開発次元を伴うシステムだとは，最近初めて認識された。それは，開発システムとしての社会の認知よりも最近のことである。さらに，その社会の認知はまたしても，開発システムとしての人間の認知が大昔から行われてきたのに比して，つい最近のことなのである。

　社会科学者を含む多くの人々は，こうした空間の独特な性質を理解できない，最も単純な分析，つまり還元主義的な分析の犠牲になっている。還元主義の見解によれば，1つの発展した社会は，発展した人間の1つの集合に他ならず，1つの発展した世界は，発展した社会の1つの集合に他ならない。だが，ヨガの行者（彼らは人間成長の視点からすべてを考える）ではなく，コミッサールからは，発達した人間とは，定義上，発達した社会（たとえば社会主義社会）から生み出されるということが聞こえる。しかし，発達した社会が，発達した世界の産物であるとは一度も聞かれない。理由は簡単で，後者の概念がまだ現れていないように見えるからである。

　だが，不良開発の世界については，多くが知られている。ここでも権力の3つの側面から見ていくのが有効である。世界が単一の社会から成り立っているとすれば，もちろん上述の第2節の分析を（第3節で述べたことを考慮しつつ）適用できるだろう。この世界では，政治は「世界内政」（フォン・ヴァイツゼッカー）であり，私の結論はまたしても，複合性とバランスの両者を高いレベルで持つ緑と青と赤の間の領域が好ましいというものである。換言すれば，虹色の開発モデルである。

　しかし，われわれはそうした世界に住んでいない。われわれが住んでいるのは，すでに述べたように，政府が強かったり弱かったりし，非政府組織が強かったり弱かったりする世界である。この世界では，政府は膨大に蓄積された強制手段や破壊力を有している。それどころか超大国（アメリカ・ソ連・EU・中国・インド）は大量破壊兵器を保有している。政府間の協力は，同盟や協定の形で行われる。それにより，1アクターの意のままになる破壊能力が拡大される。これは，比較的調和のとれた目標・戦略を有する諸国のシステムが存在す

ることを意味する。上述の青・赤・黄と呼んだ開発戦略の1つの明確な帰結は,このような破壊能力の集中が起こることである。それは,開発様式が中央集権化しているためでもあれば,発端・成長・安定のための強制を前提としているためでもあれば,さらにそれが抵抗を生み出し,中立化・平定化を必要とするためでもある。

さらに,われわれが住む世界では,政府も非政府も,一般的には国民経済の循環,特殊的には国内市場を操作するのみならず,世界中にはりめぐらされた超国家的な経済循環と市場を操作する。そうした循環は世界を2つに分割する。他者のニーズに対して何らかの考慮が払われる内部セクターと,そうした考慮がほとんど払われず,むしろはるかに「手当たり次第」の外部セクターである。青と赤の開発様式では,両者とも,この分割が国内でも行われる。さらに青の様式は,外の世界における大きな外部セクターを前提としており,それゆえ彼らは,過去に植民地主義を有し,現在では新植民地主義に固執している。ここで成功するために,青の諸政府は非常にうまく協力し,共同で政府間レベルの内部セクターを創設している（EU）。青の政府が社会民主主義である場合,人口の大部分が包含される。社会民主主義の様式は,内に向かっては,周縁化の度合いが小さいからである。

社会のレベルでは,3つの要素が個人主義的唯物論に加えられる。競争・合理性・規律である。しかし世界レベルでは,それはうまく機能しない。競争はたしかに青・赤・黄の各モデルの内部やそれらの間に存在する。しかしこれは,軍備拡張競争や市場獲得競争に導き,かつ軍事的・経済的均衡（影響圏,割当て,ゲームのルール等）を獲得しようとする努力に導く。それが成功しないと,軍事的戦争と経済的戦争となる。それは,特殊的には軍事技術の高度化,一般的には生産技術の高度化によって,ますます壊滅的な結末をもたらす。

社会空間においては,こうした現象は（それが知られていないということはありえないから）,合理性と規律（それに多少の連帯）の組合せによって緩和されるであろう。しかし世界空間では,両者は奇妙にも欠落しているように見える。「共有地の悲劇」は,社会空間より世界空間で強く演じられる。もちろんそれ

は，合理性・規律双方の欠如した中で行われる。こうしたことすべては，ある1つの事柄を証明する。すなわち，ある種の世界の中心的な権威が必要だということである。それは，諸政府および非政府諸組織間の競争を規制する——両者に依拠しつつ，同時に世界の人々にも直接に依拠しつつ。ひょっとしたらそれは，国連と欧州共同体の中間にある何か，しかし普遍的な何かである。

またしても，われわれは同じ結論に導かれる。社会空間に与えられる優先は，人間の不良開発および世界の不良開発をもたらす。中心諸国の外部セクター（これらの外部セクターは重なり合ってすらいる）では人間の窮乏化が進行し，甚だしい相互絶滅を伴う戦争をもたらすであろう。貧困と中心－周縁戦争という2つの問題は，増大しつつある。それは，こうしたタイプの開発にもかかわらずではなく，それゆえに，である。これまで，世界空間は自然のようなもので，いかなる種類の事物も散らかすことができ，軍事・経済・イデオロギーにおける権力の（少数者の掌中への）いかなる集積にも耐えることができると想定されてきた。主流の開発モデルが両立可能かどうか，誰も検討しようとしなかった。両立は可能ではない。

5 開　　発——自然空間

　私見では，生態系危機の背景には2つの基本的要素がある。ここ数十年，汚染や枯渇，地球温暖化やオゾンホール，森林破壊や砂漠化，一般的な生物多様性の減少や生物の共生への脅威などが発生している。

　一方では，産業革命よりこの方，基本的に有機物を用いていた農業経済から無機物・合成有機物を用いる産業経済への移行がある。後者は前者に比して生物分解がはるかに少なく，再生不可能な資源をより多く消費するため，汚染と資源枯渇という二重のエコロジー的な根本問題が発生する。

　他方では，やはりここ何世紀もの間，国民経済を経由して地域経済（ローカル）から世界経済へのシフトがますます増大している。世界貿易は蜘蛛の巣状にはりめぐらされ，グローバルな範囲に達するまで経済循環を拡大させている。原料はどこ

かから獲得され，加工はどこか別のところで行われ，消費はまた別のところで行われる。自然はあるところでは略奪され，他のところでは産業廃棄物で汚染され，さらに別のところでは家庭ゴミで汚染される。自然は，自称「先進」または「近代」経済の大いなる敗者なのである。結果として，物事がどこから来てどこに向かうのか誰も知らない。結果は原因からあまりにも遠く離れている。さらに重大なことは，決定を下した者に結果が命中することはない！　理想的なことに，超国家企業は，それを「グローバルな問題」と呼ぶことを含め，責任を拡散し希薄化するように組織化されているのである。

このように，開発＝経済成長＝GNP，工業化，商業化という柱こそが，危機の根源にあるのである。これらの柱が不可侵である限り，こうした潮流を逆転させようとする努力は，あまり進展しないであろう。

6　結　論——われわれが陥っている窮地

われわれは，自ら作り出した窮地に陥っている。社会空間に与えられた優先は，人間・世界・自然の開発を犠牲にしている。物質的な財貨・サービスの生産に与えられた優先は，実際問題として疎外的・抑圧的になる価値や制度を通じて人間を導こうとする原始的で粗野な試みにより，アイデンティティや自由への精神的なニーズを犠牲にしている。開発の良い点は，社会を特定の方向に意識的に推し進めようとする努力である。悪い点は，その方向性である。それに加えて，物質的な生産と分配が成功したときでさえ，第二世界や第三世界で起こったように，反抗が生じる。持続性は環境問題に限らないのである。

それゆえ開発は，控えめに言って，再考される必要がある。何千，何百万もの人々は，時には彼らの指導者も，すでにそうしている。**図表8-2**の開発空間において，何ら明白な軌道は現れていないが，それは良いことなのかもしれない。至るところで不信やあきらめが生じているのは，特に，古い偶像である青と赤の開発様式が，4空間すべてでの結果から正体が暴露されているからである。別表で全体像が示され，（**付表**）の項目を通じて1つの規範的な開発モデ

第Ⅲ部　開　発

付表　開発および開発の諸次元——要約

色	開発様式	マルクス主義のターム	生産 基本的必要の供給 (0)	社会開発 複雑性のバランス (1)	社会開発 ローカルな自立 (2)	世界開発 経済的に非侵略的 (3)	世界開発 軍事的に非侵略的 (4)	人間開発 物質的ニーズ (5)	人間開発 非物質的ニーズ (6)	自然開発 多様性 (7)	自然開発 共生 (8)
緑	自由主義のターム	原始的/農奴制的共産主義的	低	低	高	高	高	低	高	高	高
青	原始的伝統的	資本主義的	高	低	低	低	低	(高)/低	低	低	低
赤	近代的/工業的	社会主義的	高	低	低	高	低	高	低	低	低
ピンク	工業的	資本主義的	高	高	低	高	低	高	低	低	低
黄	近代的/工業的	資本主義的	高	高	低	低	低	(高)/低	低	低	低
虹	近代的/工業的	?	中間	高	高	高	高	高	高	高	高

170

第8章 開発の目的とそのプロセス

ルが示唆されている。ここで言えるのは，ただ1つのことだけである。すなわち，経済成長・近代化・国民形成としての「開発」と，別表の諸目標に敏感な「真の開発」との間に明確な区別がなされるべきだということである。それらは，「開発」に抗して自分たちを守るために，世界中で人々が携わっていることなのかもしれない。

参考文献

本稿は，「開発の目標・過程・指標に関するプロジェクト」（GPIDプロジェクト）の世界モデルにおける基本的な考察のいくつかをまとめたものである。このプロジェクトは，1972-77年に，オスロ大学での紛争・平和研究講座の主任の職にあったとき，「西側文明の潮流プログラム」と「世界の標識プログラム」の一環として行われた。この研究の継続は，その後のある期間，東京の国連大学からの支援を受けた。私はGPIDプロジェクトの多くの同僚との実りある討論に，とりわけジュネーヴにある開発研究大学機構および故アドリアン・プライスバーク氏に，多くを負っている。

GPIDモデルにかかわる筆者の公表論文として以下の文献を参照されたい。

- Solbre alfa y beta y sus muchos combinaciones, in: E. Masini (Ed.): *Visiones de sociedades deseables,* CEESTEM, Mexiko 1980, pp. 19-95.
- The Basic Needs Approach, in: K. Lederer (Ed.): *Human Needs — A Contribution to the Current Debate,* Königstein: Hain, 1980, pp. 55-125.
- The New International Economic Order and the Basic Needs Approaches: Compatibility, Contradiction and/or Conflict?, in: P. Braillard (Ed.): *Annales d'études internationales,* Genève 1978; also in: *Alternatives - A Journal of World Policy,* Dehli, 1978-79, pp. 455-476.
- Towards a New International Technological Order, in: *Alternatives - A Journal of World Policy,* Dehli, 1978-79, pp. 277-300.
- The North/South Debate: Technology, Basic Human Needs and the New International Economic Order, *Working Paper* No. 12, WOMP, Institute for World Order, New York, 1980.
- On the Decline and Fall of Empires: The Roman Empire and Western Imperialism Compared, in: *Review,* 1980.
- Is there a Chinese Strategy of Development?, in: *Review,* 1981.
- Social Cosmology and the Concept of Peace, in: *Journal of Peace Research,*

第Ⅲ部　開　発

1981, pp. 183-199.
- Society and Health: Some Health-related Societal Trends in Industrialized Countries, in: *Psychiatry and Social Science*, 1981, pp. 3-15.
- Is a Socialist Revolution under State Capitalism Possible? Poland August-September 1980, in: *Journal of Peace Research*, 1980, pp. 281-290.
- Structure, Culture and Intellectual Style: An Essay Comparing Saxonic, Teutonic, Gallic and Nipponic Approaches, in: *Social Science Information*, 1981, pp. 817-856. (ドイツ語訳 Struktur, Kultur und intellektueller Stil — Ein vergleichender Essay über sachsonische, teutonische, gallische und nipponische Wissenschaft, in: *Leviathan*, 3/1983, S. 303-338.)
- Western Civilization: Anatomy and Pathology, in: *Alternatives*, 1981, pp. 145-169.

以下の文献も参照。

- *Essays in Peace Research*, Vol. Ⅰ-Ⅳ, Copenhagen: Ejlers, 1975-1988.
- *The True Worlds: A Transnational Perspectie*, New York: The Free Press, 1950.
- On the Last 2500 Years in Western History, And Some Remarks on the Coming 500, in: *The New Cambridge Modern History. Companion Volume*, Cambridge 1979, pp. 318-362.

第9章
グローバル化され私有化された市場という場
――いくつかの否定的な外部性

1　開発，経済，外部性と内部性

　西洋の思考の主流において，経済は，開発への努力の中核として理解され，経済成長（人間の成長や社会的成長ではなく）は，その推進力として理解されてきた。経済は，そうした文脈から取り出され，経済学者によって物神崇拝的に扱われてきた。そして経済成長は，善そのものとなった。しかし経済の木は，その開発の果実により判断されなければならない。それゆえ開発に関する言説が必要である。

　以下において「開発」は，自然の開発（エコ・バランス），人間の開発（万人の物質的・非物質的な基本的ニーズを満たすこと），社会の開発（社会的正義，男女間を含めた平等と公正），そして世界の開発（民族間や国家間の紛争を創造的かつ非暴力的に処理する能力）の総和として理解される。あまり面白みのない定義としては，「誰の負担にもならない経済成長」，もしくはこうした決まり文句を相対化して「最小限の負担で」（自然・人間・社会・世界の各々の開発との関連における最小限の負担。つまり，状況は少なくとも悪化してはならない）ということである。発展は持続的でなければならぬ。これは経験的な問題なのである。

　「経済成長」は，グローバル化し，私有化する市場経済の帰結である。競争的なシステム（国家的な市場経済かつ／または計画経済，もろもろの地域経済）は，背後に押しやられている。

　後述の「負担」は，この経済の否定的な外部性である[1]。それらの負担は，経済理論や実務で通常顧慮されない，市場の外側での「外部性」，「付随的影響」である。そしてそれらは，開発過程への否定的なフィードバックを有するとい

う意味で「否定的」なのである。

　しかし経済内部においても，経済理論や実務で（たとえ必ずしもうまくいかなくても）顧慮される「否定的な内部性」という問題が存在しうる。それには，（景気後退のように）循環的なものもあれば，（恐慌のように）経済を回復させうるような，内生的で，パラダイム内部のプロセスが知られていないという意味の系統的なものもある。否定的な内部性は，詳しくは後述するが，おそらく経済的パラダイムの根本的な変更が，開発のプロセスを持続させるために必要であることを意味する類のものであろう。

　このように見てくると，一般的に経済は，また特に経済成長は，もはや善そのものではない。それは開発に他ならない。それゆえに，4つの「空間」つまり自然・人間・社会・世界への経済効果が，開発が起こっているか否かを知るために評価されなければならないのである。成長しつつある経済は，消費される以上に多くの財・サービス（実体経済）と，金融財・サービス（金融経済）を生産する。その多くは，エコ・バランスや人間の衣・食・住を獲得するために，また財・サービスを公正かつ公平に分配するために，そしておそらく平和を買い，カネを払って暴力を免れるためにも利用できる。これらは，プラスの外部性と言えよう。そのプロセスは，内部性と外部性の掛け値のないバランスシートがプラスである場合，持続性がある。[2]

　しかし，これら4つの空間に加えて，時間と文化の2つの空間が必要である。持続可能性は，時間に基づいている，それゆえ時間は，「時間の開発」として含まれなければならない。そして文化とは，善・悪，正・邪，真・偽，有効・無効，美・醜，神聖・世俗等々の観念の総体で，あらゆるものの基礎である。

---

1) 外面性の理論については，Johan Galtung, *Peace by Peaceful Means*, London: Sage, 1996〔ドイツ語版：*Frieden mit friedlichen Mitteln,* Opladen: Leske＋Budrich, 1998〕第Ⅲ部第3章を参照。
2) ブルントラント委員会の報告書の中に，次のような表現がある。われわれの世代のニーズを満たすことは，次世代以降の世代の可能性を脅かすことではない。理想型的には，現在の世代は，自分らが受け取ったよりもいい状況で「システム」全体を引き渡すであろう。よい経営専門家がそう努めるのと同じである。問題は定義ではなく現実にある。

文化的開発の根本問題は，その文化が開発にとって適しているのか否かにある。否定的な文化的外部性は，あらゆる他の空間に影響を及ぼしうるのである。

2 グローバル化・私有化する経済――いくつかの影響

グローバル化し，私有化する市場経済（これは，今日明らかに生起しつつあり，興味深い諸問題を投げかけているが）の構造の基礎となっている理論的・現実的な研究に敬意を払っても，依然として問題は，この経済が持続可能な開発をもたらすか否かである。一般的な答えは，ノーである。しかし，時間の地平を短くし，空間の地平を縮めるならば，答えはもっと肯定的になるかもしれない。結論は，驚くようなものではない。すなわち，人間が作ったもので過去において永遠なものとして知られているものは何もない。どんなシステムも，その中に矛盾が組み込まれている。陰陽の過程は，必ずしも常に調和のとれたものではない。弁証法が標準であって，歴史の終わりなどではない。

多くの否定的影響のうち，7項目を選んでおこう

経済システム　生産高＝生産性×労働者数（N）×労働時間数（H）であるとすると，生産性の増大は，市場に出された生産高が増加しうる場合にのみ，不変数N・Hと両立しうる。こちらは，どれくらい多くの消費者がどれくらい多くの需要を求め，どれくらい多くの競争力ある生産者が市場に存在するのかに左右される。仮に，生産者数と生産性が消費者数とその消費能力を上回るため，供給が需要より速く増えるならば，どちらかが譲歩を強いられることになる。植民地主義の原則が，競争力のある生産者を市場から遠ざけておくことであるとすれば，脱植民地化は，より多くの生産者，競争相手を意味する。すでに日本は，西側にとって衝撃だった。中国の価格（P）に日本の品質（Q）を兼ね備えた財貨を生産することができる大乗仏教と儒教の国々（中国・日本・ヴェトナム・コリア）を1つにする東アジア共同市場は，さらに大きな影響（たとえば「グローバル化」の終焉のような）を及ぼすだろう。

もし，生産高が上限と場合によっては下限を有しているならば，不変数 Q と P には，3 つの可能性が存在する。すなわち，生産性の減少，労働者数 (N) の減少 (つまり失業)，もしくは労働時間数 (H) の減少 (つまり不完全雇用) である。[3]生産性が，神聖な牛，システムの中核で，科学技術力と労働者階級廃止という社会工学への比類なき誇りの源泉である限り，N もしくは H は，譲歩せざるをえないだろう。実際には，これは失業者という底辺層が常に増加するであろうことを意味する。さらに，高いもしくは低いレベルの契約労働者である不完全雇用者という中間層が増えるだろう。彼らが一般に自由に使える収入は不十分で，家族は言うまでもなく自分自身にすら社会的に受容しうる生活水準を実現できない。その上に，無期限の就労者層が存在するが，これも給料がきちんと支払われる層と，薄給の層とに二分される。これによって，人々を解雇し，その後元の賃金の50％でフルタイムで再雇用するというパターンが，広範な薄給就労者層の出現と両立可能になるのである。労働統計は，家族の大黒柱がますます「珍鳥」になっている今日の現実を照射してはいない。

被雇用者層を，たとえば40：30：30というパーセンテージのように3，4のカテゴリーに区分するための根拠は存在しない。[4]増大するオートメーション化により，ほとんどすべての種類の労働者，ブルーカラー・ホワイトカラーは排除されること必定である。加えて労働コストの差が，リオグランデ川〔訳者注：アメリカ・メキシコ国境〕(NAFTA＝北米自由貿易地域，FTAA＝米州自由貿易地域) や地中海 (ヨーロッパ—アラブ) を交差して，北から南へとフルタイムの

---

3) H の減少は，多くの形式を取ることができる。すなわち，1日当たりの労働時間の減少，1週間当たりの労働日の減少，1カ月当たりの労働週の減少，1年当たりの労働月の減少，生涯当たりの労働年数の減少である。どの形態が用いられるかに変わりなく，正味の結果は，完全時間労働や完全賃金よりも少なくなる。
4) これは，ウィル・ハットンが1995年11月12日付『ガーディアン・ウィークリー』13頁で用いた数字である。J. M. トルトーサは，ロシア人はもっと悪いと指摘している。彼によれば，仕事を持っている者の半数以上が，貧困ライン以下の賃金を受け取っている。K. S. Karol "Un país desorientado", *El País*, 16 November 1995, p. 13. これに対応する米国のデータも興味深いであろう。

第9章　グローバル化され私有化された市場という場

就労場所の輸出をもたらしている。しかし，同じプロセスは，南でも引き起こされ，その結果は，大量の社会的排除・周辺化・紛争である。[5]

だが，失業者・不完全雇用者・薄給就労者は，よい消費者ではない。彼らの購買力は，必要最低限度のものに限られる。それゆえ，このシステムはおそらく，不完全消費者や「非消費者」をも生み出すであろう。解雇された労働者は，国家が，非就労への賃金，失業保険で急場をしのがなければ，不要の消費者ともなるのである。失業者・不完全雇用者・薄給就労者は，しかし，よい納税者でもない。私有化は，相当な経済力を解き放ったとしても，同時に国家への付加的な収入源を取り除いてしまったのである。それゆえ，豊かな国々ですら，（ほぼ）無料の教育，（ほぼ）無料の健康保険，失業保険，年金を備えた福祉国家を維持することはできないであろう。本稿執筆時には，フランスがこの問題で頭を痛めている。その政治文化は発展途上なので，抵抗の表現はきわめて暴力的である。

自然　　GNPは，加工および販売と結びついている。グローバル化は，世界的規模での生産かつ／または世界的規模での輸出を意味する。それは一般に，何らかの形での世界的な環境汚染と資源の枯渇の進行を意味する。現在，1時間に3種類の生物が絶滅しているが，[6]生物学的な多様性の減少は，おそらくはるかに高いだろう[7]。同じことは，おそらく地球温暖化やオゾンホールにも当てはまるであろう。

人間　　人間の基本的ニーズは，物質的なものと非物質的なものとに区別さ

---

5) この悲惨な結果は，生産者としても，消費者としても役に立たない巨大な数の人々が，グローバル化し，私有化する経済のような純粋に物質主義的なプロジェクトの内部で，不要になることである。これはおそらく，より強烈な家族計画，恐ろしい伝染病への無頓着，そして安楽死として，遅かれ早かれ姿を現すであろう。
6) Edward O. Wilson, *Der Wert der Vielfalt*, München: Piper, 1995.
7) 今日の世界では種の総数は，1000万種と見積もられている。

177

第Ⅲ部　開　発

れる。経済は，物質的な財貨・サービスを生産するにすぎない。首尾よく市場に参加することは，何らかの非物質的な満足を与えるが，しかし比較的少数の人に対してでしかない。はっきりした予想は，遅かれ早かれ，経済システムの物質主義に対するかなり大きな反動，飽き飽きしたという感情，非物質的なもの，精神的なものへの渇望が起こるというものである。麻薬中毒は，大部分，こうした方向への不器用で心得違いの試みなのである。

　社会　市場システムは，費用対便益に方向づけられた，自己中心的な諸決定の総和に基づいている。その他の考慮は全部，基本的に非合理的だと否定される。こうした自己中心主義の最終結果は，構造的なアトム化と脆弱な社会構造である。費用対便益志向の最終結果は，他のいかなる価値や規範も拘束力のない文化，言い換えれば，脱構造と脱文化，孤立化(アトミー)と無秩序(アノミー)なのである[8]。その帰結は，暴力・犯罪全般が過剰になることであり，経済成長と暴力の増加との間には，高度の時間的な伸縮性がある。

　加えて，市場システムだけでは，決して社会的正義・平等・公平を生み出さなかった（新約聖書「ルカによる福音書」19章26節には，『だれでも持っている人は，更に与えられるが，持っていない人は，持っているものまでも取り上げられる』とある[9]）。他の社会制度が必要不可欠である。国家は，この目的に奉仕してきたが，上述したように，将来においてそうすることはほとんど不可能であろう。私有化は，多少赤字をカバーしたかもしれない。だが，家宝が売れるとしても，二束三文で，しかも1回きりなのである。

---

8) これについての詳細は，Johan Galtung, *On the Social Costs of Modernization*, Geneva: UNRISD, 1995。ドイツ語版は，*Der Preis der Modernisierung. Struktur und Kultur im Weltsystem*, hgg. v. W. Graf und D. Kinkelbur, Wien 1997。

9) これは，「マタイ効果」としても知られている〔訳者注：「マタイによる福音書」25章29節参照〕。最近の世論調査では，ヨーロッパの大多数の人々が，「金持ちはますます富み，貧乏人はますます貧しくなる」との所説に賛同している。*The European*, 26 October－1 November 1995, p. 11.

第 9 章　グローバル化され私有化された市場という場

　世界　　グローバル化は，生産者・流通者に限られるものでもなければ，資本・技術・経営のような要素に限られるものでもない。それは，労働者・消費者・女性・先住民・環境保護論者等々にも当てはまる。「万国の労働者，団結せよ」の客観的条件は，今ほどいいことはなかった。共同行動を行う費用は，以前より低くなっている（ファックスや電子メール）。特定の企業（北海のブレント・スパー原油貯蔵施設を海洋放棄しようとして不買運動に直面したシェル）や国全体（植民地で核実験を行ったフランス）に対してすらボイコットした消費者の共同行動などが，その例である。重要な国連会議での大規模な NGO 集会は，超国籍企業のレベルとは（まだ？）言わないまでも，しばしば政府レベルを超える NGO 統一行動の効果を証明している。しかしその向こうに，暴力のポテンシャルが無限の重大な民族間・国家間紛争が待ち構えているのである。

　時間　　時間は，それ自身の論理を持っている。「持続可能な開発」と呼ばれるものを，永久に時間の中に放り込もうとする観念がある。しかし（社会的な）時間は，そのようには機能しない。時間は，植民地化されず，そうした努力を払いのける。すなわち，それは弁証法的な道教的認識論において表現され，西洋のアリストテレス的・デカルト的認識論では隠れていた洞察である。
　クロノスは，流れる。[10]ある社会制度にとって，入り口のカイロス点と出口のカイロス点が存在する。[11]あるいは，その制度は，ゆっくりと自分の道を作り上げ，それから忘却に陥り，未来の考古学者が学位論文を書くために発掘するいくばくかの残滓以外何も残さないかもしれない。謙虚さが必要不可欠である。そうした制度建設者の間では，滅多にない財産である。
　通常，循環的な傾向と直線的な傾向との間は，「直線的なもの」が，長目の循環（都市化と同じである。1 つの傾向が弱まることなく続くのは，ほとんどない）だと理解できるとの添え書きをして区別されている。多かれ少なかれ経験論に基

---

10)　「測れる時間」。
11)　「測れない時間」。主観的な時間概念として，均等に流れていく時間のクロノスと対照的である。

づく数多くの理論がある。そのうちの1つは、インドの哲学者プラバート・ランジャーン・サルカールの理論で、これは、グローバルな、私有化しつつある市場経済の波が、これから先、成長可能なのかを評価するのに役立つ。サルカールは、その思考において、高・低（被搾取者かつ／または被抑圧者）間の垂直的な社会的弁証法に対する関心を、軍人(クシャトリヤ)・知識人(バラモン)・商人(ヴァイシャ)という主要3エリート間の水平的弁証法と結びつけている。中心的な問題は、どのグループが、次に権力を握る者として、現に権力の座にあるグループに取って代わるのに苦悩するかという点にある。サルカールによれば、軍人のあとに知識人が（彼らは、国家によって扶養されなければならない）、そして知識人のあとに商人が続く。実質的な結果は、人々の上に、エリートが循環する。

　軍人が知的に粗野であることと、知識人が表現の自由（特に自分自身のそれ）のために闘うことは、容易に理解しうる。国家に援助された知識人が、私的セクターの自由なイニシアティブを犠牲にして、国家に統制されたありとあらゆる形態の経済を見出すことも、容易に見られる。そして、商人が市場のシェアと利潤を求めて非常に搾取的になり、ついに大衆が大規模な蜂起により抗議することも、真実のように聞こえる。サルカールが述べたのは、まさにこの時点で商人は（普通知識人の支持も得て）軍人のもとに走り、彼らが「何か」行うよう求めるのだが、現に残酷なことが起こると、たいてい軍人が唯一責任ある者として非難されてしまうということである。

　現在、我々は商人の時代に生きている。フランス革命初期のように、民主主義と人権（社会経済的というより市民政治的な）は、彼らの利益に合致している。全世界、つまりきわめて多様な社会におけるこの時代の同時発生は、冷戦の終焉で社会主義諸国の独裁的な（知識人による）国家計画が破綻したことと密接に関係しているだけでなく、（弁証法が多くの社会に人為的に強制されてきたのではないかとの疑念を抱きつつ）この地球のグローバル化のレベルを裏づけてもいる。もちろん、この過渡期を生き延びた知識人もいる。商人に仕え、彼らの努力を賛美し、その目的を達成する手助けをする連中である。つまり、主流の経済学

第9章　グローバル化され私有化された市場という場

者，経営学の専門家，そしてもちろん，生産・流通過程に必要とされるあらゆる類の知的活動である。純粋な知識人は，お飾り的な目的以外は，まったくお呼びでない。

　商人の時代には，グローバル化し私有化する経済は，冷戦期に大規模な核のホロコーストと軍事支配（おそらくは幾人かの政治屋が前面にしゃしゃり出て）を準備するため同盟を形成したのと同様，ごく当然のように見える。軍人の時代も，軍事的な後方支援能力に大いに基礎を置いていたため，グローバル化した（インターネットは有名な例である）。知識人の時代は，冷戦期最後，およびその直後の，短かくも重要な局面であった。その後に，商人が登場した。そして，まさに「最後の議論」として，軍人の場合は武器，知識人は言葉，そして商人はカネが最後の手段となる。しかし，武器による議論は，抑圧，大虐殺として知られ，カネによる議論は，汚職として知られている。言葉による議論は，双方向の対話であり，これは軍人の一方的な命令や，商人の一方的な広告とは正反対のものである。グローバル市場が商人の時代に適合するのと同様，民主主義は，知識人の時代によりやすく調和できる。だが，それでも両者は，互いに共存することを学ばなければならない。

　サルカール理論の基本的なポイントは，どんな時代もすべて，非常に豊かな人間のエネルギーや素質ではなく，たった１つ，あるいはごくわずかな能力を利用した一面的な誇張であるので，決して永続することはないということである。このことは商人の時代にも当てはまり，おそらくそれは驚くほど短命であろう。至るところで，暴動が起きるだろう。理由はいくつかあるが，なかでも市場システムが，人々の努力の成果を分配できないからである。垂直的弁証法も水平的弁証法もある種の調和に導ける，よりバランスのとれたシステムを前提とするのであれば，話は別である。よき政治という夢である！

　文化　　根本問題は，適切さということである。本章では，開発の範囲に関する指摘をいろいろ行った。すなわち，生産性の役割，残された自然との共存，単なる物質的関心に変わる精神的関心，相互作用の豊かな構造や拘束力のある

第Ⅲ部 開　発

規範に基づく社会構造の問題全般，根本的な不公正がそのシステムに埋め込まれているため，さまざまな集団が互いに対立，あるいは敵対すらしてしまう問題，商人の時代のエートスが支配的で，その脆弱性が過小評価されているため，コンセンサス（ワシントン，パリ）に対する過大評価に導く経済システム内部での多少なりとも認識可能な周期の問題などである。

　個々の社会科学や他の人間科学も，この問題すべてを把握することはできない。その核心において変数の幅が非常に限られた経済学は，なおさらのことである。必要なことは，人間の状態全体と，この状態を交差するおびただしい矛盾に対して開かれた全体論的・弁証法的なアプローチである。その代わりにわれわれが享受しているのは，原子論的・演繹的アプローチである。これは，人間の関心事を経済学でしか意味を持たず，演繹的なやり方で組織され，数学化すらされたわずかばかりの変数に還元しようとし，それによって全体の構造を，いっそう硬直させ限定してしまうのである。要するに，自然・人間・社会・世界・時間・文化の空間におけるさまざまな過程に対して，網膜の盲点を生み出す不適切な文化の類型である。まさにサルカールは，「商人の時代の一面性，もしくはその他のどの時代の一面性も，結局はその時代を没落させる。経済学は，この一面性をさらに推し進め，不適切さの深淵へと導いている」と指摘しているわけである。

第Ⅳ部
文　化

第10章
文化的平和――いくつかの特徴[1]

1　はじめに

「文化」や「平和」のように意味深長で重要な言葉は，注意深く扱うべきであろう。それらをどう使うべきかについての合意は，可能でも必要でもなければ，望ましくもない。だが読者には，著者がどう考えてそれらの単語を使っているのか知る権利がある。著者と読者の間には（少なくとも頁をめくっている間）何らかの契約，それどころか明示的な契約が存在すべきである。では始めてみよう。

文　化
　文化は，人間存在の象徴的側面である。文化は，通時的（歴史的）または共時的に構成された，通常視覚的または聴覚的な象徴を通じた表現である[2]。最近

---

[1] もちろん表題に「平和の文化」という広く普及した概念を用いることも可能ではあった。だが，「文化的平和」は「文化的暴力」に対応する（Johan Galtung, Cultural Violence, in: *Journal of Peace Research*, vol. 27 no. 3, August 1990）。探究すべきは，文化的平和がいかなる姿をしているのかという問題である。そうすれば，文化的平和が現れた時，そうと認識できるわけである。他方で，文化的平和は構造的平和より，構造的平和は直接的平和より少ないのではないか，換言すれば，望ましくない構造的・文化的文脈でも，人間はかなり平和的な態度を取るのではないかという予感もする。この考えを追究したものとして，Johan Galtung, *Peace by Peaceful Means*, London / New York: SAGE, 1995（ドイツ語版は *Frieden mit friedlichen Mitteln*, Opladen: Leske + Budrich, 1998）の第Ⅰ部第2・第3章。

[2] それゆえ，文章は視覚的かつ通時的，演説は音楽と同様聴覚的かつ通時的，絵画は写真同様視覚的かつ共時的で，和音は聴覚的かつ共時的である。オペラはその全部で，真っ暗な静寂はどれでもない。触覚・味覚・嗅覚は，文化を伝達するものとしてはほとんど使われないようだ。おそらく，私たちが持つこれらの識別能力が，視覚・聴覚より低いからであろう。

第Ⅳ部　文　化

はリアルタイムのカラーテレビやインターアクティブなコンピュータ・スクリーンのように，この表現が現実に非常に近づいて，「バーチャル・リアリティー」，つまり「あたかもそうであるかのような」現実が語られている。それに対して，芸術は現実のある側面を誇張し，別の側面を軽視するのだから，そんなものは芸術ではないとの異論が挙がるかもしれない。だがこれは，正当な異論とは言えない。文化は，芸術よりも幅広い範疇だからである。

　実体経済に対する金融経済の関係に似て，文化は，独自の論理を持った独自の生命を発展させ，最後はそれ自身以外の何ものも表現しない。生まれてから，他の文化との出会いを通じて発達し，新しい文化を生み出し，ビールスのように発生して人の心に入り込み，その心を，時折何か付加・除去しつつこの文化を再生産するようプログラミングする。その結果，わかり切ったことではあるが，おびただしい文化が存在する。一番明白なのは言語で，話し言葉にせよ書き言葉にせよ，送り手としても受け手としても，話す能力と書く能力が必要とされる。

　今一度金融経済と実体経済との対比をすれば，ある種の共時性がなければならない。人はパンのみに生きるのではないが，言葉だけで，まして象徴だけで生きるわけでもない。表現するものに比べ文化が多すぎると，インフレ，「文化過剰」の状態となる。逆に少なすぎると「文化過少」で，わずかの意味しか使えなくなる。よく「言葉のインフレ」と言われるが，たとえば「平和」（「愛」は言うに及ばず）という言葉は，実体等価物なしに，頻繁に使われすぎる。冷戦期における「平和」という言葉の歴史は，その好例である。[3] その結果は信

---

3) 50年代，60年代，西側では「平和」という言葉はほとんど使われなかった。東側で乱発されたからでもある。そして，社会主義諸国が国際平和を真剣に考えた時でさえ（1956年のハンガリーも，1968年のチェコスロヴァキアも，反証となろう），国内での政治的抑圧があったことは，実体等価物が欠如した好例である。だが，70年代，80年代には，「平和」は西側でどんどん頻繁に用いられるようになった。ドイツ社会民主党，非共産党系の平和運動，さらにはさまざまな政府までも「平和」を口にするようになった。おそらく，この語が，社会主義陣営での濫用（住民はそれを知っていた）にもかかわらず，大多数の住民において価値を守ったと評価したからであろう。不使用は，西側による濫用よりも，否定的

第10章 文化的平和

頼の欠如であり，文化相場での値崩れである。いくつかの言葉が，株のように無価値になる。ニューヨーク・ダウや日経平均株価に見られるように，急速あるいは徐々に価値の消耗が起こりうるのである。

他方，その言葉がいつも信頼できる人間も存在する。それどころか，まったく喋らないから信頼できると言う人もいる。「雄弁は銀，沈黙は金」というわけである。経済学で金は，実際の商品かつ金融商品という，奇妙な一人二役を演じてきた。「金本位制」がこれほど魅力的なのは，それが自己の実体等価物だからである。言葉の市場における格言金本位制の「真の実体等価物」，つまり沈黙も，明らかに，象徴的のみならず現実的世界における行動であろう。

文化は，本能の低いホモ・サピエンスに，現実世界の道しるべとして役立つバーチャル世界の地図を与える。深層文化（個人的または集合的下意識の粗削りでありのままの側面）は，人を方向づけるのに役立つ。ひょっとしたら，まるで（コンピュータ）プログラムか，（遺伝）コードのように，真善美というギリシャの理想の方向に，かもしれない。

平　和

平和はもちろん，あらゆる類の暴力の不在である。直接的（物理的および言葉

な結果をもたらしたであろう。不使用もまた，実体等価物が欠如している，言い換えれば，西側はそもそも平和を望んでいないと解釈されかねなかったからである。結局レーガン米大統領は譲歩して，ゴルバチョフの平和・軍縮レトリックを引き継がざるをえなかった。世界中の人々がこれに喝采し，何らかのソ連の現実を反映していると考えたからと思われる。「たいそうな言葉には用心して，きちんと定義せよ。しかし，実体等価物があるときは，鷹揚であれ」が教訓である。

平和研究はこの時期，50年代末に誕生した。この表現は，オスロで平和研究が制度化された折，あるノルウェーの閣僚が私に「何と恐ろしい言葉だ！」と述べたように，問題がないわけではない。解決策は，この「恐ろしい」言葉を「紛争」という語により，それほど恐ろしくなくすることであった。「紛争」は恐ろしくないだけでなく，学問的ですらあった。そこで「紛争・平和研究部門」が誕生し，この名称は後に各地で模倣された。「平和」のダイナミックな定義が証明しているように，この表現も論理的に（戦術的のみでなく）擁護することが可能である。

187

第Ⅳ部　文　化

による）暴力，構造的暴力，人間であろうがなかろうが，他の生物の肉体・精神に向けられた文化的暴力のない状態である。より実際的かつダイナミックに平和を概念化すると，平和とは，紛争が創造的かつ非暴力的に転換されうるための前提である。その場合焦点は，平和よりも紛争にある。平和は，創造者にも破壊者にもなりうる人間の条件である紛争を，建設的に扱うための（内面的・外面的）文脈である。

　紛争でどんな態度を取っているか話したまえ。そうすれば，君がどれだけ平和の文化を持っているか教えてあげよう。平和の文化とは，ある現実の平和的・非暴力的表現を集めたものではない。平和の文化の確かさを試すテストとは，それが紛争での態度にどれだけ影響するかである。金融と実体経済との対比は，ここで明らかである。金銭のテストは，カネ・株式・公債の量ではなく，それが実体経済のどのくらいの価値と交換できるかである。そしてここに平和の文化，あらゆる文化の美がある。それは現実世界に交換されずに，翻訳される。したがって，使い果たされない。危険はインフレにあるのであって，乱費ではない。現金の流れは止まるかもしれないが，象徴の流れは止まらない。

　すでに述べたように，われわれは皆，想像を絶する膨大な文化に取り囲まれている。象徴的な世界では，どこかに平和の文化が存在するであろう。紛争を平和的に処理できるよう，この平和の文化を内面化した人間がわずかしか，ごくわずかしか，あるいは全然いないとしても，である。そこでわれわれは，まだ理性や思考に浸透しておらずそれらを形成していない潜在的な平和文化と，実行に移された現にある実際の平和文化とを区別する必要がある。

　この点で，教育者は嬉しくなる。他に誰が，（まだ）平和的態度にプログラミングされていない人間と，すでにそうされた人間との溝，潜在的なものと実際のものとの隔たりを架橋できるであろうか。文化は内面化される以前にまず受容される必要があるとするならば，この文化は仲介されるのか（その際教育者が仲介役となる），それとも「仲介なし」，要するに直接受容されるのかが問題となる。たとえば私はバッハのカンタータを，何が起こるかとか，どう受容すべきかとか誰かから言われずに，自分の中に受け入れたいと思う。それが生

じればよいのだ。私も生じる。私とそれは1つになる。それは私の一部となり，私はそれの一部となる。

　もちろん問題は，仲介された文化が，仲介役を通じて来ているため，仲介されなかったものと異なることだ。それゆえ，学校はこれほどまでに疑わしくなっている。つまり，学校で「教え」られる文学は，直接小説をひもとくこととは違っている。ガンジー（あるいは釈迦でも，あるいはイエス・キリストのソフトな側面でも）を直接読むと常に，無数の仲介されたバージョンとは違った印象が残るものである。

　このことが意味するのは，教育者は離れていた方がよいということだろうか？　家にいろ。どこから来たにせよ帰れ。文章を書き，演説し，仲間内にいて，愉快にすごせということなのだろうか？

　そうではない。仲介する原典の理解が，他の大半の人たちより深ければ，教育者は有用であろう[4]。しかし，教育者だけが文化を伝えるのであれば，教育そのものが，もはや一致しない現実からますます表象を引き離すことに貢献しかねない。ならず者が倫理を教えるように，である。このことは，教育者自身による平和行動を含め，何の実践も伴わずに平和文化を仲介する平和教育に反対する暗黙の論拠となる。

2　紛争の三角形と紛争転換の三角形

　上記の「紛争」の語は，平和一般，特に平和の文化を理解するのに，決定的な役割を果たすよう選ばれた。そこで，今度は「紛争」について多少論じる必要があろう。

　ここで使われる言説は，単純な定式で始まる。それは，

　　　　　紛争＝想定／態度（A）＋行動（B）＋矛盾（C）

4）「原典」はここではかなり包括的な意味で理解され，たとえば音楽も含んでいる。

第Ⅳ部　文　化

図表10-1　紛争の三角形

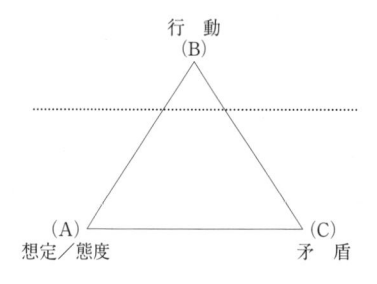

```
           行　動
            (B)
            △
           ╱ ╲
          ╱   ╲
         ╱     ╲
        ╱       ╲
       ╱         ╲
      ╱           ╲
     (A)─────────(C)
   想定／態度        矛　盾
```

というものである。

　ABCの三角形で，Bが唯一観察可能な部分として頂点にある。AとCは推論せざるをえず，たいてい暴力的な相互作用（物理的かつ／または言葉による）に基づく。だが，そのような行為から，憎悪についても，紛争当事者数mが持つ目標数n（価値であれ，利益であれ，あるいはその両方であれ）の特殊な根本的矛盾についても，自動的な推論はできない。否定的態度と矛盾は，紛争関与の実践でテストされるべき仮説である。一般的な仮説は，暴力的行動は，未解決の矛盾と否定的態度によって生み出されるというものであろう。問題は，いかなる矛盾・態度によってか，である。テストすべき候補は数多くある。だが，たとえ暴力が減少しても，それは，正しい候補が発見された保証にはならない。疲れたからとか，もっと重大な紛争が発生したとか，他に説明できる可能性もたくさんある。

　この図に応じて，紛争はどの角でも始まり，他の2つに広がる可能性がある。反対に，どんな角からも転換，それどころか解決・解消も可能である。一般的な助言としては，3つの角すべてで同時に，行動を弱め，態度を修正し，矛盾を解消し始めることだけれども。ただし問題は，どうやって，特にどのような条件下でこれが非暴力的かつ創造的に行えるかということだ。

　紛争図式から派生した次の定式を見てみよう。

　　　紛争転換　：　共　感　＋　非暴力　＋　創造性
　　　　　　　　　（想定・態度）　（行　動）　（矛　盾）

この定式は，紛争を転換させたいと願う，外部からやって来た紛争・平和ワーカーや，紛争にかかわる当事者誰にでも当てはまる。

　第1に，すべての紛争当事者への共感。「彼らの立場だったら自分はどう感じるだろうか」と想像する安っぽい意味ではなく，「その立場にあって彼らはどう感じているのか」を考えることである。

第10章　文化的平和

　第2に,「暴力が新しい暴力を生む」連鎖を断ち切るための, 非暴力的行動への制限。
　第3に, 矛盾を超越するための創造性。
　もちろん, 実に貴重で稀なこれらの「必需品」はどこからやって来るのか, という疑問も起こる。答えは, 平和の文化から, そうした文化の鍵となる3要素として, である。
　まずこのテーゼを否定的に擁護してみよう。ある文化が, これら3つすべてにおいて貧弱で, それどころか敵対していると, 何が起こるだろうか。
　もちろん, 共感なしに, 他の紛争当事者（常に複数形である。紛争当事者が2者だけという文化的発想がすでに暴力的である）がA・B・Cをどう経験するかについての洞察は存在しない。だとすると, サダム・フセインは, クウェイトの侵略者というのみで（事実そうだったが）,（1258年, 1916年, 1917年, 1922年, 1961年等々）西洋から深いトラウマを被った国民の指導者ではなくなってしまう。彼の行動は, 暴力的, それどころか悪辣, 自閉症的, 悪の発露としてしか知覚されなくなる。そして, 彼が矛盾の類と捉えるものは,「プロパガンダ」に還元されてしまう。この事例を選んだのは, ある指導者ないし国民への好意からではなく,「報道の自由」,「法の支配」, 民主主義を有する国々も, 共感が欠けると, 瞬く間に人を惑わす浅薄な紛争理解の犠牲になることを示すためである。
　ある文化において非暴力性が欠如すると, 理性や直接対話による紛争収拾, あるいは, 法ないし上級機関による通常の調停／仲裁／決定への訴えでは十分でなくなる。「これを最後に問題を解決」するため暴力に頼ることが, あまりにやすやすと起こってしまうからである。
　そして, 一致しない目標を調和させることにおいて創造性よりも精神的惰性を優先させる文化では, 容易に暴力に訴える。紛争解決がメインストリームの思考の中にあるのなら, すでにそれが見つかって実践されているであろうが。そうでない場合, メインストリームの思考を超越するのに十分な創造性が欠け

5）　*Peace by Peaceful Means*（ドイツ語版 *Frieden mit friedlichen Mitteln*）の第Ⅱ部第4章。

第Ⅳ部　文　化

ているという仮説を立てるのが，理に適っていよう[6]。

　これらの貴重な「必需品」1つ2つだけでは不十分なことは，容易に認識できる。共感は結構だが，行動に移さねばならない。ガンジーにとって，イギリス人を理解，尊重し，彼らにより良い未来を望みさえするのは素晴らしいことであったが，植民地主義として知られる構造的・文化的暴力のくびきからインド・イギリス双方を解放するには，ほとんど不十分であった。米国率いる連合軍に抗してクウェイトを保持するのが必ずしも主目標ではなく，名誉と尊厳を高めるためあえて連合軍と戦ったのだと理解するところまでサダム・フセインに共感するのは，なぜ彼が，ブッシュ同様，自分が湾岸戦争の勝者だと宣言しているのかを解する助けとなろう。だがそれは，占領を無意味にし，これまで百万人もの犠牲を生んだ戦争をも防いだかもしれない[7]，イラク占領下クウェイトへの非武装民間人10万人行進のような，フセインの犯罪に対する隊列を動員するものではない。

　ガンジーの指導下ですら，共感と非暴力を足しただけでは，ムスリムの分離主義（パキスタン）に対する創造的解決を見出すには不十分であった。歴史は前進しなかった。月並みにヒンドゥー教と呼ばれる非常に複雑な文化的連鎖を基本的に危うくしない限り，想像できないほど多くの宗教を寛大に受け入れることのできる母なるインドの能力では，不十分であった。教会一致は崩壊し，ヨーロッパ流の国民国家原則が，一方で純粋（ウルドゥー語のpak）として，双方で民族浄化を伴って貫徹した。

　要するに，これら文化的3要素は（内面化していようといまいと），非常に相互作用的な特質さえ伴う1つの総体を形成しているのである。1つの要素，たとえば非暴力が消去されると，孫子あるいはイスラエル軍で終わってしまう。つ

---

[6] 古典的な教育的事例を挙げれば，南極にいる人間が，さらに進むよう命令され，しかも北に行くのを禁じられるようなものである。メインストリームの思考では，どんな1歩も北に向かうとわかっているので，にっちもさっちも行かなくなる。逆に，従来のパラダイムに囚われない創造的な思考を持っていれば，跳び上がることであろう。

[7] 経済制裁による死者も含む。

まり，自分自身と敵への洞察は見事だが，平和ではなく暴力が続くのである。

共感・非暴力・創造性が内面化されると，行うべきことがらの具体的な手順が，次のように見えてくるかもしれない。

1． 紛争当事者の少なくとも1者と対話を始める。だが，席を同じくするのは，1者とのみで，他を交えない方がよい。暴力的な言動の背後にある基本目標が何か理解しようとする。
2． この目標に到達するための非暴力的プロセスを一緒に発展させる。
3． 紛争当事者たちの基本目標が一致しない場合，局外の平和ワーカーが，直接的暴力で生み出された憎悪に加え，文化的暴力で盲目となった当事者たちが持ち合わせていない水準の創造性を対話にもたらすことができる。
4． 十分に準備した紛争当事者のみが「テーブル」につくべきである。
5． 「平和＝指導者が署名した文書」という誤解が支配しないよう，100, 1000の平和対話が栄えなければならない。[8]

3　共感・非暴力・創造性を越えて

共感・非暴力・創造性は，文化的要素および内面化された特性として，より包括的なものの一部になりうるだろうか。それら1つ1つの背後に，文化的範疇が存在するだろうか。1つのありうる答えとしては，共感の代わりにカルマ，非暴力の代わりに可逆性，創造性の代わりに柔軟性を置き換えることであろう。考察の手始めに，共感から始めてみよう。

共感とは，物理的ないし言葉による暴力行為を，そのアクターの見方から認識することである。暴力行為を，この人間の内外の条件（家庭内の暴力，暴力的文化での生育，ひどいトラウマを被り挑発者をトラウマの源に関連づける国民との一体化）ゆえすでに低くなっているかもしれない暴力の敷居を越えさせる挑発の結果として捉えるわけである。すべてを理解することは，すべてを許すことだろ

---

[8] この種のアプローチの個人的体験については，本書第Ⅰ部第1章を参照。

うか。そうではない。どこかで選択の機会があったのだ。1人の人間に影響を及ぼす力すべてが積み重なって，この結果に至るである。ただし，1つの力を除いて。それは，他の力を超越できる人間の精神力である。しかし，精神にも糧は必要である。この糧の名を，平和文化という。

そこで，共感を別方向に向けてみよう。ただし，1，2の他者の方向にというのではなく，他者の中の自のみならず他をも理解する方向に，である。人間生活一般に共感を向けて，前・横・後ろ向きの時間的連結が全体を形成するさまざまなネットワークを究明してみよう。私自身と他者は，人生という果てしない流れの小さな粒にすぎないが，操舵し，責任を引き受ける能力を備えている。

「われわれは皆，イエス・キリストのうちに1つである」とパウロは言った。仏教では，互いに依存して生じる，つまりすべてがすべてに影響すると言う。「われわれは皆，同じボートに乗っている」というのも，同じ理念の表現として悪くない。しかもそこには，そのボートが漏れた，つまり穴があいて水が入り込んできたら，主たる問題は誰が穴をあけたのか見つけることではなく，何をすべきかにあるという側面もある。

実際私たちは，この人生という網においていくつかの結び目がどこにあるかがわかって，罪責証書を配り，罪は彼らにあると宣告された人々を絞首刑にするため，その首に縄をかけられる（「ここに私は，……の罪があると宣告する。日付。署名」）。いつものように，「自分は無罪だ」という最も重要なメッセージは述べられない。そのような証書は，他者をとがめるだけでなく，自己を賛美するのに役立つ。それは，人と人との間に，細かく力強いインクで線引きをし，紙の壁を建てるのである。

この特殊な症候群をまとめると，「二分法・善悪論・ハルマゲドン（DMA）」症候群とでも呼べようか。人間の現実を2つに分ける明確な線が存在し，他者は純粋な悪であり，自分は純粋な善とされる。最終的な決戦が来るはずで，それに備えておいた方がよい。

このような症候群は，その否定形において一番よく理解できる。線は存在す

第10章　文化的平和

るが，ぼやけ交錯しており，複数の紛争当事者を定義している。どの当事者も，ひたすら悪とか，ひたすら善というわけではない。すべて陰／陽なのである。最終戦は存在しない。最初の症候群は文化的暴力の一部であり，第2は文化的平和の一部である。前者は，明瞭な戦線，分極化に導き，戦いのために動員し，他者をやっつけようと考える。これを防ごうとするのは，勢力均衡の政治によってである。後者は，状況を改善させる可能性について自己および他者との内的・外的対話，あるいは疑念に起因する無作為に導く。

　第2の症候群をまとめる1つの方法は，何千年来カルマという概念の中で行われている。前もって予定されているのではなく，いつでも改善可能な共通の運命である。このアプローチは，普通瞑想と呼ばれる内的対話と，紛争，「紛争フォーメーション」の全当事者間での外的対話を通したものである。「誰が始めたのか」という第1の症候群の永遠の疑問に答えを探そうとしても，無意味である。人生はどのみち，相互に作用し依存し合う世界だからである。誰かが最初の一発を放ったかもしれないが，別の誰かがその前に何かをしたというふうに，さかのぼったり脇に逸れたりして，考えられないほど古い時代，はるか遠くの地理的・社会的周辺にまで及んでいく。悪を否定するわけではないが，それをきちんと位置づけ，最初の悪の行為を特定の時点に関係づける可能性を否定するのである。

　それでは，時代の進歩はどうか。時間が有限であるなら，時間が終わる時（より正確に言うなら，変化が終わる時）達成される最終的な状態もあることになる。しかし，最終的な状態があるとすれば，この状態は明らかに不可逆的なものである。不可逆的であるなら，それはきっと，控えめに言って石か鋼に刻み込まれる。最終的な状態から離れるあらゆる動きも，この方向へのいかなる試みも，歴史，時間，自然に対する犯罪のようなものとなる。最終状態に到達したり，それを維持するため，この考えから暴力の使用に至る歩みは短く，不可逆的社会というオーウェルの考えの主たる要素である。今世紀それは，ナチズム（千年王国），世界的に広がった共産主義，資本主義（歴史の終焉）の暴力という実例で示されている。

第Ⅳ部　文　化

　これに対抗するものがあるとすれば，それは可逆性という発想である。起こらなかったことにできないことはするな，ということである。何も最終的でないのなら，そうであるかのような真似はすべきでない。これは，宿命論に導いているかのように解釈できる。だが，それ以上によい解釈は，どんな状態も改善できるのだから，それを後戻りできないようにしてはならない，というものである。[9]

　ここに，以下に挙げる重要な含意が潜んでいる。

　第1は，非暴力である。暴力はひどく不可逆的である。ぺしゃんこになったり穴のあいた生き物，あの人間と動物の雑種が，創造主から新しい生命を吹き込まれると，再び死者の中から起き上がるのは，ディズニーのマンガだけである。まるで新しい聖書が存在するかのような話だが，現実の生活でそんなことはありえない。[10]

　これは，もっと小さな範囲の，致命的でない暴力にも当てはまる。それは，当然トラウマを後に残すからである。「損なう」，「傷つける」といった暴力を表現するのに用いられる動詞は，それ自体すでに，身体的かつ／または精神的な傷を連想させるが，身体かつ／または精神の医者は誰でも，傷というものが（表面的なものを除いて）局部的に食い止めにくく，どこにでも広がる傾向があることを知っている。それどころか，傷を取り除くのは，非常に難しい。身体と精神に記憶力があるが，特にトラウマの記憶はそうであろう。強い自我が状況に立ち向かい，重いトラウマでも抑圧するだけでなく消化し取り除くことが

---

9) ちなみにそれは，経済学でいうパレート最適と取り違えてはならない。こちらは，どんな変化であっても誰も害さない。パレート最適は，止まったままでいる者もいれば，先に行く者もいて，差が広がる，ということはしばしば紛争のポテンシャルが高まるという類の変化と明らかに一致する。それゆえ，パレート最適は不可逆的にされるべきものの例としては適当でない。

10) このことが米国に巨大な暴力が存在する多くの理由の1つであると言っても，こじつけではなかろう。米国の人々は，人生が後戻りできると単純に信じているのかもしれない。マンガというバーチャル・リアリティーの方が，本物の現実よりも現実的と受け止められているのならという話ではあるが。

196

第10章　文化的平和

できたとしても，である。鍵はおそらく，トラウマに意味を与え，それから学んで，それを豊富化の源に転化することにあろう（いくつもの時代を越えて続く弁神論の問題を考えてみよ）[11]。

　同じことは，直接打撃を与え傷つけられた人に近しい人間，後に残され途方にくれる人間，傷つけられた（心身が不具になった）人の友人・親戚のトラウマにも当てはまる。彼らの悲しみも，不可逆性の要素を含んでいよう。

　第2の含意はエコロジカルで，ある種を排除するような不可逆的なことを自然にするな，自然が復元できるものだけを自然から取り，自分の取り分を逆戻りさせよというものである。もっと簡単に定義すれば，非暴力を理論・実践両面で人間以外の自然の部分に広げよというものである。

　可逆性の哲学がカントの普遍化可能性の哲学と異なるのは，注目に値しよう[12]。カントは，われわれの行動を基礎づける原則が，全世界（潜在的には宇宙全体）に一般化可能，それどころか普遍化可能であるべきだと言っていると解釈できよう。つまり，他者（すべての他者）もできることだけをせよということである。オゾン層が破壊されるので，地球上の全家庭が冷蔵庫を持てるわけではないのであれば，自分自身も持つな。自分の精神的発達が，同じくらい発達した他者の可能性を減じるのでなければ，問題はなく，そうせよ，というわけである。

　明らかにカントの言説は，物質的に有限の世界で行動を規制し，さまざまな活動を（どちらかと言えば）無限の，つまり非物質的なものに向けることによく役立っている。しかしそれは，暴力を取り除くのだろうか。それともむしろ，「普遍的に許容できると言えるくらいの（質量の）暴力だけを使え」と要求しているのだろうか。「平和強制」[13]，防御的暴力，アウグスティヌスの正戦の掟やイ

---

11)　神が全知全能で至仁ならば，「悪」はどう世界に存在しうるのか，神は悪を取り除けないのか，それともそのつもりがないのかという問いへの答えを指す。
12)　約200年前カントの実践的哲学で発達した。特に彼の『実践理性批判』（原著1788年）と『人倫の形而上学の基礎』（1785年）を見よ。
13)　国連憲章第7章の「平和強制」による。この表現は，それ自体矛盾した好例である。

第Ⅳ部　文　化

スラムの聖戦の掟（ジハードの第4段階）に則った暴力のようにだろうか。これはある意味で，私たちが住む世界そのものである。戦争は，「私は今日出征するが，同じような条件下なら，君にもそうする権利を認めただろう」という考えで正統性を与えられる。明らかにこれは戦争を排除せず，普遍化が正統化に資する可能性すらある。

　最後に，創造性への架橋的構想の探求である。本文ではすでに，柔軟性が指　標（インディケーター），いわば道路名標識として挙げられた。その考えとは以下のようなものである。

　たとえば，ある地点S，ある時点Tで紛争からの出口を探しているある人間Pの行動範囲は，一般に，通常可能CP，潜在的に可能PP，不可能IMという3つの下位範囲に区分できる。PはCPを探すが，何も見つからない。創造性は彼の強みではない。世界が硬直し，自然の鉄則，情け容赦なく貫徹される社会のルールに支配されていると見なす文化の中で生きているためである。PPがなく，CPが終わるところでIMが始まると考え，諦めてしまう。言うまでもなく，暴力がCPに含まれ（それが普通だ。世界中の大半の人間は，ある時点でどれほど無実だったとしても，それを聞いたことがあり，多少は学んできたからである），CPが非常に限られ，PPが存在しないなら，早い時点で暴力に至る。問題は，この種の態度の根底に何があるのかということである。

　文化的に埋め込まれた想定は，上記で示唆した。自然の鉄則，社会の鉄則への信頼である。私たちが同じ単語（英語のlaw，ドイツ語のGesetz，ノルウェー語のlov，フランス語のloi，イタリア語のlegge，スペイン語のleyなど）を社会の法律にも自然の法則にも使うのは偶然ではない。同じ語が二重の意味を持つ起源は，簡単に見て取れる。神は人間のために法律を定めただけでなく，自然のための法則をも定めたのである。自然を学ぶことはつまり，神を学ぶことである。啓蒙時代を経た今日，私たちは前者を（立法者によって）与えられたもの，後者を（科学者によって）見つけられたものとして見ている。

　しかし結果は，どの3つの場合も同じである。法則が神によって与えられようと，あるいは神学者の後継者，法律家，科学者によって与えられようと，行

第10章　文化的平和

動範囲は依然限られている。自然の法則，社会の法律という束縛がある。もし，これらの束縛が硬直・不変（つまり先の点に関連させれば不可逆的）と人々が考えるなら，結果的にもそうなるであろう（トーマスとズナニエツキの理論〔訳者注：ウィリアム・トーマス／フローリアン・ズナニエツキ『生活史の社会学　ヨーロッパとアメリカにおけるポーランド農民』原著1927年，抄訳，御茶の水書房，1983年，参照〕）

　これに対する否定は，あまり神から与えられていない自然の法則は，きっぱり確定しているわけではなく，社会の法律は比較的不変でないということである。後者から始めると，ローマ法と対照的にアングロサクソン慣習法の面白い特徴は，法が予言の機能も持つため，それ自体試される点である。もし人々が大々的に法を破ったら，それは法としてなおどれだけの意味があるであろうか。普通の平均的な行動を予言するのに使えるという意味でも，遵守されるか，少なくとも破られないという意味でも，社会科学の法ではない。残っているのは空疎な定義，死んだ法の一種の墓碑銘である。新しい法が生まれる必要がある。

　そのような類型の文化の内部で，市民的不服従が有意義となる。大量の市民的不服従は，予言性の減退に道徳的次元を付け加え，新しい法がどう見える可能性があるのか暗示している。疑いもなく，これは政治である。紛争，あらゆる種類の紛争ほど政治的なものもなければ，[14]「平和」ほど革命的な理念もない。市民的不服従は，「自分はこうしかできない」と言うたった1人の人間でも可能である。[15]だがその人間は，ありとあらゆる点で強くなければならない。ガンジーは，ヒンドゥーのアヒムサー（不殺生）とアングロサクソンの慣習法を結びつけた。

　しかし，自然法則はどうなるのか。それらも超越可能だろうか。自然科学お

---

14) この理由から，「日々の生活の政治」・「内なる生活の政治」というスローガンは非常に有意義で，還元主義と見なすべきではない。そして平和文化は，紛争が確認可能な至るところと同様重要である。
15) ルターは，アングロサクソンよりもローマの伝統の内部で活動していたが，どうにかそうできた。

よびその応用の歴史を見ると，答えは「イエス」だとすぐにわかる。私たちは始終そうしている。典型的なアプローチは，法を変えることではなく，より多くの変種を取り入れることである。それにより，不可能と見られていたことが，突然可能になる，つまり常に潜在的には可能だったことになるのである。

　1つのよい例が，飛行機の発明である。反論は，それは不可能で，そうでなければとうの昔からあったはずだというものであった。それは別にして，なぜわれわれは，重いものが下に，軽いものが上にいくという重力の法則を，厳密に認識はせずとも有しているのだろう？　飛行機は重い。となれば，結論は明白だ。この個別法則の言説内で，2つの翼（下側が平らで，上側がカーブしていて，比較的弱いエンジンですら空中に引っ張られる）が生み出す浮力が重力の法則に付け加えられ，ものは離陸する。

　社会科学の法則は，どうであろうか？　こちらはもちろん，鋼鉄というよりゴム製の法則であるが，それにもかかわらず，ひょっとしたら人々がそれを信じているために，CPとPPの間に立ちはだかり，PPをIMのように見せる。そのアプローチはまったく同じで，第3の変種は2つの変種の関係に引き込まれ，労働者が都市に移らなければならず，30人もの大家族を皆連れていくことはできないから，工業発展は大家族の破壊なしには不可能だと示している。解決法は，工業を村落にもたらし，下請け工場の形にする。そして日本やスイスのような一流の輸送・連絡体制を作るということである。[16]

4　カルマ・可逆性・柔軟性はどこに見つかるか？

　文化・マクロ文化（文明）に関する知識があまりなくとも，この問いへの1つの明白な答えは仏教だと認識できる。カルマという考えは中心的であるが，しばしば（西洋で）誤解される「宿命」という意味ではなく，「自分の言動はす

---

16)　このテーマについては，Johan Galtung, Science as Invariance-finding and Invariance-breaking, in: Galtung, *Methodology and Ideology*, Copenhagen: Ejlers, 1977の第3章を参照。

べて，遅かれ早かれ自分に戻ってくる」という意味である。悪い言動でカルマは悪くなり，よい言動でカルマはよくなる。この考えは全体論的で，言動すべてを一緒に関係させる（「語られなかった話」，認識／思想，「皮下行動」，感情／意志を含めて）。なかでも，個人的カルマとともに，集団的カルマという考えも存在する。「お前は私に，私はお前に悪いことをした」ではなく，より全体論に，関係性を志向して「私たちは自分たちに悪いことをした」，つまり「お前と私は悪いカルマを分かち合っている」という考えである。変えなければならないのは私たちの関係で，それを通じてお前も私も変わるのである。「罪」という言い方は，カルマ全体の属性を示すのではなく，1つのカルマ点，1つのアクターにおいて何が悪いのかをつきとめる[17]。治療法は，すでに述べてきたことから明らかである。必要なのは，罪ある者が告白—謝罪—後悔—カタルシスの連鎖にかかわるのではなく，何が間違っていたか，何ができるかを見つけ出すために，内的対話と外的対話の間を行ったり来たりするプロセスなのである。

だが，東洋と西洋のアプローチを結びつけるのは可能だし，また必要であろう。罪の有無というアプローチがあまりに白黒的だとすれば，カルマというアプローチがあまりに半々だという議論はありえる。因果関係が直線的でなく，非常に複雑で周期的だとしても，他より責任がある（罪がある，というよりベターだ）者がいる状況が存在する。

興味深いことに，ここで本質的と見られている可逆性と柔軟性という2つの柱も，仏教の認識論にある[18]。仏教思想においては，時は無限であり，始まりも終わりもない。要するに，原初状態や最終状態を思弁する余地がほとんど，あるいはまったくない。しかしそこから可逆性が続くわけではない。たとえば，無限の進歩や無限の後退の余地はありうるのである。涅槃が不可逆的である仏

---

17) *Peace by Peaceful Means*（ドイツ語版 *Frieden mit friedlichen Mitteln*）の第Ⅱ部第2章参照。
18) キリスト教の認識論と仏教の認識論の比較考察は，Johan Galtung, *Methodology and Development*, Copenhagen: Ejlers, 1988の第1章第1節，または *Buddhism: A Quest for Unity and Peace*, Colombo: Sarvodaya International, 1993の第5章を見よ。

教では，そうした要素が存在する。他方，われわれは，「あらゆる実際的目的のため」そうした最終状態が現在にほとんど影を落とさないような期間の時間的展望を持って，万人のために活動しよう。長い目で見れば，ハッピーエンドになる場合でも，多くのカルマの質は揺れ動く。八正道〔訳者注：正見・正思惟・正語・正業・正命・正精進・正念・正定〕，五戒〔訳者注：不殺生・不偸盗・不邪婬・不妄語・不飲酒〕，五法〔訳者注：名・相・妄想・正智・如如〕といった道徳的原則が存在するが，認識論は，決して終わることのない創造性の過程に開かれている。その1つの可能な解釈としては，内的成長を促す外的状況を確認することに課題があるというものである。

　これは，場所Sと時間Tにいるすべての人Pにとって可能な将来の豊饒の角を開く。神（あるいは後継者）は，自然の法則あるいは社会の法則が何であるべきか，永遠に指図することはできない。その1つの理由は，神が存在しないことだ。しかし仏教徒は，社会の法則や自然法則よりも，人間の内的本質の法則に関心を抱いている。ヒンドゥー教徒と中国人は，社会的領域に押し入り，西洋は外的自然に焦点を当てる。その結果，仏教徒とヒンドゥー教徒は，西洋が外的自然を変えたように，自分たちの意識を変えた。そして，彼らが言うところでは，平和は人間の頭に応じており，頭の可逆性と柔軟性が重要となるのである。

　ユネスコは，「人の心」のためにしばしば酷評されてきたが，これは次のポイントへの橋渡しとして役立てられる。「人間科学」の観点からすれば，文化的な「平和原体」の探求を宗教のみに限ろうとするのは単純であろう。もちろん，あらゆる宗教に，「平和原体」，平和文化の諸要素が，そのハードというよりソフトな表現において見出せる。しかし文化は，文化的な作品・物体（なかでも宗教的な文言やシンボル）と混同してはならず，真・善・正・美・聖の基準のように，これらの作品を生み出す（象徴的）基準とみなすべきである。すべての人間集団は，そうした基準を発達させている。5つ全部ではないかもしれないが，少なくとも最初の3つについてはそうである。すべての人間の範疇も，われわれを人間として類別するが，まさに亀裂と呼べるほどわれわれを分け隔

てもした基準によって定義されている。簡単な一覧にすると，ジェンダー・世代・人種・階級・民族・領土（国）である。

平和活動家としての約50年間の体験から，平和の担い手は，男性よりも女性に見出される。女性はどんな年齢でもよいが，男性は若者と老人だ（中年はやや疑わしい）。人種は，何の役割も演じない。階級については，上流・下流より中流階級に見出される。選民・神話・トラウマ（CMT）コンプレックスに支配された民族や，自分たちこそ全世界に唯一通用する真理を発見したと信じる人々の間では，平和の担い手はきっと見つからないであろう。領土に関しては，どちらかと言えば大国より小国の方がよく，市町村として知られる，小規模で低利用の領土的単位まで下りて来る。最後に，非領土的な単位としては，NGOや市民社会がある。

このことを仮説と見立てて，根本となる平和文化を確認してみよう。それは，深層文化における「平和原体」の存在というより「戦争原体」の不在を前提とするという意味で消極的に行われなければならないとしても，これら諸結果の説明となろう。

ジェンダー

家父長制においては，地位を競い合う男は，家族の目標を調和させる道を絶えず求める女性に比べ，ゼロサム的な紛争観を発展させやすい。「われわれ」ではなく，「俺かお前か」になってしまうのである。この闘争においては，弱点を認める余地がない。自分自身に対しても，ないのである。欠陥があるとすれば，それを他者に投影し，罪をその人のせいにする傾向があり，責任を分け合おうとはしない。決定の可逆性は，その決定が間違っていたかもしれないと認めることに等しく，これは自分たちが女性より全知全能に近いと見る男性にとって，立場を難しくする。自己の潜在的攻撃性を知っているため，男性は女性よりも，理念・テーゼ（演繹的法律にあるような文化的暴力）と地位（軍事官僚制のヒエラルヒーに見られるような構造的暴力）の厳格なヒエラルヒーを構築し，それに順応する。要するに結論は，女が平和文化の担い手だという保証はない

が，家父長制の男が担い手にはならないという仮説は存在するということである。

世代
男性に関し上述されていることの多くが，家庭外の社会的立場および家長の役割から由来するため，それが当てはまるのは，社会と家庭で上昇の途上にあるがまだ家族で一人前扱いされない若い男性よりも，下り坂にある年輩の男性であろう。たとえば，退役した上級将校や国防大臣からの平和のメッセージである。

人種
ジェンダー・世代・階級・民族が常に保たれるうちは，「平和原体」と「戦争原体」の配分の違いを仮定する理由はない。

階級
ここで言わねばならない基本的ポイントは，われわれが知っているような階級は，これまで実質的に民族と国家の複合を意味する「社会」の内部で本質的に定義されているということである。1人の人間が，たとえば出生や教育を通じて，民族／国家のエリートの地位を得るとしても，それが自動的に世界中に認められるわけではない（王族ですら認められない）。自国では地位が高くても，外国では誰なのか知られない。反対のことが，社会的というより個人的に解釈された人に当てはまる（「予言者は自国ではまったく重んじられない」）。したがって，エリートは特に，相互強化のため，国家間・民族間紛争で指導的役割を演じたがる。彼らは，（空腹であったり，失業しているので）アメの誘惑や（たいした権力を持っていないので）ムチによる脅迫にことのほか傷つきやすい社会の部分の忠誠を，容易に命ずることができよう。

結果は，エリートと労働者階級の国民的同盟であり，労働者を犠牲にするエリート間の暗黙の同盟である[19]。

第10章　文化的平和

中産階級には，それは（あまり）当てはまらない。他の2者とは反対に，ブルジョワジーは，世界中で非常によく似たライフスタイルを持っている。4人家族，4部屋の住宅，自動車の四輪から，「4―4―4症候群」と呼ばれる。彼らは，市民運動の大衆的基礎を形成し，少なくとも潜在的にはナショナリスティックというよりコスモポリタン的な態度をとっている。[20]彼らは今なお戦争に動員される可能性はあるが，召集を免れ，その代わりに平和創造的な役割を求めようとするであろう。

民　族

定義からすると，民族は文化の担い手である。なぜなら，民族はそれを通じて定義されるからである。しかし私としては，民族とその文化の定義を，言語・宗教以上に原初的なもの，つまり，栄光とトラウマ，世俗かつ／または神聖が定義される時空，特にカイロス点の辺りで打ち立てたい。空間内の点を守るには，隣接し合った領土が合理的アプローチに思われ，また，時間における循環点を守るには，記憶，時間におけるこの領土の連続性がそう思われる。つまり，国（カントリー）とは，中央に国家の組織を持ち，そのうえ国民国家でさえある。ミクロレベルでは，家族の屋敷・土地・城が同じ役割を演じる。

領　土

本質的なことはすでに述べたが，領土は民族の居住地である。そこで主たる問題は，領土と民族が互いに排除し合うかどうかということである。国境を引く，支配者を置くことで，領土は背反し合っているように見える。行政のコン

---

19)　第一次世界大戦との関連で頻繁に持ち出されるポイントは，殺し合わせるために労働者階級を塹壕の向こう側へ差し向けた将軍たちが，かなりの階級の壁を越えて作戦行動したことである。最後（1918年），兵士たちが反乱した。フランスでは，この反乱はペタン元帥によって鎮圧された。
20)　ソ連がこれら市民運動が平和のために潜在的に有用だと発見する70年代まで，彼らに多くの軽蔑を重ねた理由の1つである。

第Ⅳ部　文　化

ドミニアム，二重国籍は依然可能ではあろうが。同じことは民族にも当てはまる。人間は，複数の言語を話し，それどころか複数の宗教を持つ人もいることで知られている。(ハワイのような) マルチナショナルな社会では，人々は (多言語人のように) ポリナショナルなスタイルを発展できる。複数の民族と親交を持ち，喜びと悲しみをカイロス点でより平等に分配するからである。その前提は，1つの民族が統計その他の方法で領土を支配しないことである。

　そろそろ本章を閉じることにしよう。このテーマはきりがない。「平和原体」を強め，「戦争原体」を平定しようとする試みも，ちょうど同じである。

---

21)　同じ領土上での複数の国家による支配。

第11章
宗教 ハードとソフト：よりソフトな面がいかに強めるか
——平和の文化への宗教の貢献

1 宗教の平和ポテンシャル

　宗教的風景に構造を与えるには，多くの可能性がある。1つだけは確かで，分類法(タクソノミー)を用いようが，信者の地理的分布図を作成しようが，そのイメージは，対象の豊かさに比べ非常に不完全なものだ。それでも，これはやらざるをえない。それ以外どうやって宗教の平和ポテンシャルを議論できるだろうか。しかも，異なった視角から宗教的風景を捉えた地図が2つある方が，1つよりも倍以上よい（ちょうど，ステレオ録音がモノラル録音より，バイリンガルがモノリンガルより倍以上よいのと同じように）という前提の下に，より多くの地図や分類法を挙げるのは，常に有益である。

　以下の試論は耐え難いほど表面的ではあるが，それでも有用であることを願っている。主要な宗教しか考えに入っておらず，それらは，旧約聖書から霊感を与えられた西洋の宗教[1]，数多くの宗教的アプローチをひとまとめにする伝統に従ってヒンドゥーイズムと呼ばれるヒンドゥー諸宗教，釈迦の教えから悟りを開かれた東洋の宗教という3つに区分した。

　図表11-1の上部には，プロテスタンティズムと大乗仏教という2つの極端な宗教体験の基本的前提を掲げた。中段には多少細かな区分，その下にさらに世俗的に派生したもの，一番下に地理的な分類を示した。

　この図から，1つだけは学べる。宗教体験において極端な相違があり，この

---

1) この表現は新約聖書を前提としている。ユダヤ教の律法(トーラー)，キリスト教の旧約聖書，イスラム教のコーランは，聖典宗教と呼べるほど互いに交差している。

第Ⅳ部　文　化

図表11-1　宗教の世界地図

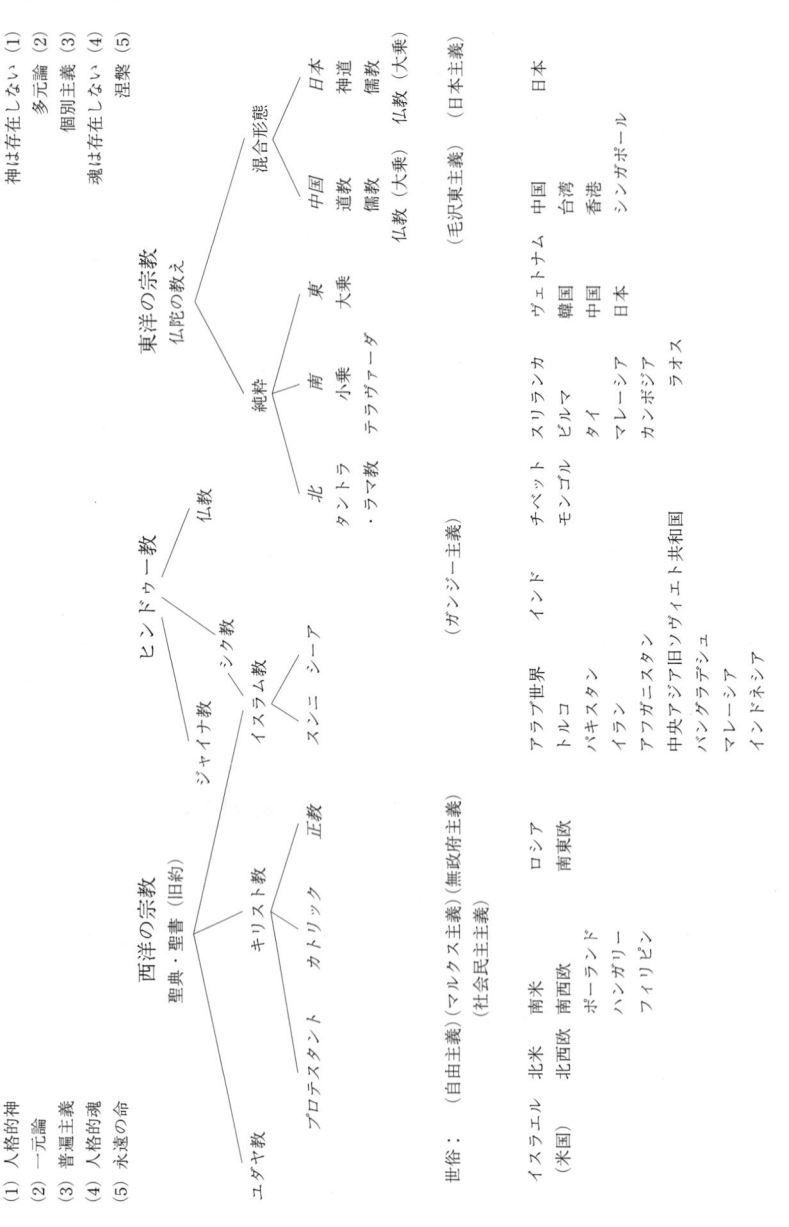

(1) 人格的神
(2) 一元論
(3) 普遍主義
(4) 人格的魂
(5) 永遠の命

```
                                                西洋の宗教                                     東洋の宗教
                                                聖典・聖書（旧約）                              仏陀の教え

                          ユダヤ教      キリスト教              ヒンドゥー教   仏教            純粋              混合形態
                                                                                                        
                               プロテスタント  カトリック  正教   ジャイナ教              北   南   東        中国     日本
                                              イスラム教                            タントラ 小乗 大乗    道教     神道
                                           スンニ  シーア                          ・ラマ教 テラヴァーダ    儒教     儒教
                                                                                                      仏教（大乗） 仏教（大乗）
```

神は存在しない (1)
多元論 (2)
個別主義 (3)
魂は存在しない (4)
涅槃 (5)

世俗：（自由主義）（マルクス主義）（無政府主義）　　（ガンジー主義）　　　　　　　　　　（毛沢東主義）　（日本主義）
　　　　　　　　　　　　（社会民主主義）

イスラエル　北米　南米　　　ロシア　　　アラブ世界　　インド　　チベット　スリランカ　ヴェトナム　中国　　日本
（米国）　　北西欧　南西欧　　南東欧　　　トルコ　　　　　　　　モンゴル　ビルマ　　　韓国　　　　台湾
　　　　　　　　　　ポーランド　　　　　　パキスタン　　　　　　　　　　　タイ　　　　中国　　　　香港
　　　　　　　　　　ハンガリー　　　　　　イラン　　　　　　　　　　　　　マレーシア　日本　　　　シンガポール
　　　　　　　　　　フィリピン　　　　　　アフガニスタン　　　　　　　　　カンボジア
　　　　　　　　　　　　　　　　　　　　中央アジア旧ソヴィエト共和国　　ラオス
　　　　　　　　　　　　　　　　　　　　バングラデシュ
　　　　　　　　　　　　　　　　　　　　マレーシア
　　　　　　　　　　　　　　　　　　　　インドネシア

第11章 宗教 ハードとソフト

違いには地理的な論理があることである。
　緯度よりも経度によって変化する。東に動くと、ヒンドゥー教と仏教の間で神は死ぬ。その手前、イスラムとヒンドゥーの間で、悪魔はすでに滅んだ。信仰は緩み、西洋の「あれかこれか」から東洋の「あれもこれも」の信仰になる[2]。信仰を選んだにせよ、その中に生まれたにせよ、その信仰はもはや普遍的に妥当するとは見られない。私（たち）に妥当することが、万人に妥当するとは限らない。個人の魂は、次第に重みを失う。現世における個人所有の結び目から、一連の転生における他者との共同所有を経て、他者との網へのエゴの漠然たる解消、すなわち過去・現在・未来における他の生命体との全関係の総和へと至るのである[3]。神に次ぐ、個人的存在の永遠の継続から、個人的・永続的アイデンティティの欠けた、より高次の存在への超越、つまり涅槃へと、人生の目標が劇的に変わる。
　これ以上の多様化は、ありえないであろう。だが、それは平和にとって何を意味するのだろうか。1つ問題を感じるのだが、それは単一主義（1つの真の信仰）と普遍主義（全世界への妥当）という西洋の（ただしユダヤではない）組み合わせである。結果は伝道である。剣の先によろうとよるまいと、それは簡単に、過度の熱意、感情の表出、神経過敏になりやすく、「純粋な信仰の防衛」の名の下に非常に暴力的になりかねない。
　次に、より体系的に、暴力の容認に傾いているか、その拒否に傾いているか、宗教の平和ポテンシャルを究明してみよう。その際、（アクターが意図した）直接的暴力と（社会構造に組み込まれた）構造的暴力とを区別する。暴力を容認あるいは正当化する程度により、宗教の相貌は文化的暴力となる[4]。

---

2) Thomas Ohm, *Asia looks at Western Christianity,* Edinburgh: Nelson, 1959. 西洋キリスト教への主な異論・疑問は、教訓が多すぎる、あまりに断定的だ、証明できるのか、キリスト教の教えはキリスト教的なのか、合理的すぎて感情が不十分だ、言葉が多すぎるといったことである。
3) この結び目と網の暗喩は、カタルーニャの哲学者、ライムンド・パニッカーに負っている。網のない結び目より、結び目のない網の方が魚はうまく捕れる（現実の捕捉も？）と指摘すべきかもしれない。

第Ⅳ部　文　化

　まず直接的暴力から始めよう。2つの要因があって，それが宗教的信仰体系の中核に組み込まれていると，攻撃的暴力に走りかねないように思われる。
　第1に，選民という理念が，信者にたいへんな独善性を注入し，聖戦，あるいは少なくとも正義の戦争という観念に導く可能性がある。だが，この選民意識は，行動に移されると，必ずしも直接的暴力の形をとるとは限らない。選民はこの世界にとって上等すぎ，残りの世界が野蛮すぎて攻撃，浸透かつ／または支配するに値しないという単純な理由から，世界の他の部分から撤退する形をとる可能性もある。また，平和的手段で平和のために選ばれたと再解釈するなら，どうだろうか。全能者との特別な関係をこのように解釈するキリスト教徒12億5000万人とイスラム教徒10億人の結集を想像してみよう！
　既述のこうした事柄から姿を現す2つの明白な選民はユダヤ人と日本人で，ユダヤ教のキリスト教・イスラム教への転用効果を伴っている。中国人は，他のすべて（さまざまな形の野蛮人）に対し，全般的な優越感を抱いているように見える。[5]しかし彼らは，キリスト教とイスラム教，マルクス主義と自由主義など，西洋の普遍主義的な宗教的・世俗教義のように，あまねく攻撃的ではなかった。むしろ中国人は，撤退する類に属し，海・山・砂漠・ツンドラに囲まれた自分たちの歴史的管轄範囲と思っていそうな世界の部分で，攻撃的というより防御的な政治・軍事戦略に傾く傾向がある。その境界は不明瞭だが，今は宗教のことを論じているのであって，世界ではない。
　平和のために選ばれたのは，仏教徒[6]と世界中で若干の小集団・個々人だけである。「聖戦」・「正戦」・「撤退」のために選ばれた者の方が数が多いのが問題である。
　第2の次元は，すでに述べた攻撃的布教主義であろう。ある信仰を他者に広

---

[4]　Johan Galtung, *Peace by Peaceful Means* （ドイツ語版 *Frieden mit friedlichen Mitteln*）第Ⅳ部第1章。
[5]　伝統的に，方角によって北狄・南蛮・東夷・西戎と呼ばれる。
[6]　仏教思想と平和の関係を述べたものとして，Johan Galtung, *Buddhism. A Quest for Unity and Peace*, Colombo: Sarvodaya International, 1993の特に第1章1〜23頁。

第11章 宗教 ハードとソフト

げる権利があるかどうかということと，アメとムチを巧みに使うことによってでもそうせよとの神の命令の下で生きることとは異なる。キリスト教・イスラム教という西洋宗教は，はっきりとこの範疇に入るが，ユダヤ教はそれほどではない[7]。布教の命令は，「マタイによる福音書」28章18～20節[8]や，非常に直接的には「マルコによる福音書」16章15節[9]に記されているように，普遍主義を伴った単一主義の論理的帰結である。

これら諸宗教の一神論は，信者に垂直的な元型（アーキタイプ）を植えつける。はるか離れた神を頂点とするピラミッドである。この元型は，中央集権化された，それどころか帝国主義的な世界政策のモデルとして，世界に容易に投影できる[10]。

このドグマは，唯一神という原型によってハードに，キリスト教の三位一体，それどころか四位一体（父なる神，子イエス・キリスト，聖霊に，母なるマリアを加えて）によってソフトに，そしていわゆる「三一」の教理を通じて改めてハー

---

7) 1つの単純な理由は，ユダヤの場合，選民が約束の地も与えられていることにある。限られた広さのこの地は，限られた数の信者にしかあてがうことができない。

8) イエスは，近寄ってきて言われた。「わたしは天と地の一切の権能を授かっている。だから，あなたがたは行って，すべての民をわたしの弟子にしなさい。彼らに父と子と聖霊の名によって洗礼を授け，あなたがたに命じておいたことをすべて守るように教えなさい。わたしは世の終わりまで，いつもあなたがたと共にいる。」
もし，21節に「そして，すべての民から学ぶことも忘れず，あなたが彼らに語るように，その言葉をあなたに語らせよ。結局あなたがたは皆，1つの民だからである」という文言があったとしたら，どうだろうか。

9) それから，イエスは言われた。「全世界に行って，すべての造られたものに福音を宣べ伝えなさい。」

10) カトリックの中央集権構造はもちろんそうした投影であり，ローマ帝国もそうであった。どちらがどちらから，より多く学んだのだろうか。興味深い1つの仮説として，その原型は，325年のニケア公会議と，2つのキリスト教普遍化バージョンに至った395年のローマ帝国分裂の間の時期に見られるように，体制が実行可能な以上の中央集権化を鼓吹した。第3のキリスト教であるプロテスタントは，ずっと中央集権化に反対し（したがって複数形），カトリックとは対照的に無数の自立的教派を生み出した。1つの帰結は，今日のヨーロッパの政治にはっきりと見て取れる。連邦制的に中央集権化する欧州連合への抵抗は，カトリックの加盟国よりも，プロテスタント諸国で強い。単一ピラミッドの原型の影響をあまり受けてないため，プロテスタント諸国はまさに抗議（プロテスト）するのである。

211

第Ⅳ部　文　化

ドになる。しかしここで，ピラミッドの頂点にいる神々という量に加え，質を考察しなければならない。この神のいわば4人家族において，神は聖霊を通じて流れ込み，聖霊はマリアを霊によって身ごもらせ，マリアはイエスを生み，イエスは神の子なるがゆえにキリストとなり，彼自身そのことを聖霊によって知らされた。唯一の開かれた関係は，父なる神と母なるマリアの関係で，母なるマリアにとって孫たち，つまりイエスの迷える子どもたちのために取りなすこと以上に何が自然だろうか。われわれのために祈れ。

マリアを追放することによって（カトリックとプロテスタント教会における教会絵画の違いが示す通りである。この点で，正教の教会はむしろカトリックに似ている），ルターは，自己原因としての神に固執し，1人の女性によって用いられた逃げ道を取り除いた。その結果は，神的風景の脱女性化，すなわち脱マリア化によるハード化であった。それでも，ユダヤ教やイスラム教とは反対に，キリスト教の根本的多神論は維持された。

構造的暴力には，垂直的なもの（経済的搾取や政治的抑圧）と，水平的なもの（疎外，距離）とがある。どの宗教も，全能者および他の信者への近さを説くが，その経済的・政治的教義に由来する垂直的な類が多い。

底辺にはヒンドゥー教があって，宗教上認められたカースト制度を持つ。仏教とそれに関連した信仰体系は，はるかに明確に構造的暴力に反対する。これは，アナッタ〔訳者注：サンスクリット語で無私・無我〕教義の帰結である集合的倫理に基づく[11]。アラブの奴隷制は，キリスト教の奴隷制と同じ方法では，宗教的に正統化されなかった。しかし，イスラムの植民地主義は，ムハンマド後急速に広まった。だから北インドは，1192年に征服され（デリー・スルタン朝），特に仏教の盛んな地域（ビハール，ベンガル）がそうであった。

しかし，キリスト教，それにその前身であるユダヤ教はどうだろうか。どちらにも，帝国主義の要素が存在する。

ユダヤ教においては，それは，ヤハウェとの2つの契約と，イスラエル第1

---

[11] 永遠不変の魂は存在しないという教え。

212

第11章 宗教 ハードとソフト

国家（ダビデ王とその後継者）およびイスラエル第2国家（ダヴィッド・ベン・グリオンとその後継者）におけるその部分的顕現に由来するかもしれない。

　キリスト教では，近代になって，カトリックの王がその帝国を建設し，プロテスタントの王が瞬く間に続いた。キリスト教は，313年以後のローマ帝国のように，諸国の国教となった。植民地主義はとてつもない搾取と抑圧を伴ったが，「異教徒」の間での布教活動を容易にするとして正当化された。植民地主義からの解放は，キリスト教の信奉についての報告に比例して許された（キプロスは，ウガンダは，どうだったのか）。さもなければ，キリスト教によって正統性を与えられた帝国主義的植民地主義の構造的暴力・直接的対抗暴力に対する直接的暴力という形（アルジェリア・ヴェトナム）か，非暴力という形（インドとガンジー）の戦いになった。

　プロテスタントの植民地主義は遅れてやってきたため，その植民地の没落・解体も遅れた（やや遅れたポルトガルを例外として）。カトリック・プロテスタントという両キリスト教では，単なる奴隷所有者・土地所有者ではなく，人間所有者（植民地主義者）であることに宗教的な正統性が与えられた。恐怖の頂点には，異端審問（カトリック）や魔女裁判（カトリック・プロテスタント）があった。プロテスタントの奴隷制の方がひどかったという主張もある[12]。

　このような大規模で，これらすべてに少しでも匹敵するようなことは，釈迦あるいは仏教の名においてはまったく行われていない。仏教は，他の宗教と違って，直接的・構造的暴力を正当化する者，換言すれば文化的暴力の担い手とは見られない。

　以上をまとめると，図表11-2のようになる。これまたひどく簡略化しているが，暴力の両形態が拒否される程度を示している。

　両形態の暴力を原則として明確に拒否する仏教は，比類なくすばらしいもので，ここでわれわれが求めているものである。非暴力（アヒムサー）と無所有

---

12) この議論は，Frank Tannenbaum, *Slave and citizen. The Negro in the Americas*, New York: Vintage Books, c1946 で有名になった。

図表11-2　暴力体系の要素としての宗教

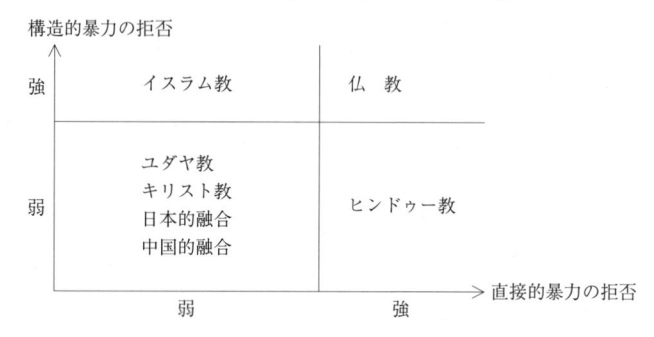

	弱　　　　　直接的暴力の拒否　　　　　強
強 構造的暴力の拒否 **弱**	イスラム教　｜　仏　教 ユダヤ教 キリスト教　｜　ヒンドゥー教 日本的融合 中国的融合

は，教義に深く埋め込まれている。ただし，無所有の方は，持ちすぎることを警告し，自発的に供され与えられなかったものを持つのを警告するのである。

　ヒンドゥー教は，アヒムサーの教義を仏教と共有するが，それほど明瞭ではないかもしれない。そして，カースト制度において，構造的暴力の主要形態を容認する。イスラム教は，カースト制を拒否するが，正義の戦争（ジハードの究極段階。ジハードは信仰のための努力と訳すべきで，聖戦ではない[13]）という教義で，信仰を守るために暴力を使うことを容認している。

　他の宗教はおしなべて，いずれの次元においても弱く，暴力を黙認したり，暴力反対の明示的な教義を持っていない。平和のための一般的な言明では不十分だと言えよう。暴力に関していかなる立場をとり，実際にどう行動するのか検証する必要がある。

2　宗教内部の平和ポテンシャル

　おそらく読者は，筆者と同様いぶかしく思い，「それはそうだけれど」と考え，具体的な実践や教義からもおびただしい反証を挙げることであろう。西洋

---

[13] このテーマに関する卓抜した議論は，Carsten Colpe, *Der "Heilige" Krieg*, Bodenheim: Hain, 1994。特に69頁以下では，正戦と聖戦の違いを扱っている。

第11章 宗教 ハードとソフト

諸宗教，それほどでなくとも中国的・日本的融合を，ヒンドゥー教や仏教より膨張主義的と分類する一般的な描き方がたとえ歴史的に正しくとも，それぞれの内部の偏差は，特に分派が容認・奨励されているときわめて大きいであろう。

そこで，さまざまな宗教体験を，円形フィールドとして想像してみたい。その円は，いくつもの扇形に分かれる。ユダヤ教・キリスト教など，各宗教言説は1つの扇形である。これらの扇形には，無数のサブ部分がありうる。扇形の数は無限である。宗教は分かれたり一緒になったりして，新しい宗教が生まれる。数に意味はない。ここで展開されるイメージは，特殊な宗教言説とその数に無関係だからである。360度を細かく分ける可能性の数は，常に無制限であろう。数字に関心のある人は，特殊な（サブ・サブサブ）信仰の信者数に比例した角度の半径を引くだろう。図表11-1を折り畳むとユダヤ教と日本的融合が抜きん出た選民宗教で隣り合わせになり，面白いかもしれない。

有意義なのは，このように知覚されるような宗教状況の宗教的温度である。中心を「再・結合（re-ligio）」の最大強度としてみよう。あらゆる生命，あらゆる人間，全能者との神秘的合一で，これは，宗教的言説とは関係なく，すべての言語・文化・伝統を越え，ひたすら1つであること，畏怖させ魅了する神秘である。

この統一性においては，暴力だけでなく，統一性の理念に反するから，矛盾ですら無意味，不可能となる。

すべての扇形が，この宗教状況の中心から，すべての方向に放射すると考えてみよう。さらに，中心の周りに2つの輪があるとして，1つは中心の近く，もう1つは中心から遠く，つまり神秘から離れている。人類の知っている宗教的語法でどう表現されようと，超個人（トランスパーソナル）との強固な一体化という中心から離れると，宗教的温度が下がる。

内側の円内には，私が「ソフト」宗教と呼ぶものが存在する。一体化の感情は依然あるが，日常生活においてであって神秘体験としてではない。宗教は暖かくて情け深く，あらゆる人，あらゆる生活，全世界に，何の条件もつけず，制限・例外なしに水平的に到達する。すべての人間，すべてのものごとが，聖

第Ⅳ部　文　化

フランチェスコの場合のように兄弟姉妹となる。宗教の扇形を分ける線は，近い遠い，良い悪いを含意せず，便利な礼儀作法として以外ほとんど気づかれない。異なった言語を話すが，同じメッセージを分かち合う人間に似ている。地理はどうでもよい。人間の意識は，そうした些細なものの彼方で動き，どこでも，現在・過去・未来に人間と生命に手を差しのべる。たしかに，実際には遠く離れているとしても，人間を愛し，その近さを感じるのに，大して苦労はいらない。積極的非暴力，平和行動は，自動的には来ない。だが，もっと簡単なのは，実際にすぐにそばにいても，素朴な個人的感情，自分が選ばれた人間だという感情に屈して，自分の宗教は正しく，お前は邪教で，お前がいなければ世界は良くなるのに，と人を憎むことである。

　内円の外側には，ハード宗教がある。つまり，あらゆる宗教にはハードな側面が存在するのであって，ソフトで穏健なだけの宗教や，ハードで乱暴なだけの宗教があるわけではない。もちろん，1つの宗教のソフトな面とハードな面との間に，厳密な境界線が存在するわけではない。だが，ハードになった魂を溶かす熱，震央の熱から遠ざかると，宗教状況は劇的に変わる。

　信仰とサブ信仰の境界線は，より明確，厳密になり，硬直する。そして，中心からさらに離れると，温度が急激に下がる。心は氷のようになり，愛はもはや芽吹けなくなる。誰もが，何が自分を他人と分けるのかを見て，何が自分を他人と結びつけるか見なくなる。排他性が，公理による水も漏らさぬ教義を通じて彼らの意識に組み込まれ，垂直的宗教組織を通じてその行動に組み込まれる。教義，それに寺院・シナゴーグ・教会・モスクの組織は，一体性・一体化・結合という中心的メッセージから遠く離れ，その独自の生命を発展させ，冷たい，凍りついた心を糧にしている。矛盾が信者の意識と行動に組み込まれる。愛の死んだところでは，憎悪・暴力・戦争が簡単に芽生える。

---

14)　思想の構造と，この思想を生み出し再生産する組織構造との関係を研究したものとして，Johan Galtung, Social Structure and Science Structure, in: *Methodology and Ideology*, Copenhagen: Ejlers, 1977の第1章13〜40頁。この重要テーマをさらに究明せずに言えるのは，垂直的な社会・文化構造への志向は，（自己の攻撃性を抑えるためかもしれないが）

第11章　宗教　ハードとソフト

図表11-3　宗教におけるハードな面とソフトな面

ハード	ソフト
1．神は超越して上にいる	1．神は内在して中にある
2．神は選ばれた民を持つ	2．民が神を選んだ
3．悪魔は下に存在する	3．悪魔は存在しない
4．悪魔は選ばれた民を持つ	4．民が悪魔を選んだ
5．一神論―統一的	5．多神論―三位一体・四位一体
6．二元論	6．一元論
7．普遍主義／単一主義	7．分立主義／多元主義
8．国家は選ばれた宗教を持つ	8．宗教は選ばれた国家を持たない

　さらに外側に動くと，人間の境界，周辺に達する。外円の反対側には，何があるのだろうか。動物王国だろうか。ハードな宗教の名で実践される悪から推定することで，動物が反対側にいるとどうして言えるだろうか！　あるいは，無神論，イデオロギー，ヒューマニズム。いや，これはむしろ，中心における集中的な合一連帯，それから包含，さらに排斥という別の公理と見よう。

　1つのイメージだ。改めて分析方法に戻り，宗教のどの特性が，この中核との距離，ソフトとハード，一体と分離，包含と排斥の二元論と相関関係にあるのだろうか。ここで，主として宗教言説の内容に関連する仮説をいくつか挙げよう。神の自然，悪魔の存在，パンテオン，現実の自然，そして他の宗教および国家との関係である。

　これらの次元はすべて問題を孕んでいるが，それでも全体像は，ソフト・ハードの図式に具体的な意味を与えてくれるだろう。

　それゆえ，超越した神は，たとえば「天上の神」のように，人間存在の外にあって，万人への愛を保証するにもかかわらず，垂直的な距離の隠喩となる。

　明らかに女性的でなく男性的な特徴だということである。このことは，宗教的メッセージをソフトにする任務を女性が引き受けた方がどれだけよいか示唆し，また，（祭司の地位を得るための闘いが示すように）彼女たちが大半の他組織よりも宗教組織に隷属させられたかに注意を向けさせる。

第Ⅳ部　文　化

さらに神が選り好みをし，ある民を別の民よりひいきするとなると（「人間は神の子だが，ある者はそれ以上だ」），分裂のみならず，序列，ヒエラルヒーが生じる。
▷人間を残りの自然の上に置くスピーシーズ（種）主義
▷男性を女性の上に置くセクシズム
▷大人を子どもと対峙させる年齢主義
▷白人を非白人と対峙させる人種主義
▷上流階級を下層階級と対峙させる階級主義
▷ある国民を他の国民と対峙させるナショナリズム
▷ある国を他の国と対峙させる愛国主義

という具合である。

　ハードな宗教は，人間条件のこれら7つの断層線について，中立を保ちにくい。それに加えて，ハードな宗教は，神を信じる個人，つまり本物の信者を選ぶ神を信じるという傾向があると言えるかもしれない。私（たち）があなたを選び，あなたも私（たち）を選ぶフェアな取引というわけである。

　これもまた，一神論が疑わしい根拠である。一神論は，唯一の神しかいないため，選び取る行為を排除する。選択は，特別な信仰を選んだ（あるいは拒否しなかった）ことで行われる。神の交互作用が求められるなら，同じ範疇の人々，女性の上を行く男性というように，少なくとも階梯の上位に位置づけられる価値のある人々を選び取るよう，暗に神に懇願するという形をとるかもしれない。真の信者である「私」だけでなく私たちを，というわけである。そうすれば，他の者たちを悪魔が選ぶであろう。

　しかし，ありとあらゆる宗教がソフトに，愛や憐れみを語るではないか。ここで，二元論が，認識論的で道義的な解決として登場する。現実は二元論的である。理想的世界は存在する。もしかしたら，これらの掟すべてが適っていて意味を持つ天上にのみ存在する。しかし，現実の世界も存在する。状況をどれほど残念に思おうと，私たちが生きるのは，「人間は人間にとっての狼」，「万人の万人に対する闘争」という世界である。この世界では，神自身の民を守るためだけだとしても，よりハードなアプローチが必要となるかもしれない。も

第11章 宗教 ハードとソフト

ちろん，その教えが世の終わりに訪れ，その人々が決然として指揮を執るため，真実宗教がそれ以上脅かされなければ，すべてが変わるであろう。だが，その時はまだ到来していない。だから，超越神に近い超越した存在にはソフトな宗教があり，この世の厳しい現実にはハードな宗教があるのである。

これに相応するのは，「内集団」対「外集団」というよくある分岐線に見られる。ソフトは内に，ハードは外に向かう。理想主義は内に，現実主義は外に向かう。「暴力は奴が理解する唯一の言語」とは，ハードな国際政治の原則である。

ソフトな論法は，ここで描写したものと反対であるが，その指標は，アリストテレス／デカルト的というより陰／陽だとわかるであろう。それら指標自体は，ハードというよりソフトで，円は透過性，浸透性で，鋼鉄で覆われていない。内在は，神あるいは聖なるもの，宗教学者ルードルフ・オットーの神秘論（宗教の核心は神秘性にある）をわれわれ内部に位置づけ，「人間は人間にとって聖なるもの」を構成する。神はもはや対象ではなく，むしろ私たちを高く掲げる実体かもしれない。しかし，ちょうど1つの人格のように神が近かろうが遠かろうが，彼（女）は（論理的には）多かれ少なかれ神のなにがしかを内に持つ。天上の高みにいる神ならば，テレビ衛星のように，地球の大半に光を放つであろう。それほど遠く離れていない神々は，この到達距離を持たない。それらは，よりローカル，土着的で，部族・氏族・内集団にしか宿らない。内集団の神として，神の実体は，均等に配分できる。だが，内在は自主独立主義で，外集団に無，内集団に全である。

超越した神のみが，すべての人間を，少なくとも潜在的に自分の子と定義できる。天上の父も地なる母も，そうできる。内在的な神は，聖フランシスコが神を見たように思われるあらゆる方法で，偏在しうる。人間を直接結び合わせ，神の父母を通じて間接的にではない。しかし，そこに問題も生じる。信頼可能な超越的全能なしに，互いに兄弟姉妹として思い合える人間的能力に基づいて，内在は即座に限界に来るかもしれないのである。

そうなると普遍主義が強みを発揮する。あなたがたは，望むと望まざるとに

かかわらず，私の子どもである。例外はなく，誰もが普遍的神の大家族にいるわけである。

だが，この家族が選民・一神論・二元論で文字通りハードな論理に従ったら，何が起こるだろうか。独裁の正体を現し，小集団（今日のG7のような？）に率いられた世界政府みたいなものであろう。やはり，ソフトな論理の道をさらに行くのがよい。

内在に固有の諸問題が内集団だけに達すると仮定したら，ソフトな宗教の別側面が，より大きな平和ポテンシャルを持ちうるかもしれない。オリエントでそうだったように，人間が自分自身の神を選ぶと，宗教的多元主義は，人間の多様性だけでなく個々の人間内部の折衷主義という形をとる。人々は，外集団からも，なにがしかを選ぶことができ，繋がりが作り出される。仏教徒でもキリスト教徒でもある日本人のように，である。これは，単一主義からは禁止される。その単一主義が，普遍的な教会，ひょっとしたら世界政府をも持った普遍主義的なものであれば，話は別なのだが。

1つの宗教にいくつもの神々がいる多神論は，別種の柔軟性を提供する。ただしそれは，複数の宗教を信仰する多元主義と混同してはならない。ソフト・ハードの指標一覧に，父と子と聖霊の三位だろうと，聖母マリアを加えた四位だろうと，聖家族というキリスト教の特殊性が特に注目される。

いくつもの神があれば，カトリックにおける神とマリア，古代北欧宗教におけるトールとバルドゥルのように，よりハードなものも，よりソフトなものもありうる。多神論では，聖戦はあまり起こりそうにない。神々は争いあい，戦争に神聖さを授けられる単一の神は存在しない。だが，聖なる平和のための唯一神も存在しない。

二元論の論理に従えば，死後における向こう側を除いて，である。ここで，一元論の強みが示される。それは，ルターの言う2つの連隊〔訳者注：天上の神の国と地上の皇帝の国の区別〕という単純な出口を用意することなく，いかにこの世で平和の論理が実践可能かを見出すよう信者たちに強いるのである。

要約すると，私たちは，普遍的に妥当性を持ち，ひたすらそれへの信仰を要

求するが，この世の平和のチャンスも多く見抜く厳格で選別的，処罰的な超越した「天上の父なる神」か，われわれすべてに浸透しているが，その都度だけ1特殊集団に浸透するソフトな「実体なる神（々）」しか選べないということだろうか。そうではない。すべては，われわれが自分の神体験で何を強調するかにかかっている。創造し構築するのは，われわれの責任である。宗教は，一度限り啓示されたわけではない。

　これまで述べてきたことは，さまざまなイデオロギーにも適合する。ハードな自由主義とソフトな自由主義（多国籍企業対競争力ある村の市場）があれば，ハードなマルクス主義とソフトなマルクス主義（ゴスプラン対小協同組合），ハードな民主主義とソフトな民主主義（大衆社会における51％の独裁対合意達成までの小集団対話）もある。しかし，ハードなナチズムとソフトなナチズムというものはない。ナチズムは，特定の諸民族に対する憎悪に立脚しているからである。同様に，ハードな仏教とソフトな仏教というものもない。仏教は，あらゆる生命への愛に基づいているからである。

　ナチズムの場合内円，仏教の場合外円に何がありうるだろうか。ひょっとしたら，儀式化されたバージョンかもしれない。もっとも，ソフトなナチズムやハードな仏教はありえないので，弱いナチズム，弱い仏教という呼び方になろう。

　われわれの課題は明らかである。ソフトで，統合的・平和的・世界包括的・多元主義的なイデオロギーを強調し，さらに創造さえすることである。そもそもそれは，いかに可能なのだろうか。

3　よりソフトな側面をどう強めるか

　その答えは，2つの部分に分かれる。組織と内容，社会学と神学である。
　社会学的側面は，比較的明らかである。宗教のソフトで分け隔てしない側面と一体化し，よりハードな側面を縮小・削減する人々同士の協力である。そのような人々は，あらゆる宗教で見出せる。定義によれば，神の中での，あるい

は神を通じての合一は，彼らの方向づけの基礎でもあるので，慣用語法，具体的な宗教的言説はさほど重要でないか，少なくとも神学論争向けに吟味されるべきでない。重要なことは，何をわれわれ皆が共有するかである。ともに探求し，よりソフトな側面を擁護することが，行動で思想を表現する宗教的実践である。

　しかしこれは，一緒に求めてはいなくとも，ハードな信仰者にも当てはまる。彼らも，信じるところを実践する。信条は互いに矛盾し，非和解的である。お前の信仰か私の信仰しか存在しえない。もちろん，私の方が優れている。

　だがそれは，よりソフトな宗教に大きな利点を与える。あまり字句通り受け取るべきでない隠喩を使えば，被用者が常に互いに団結し，他方使用者は競争ゆえに憎しみ合って会おうとしないようなものである（実際には，その反対が頻繁に起こっていようが）。仏教徒・スーフィー教徒・クエーカー教徒・バハーイー教徒は，外見も語り口も非常に異なっているかもしれないが，メッセージは似ている。反対に，旧ユーゴスラヴィアにおける宗教指導者を見てみよう。彼らは，大半の信者以上に，互いに疎遠であるように見える。だが彼らは，しばしば国家イデオロギーを生産・再生産するので，非常に力が強い。その際力点は，確実に，結びつけるのではなく分け隔てることに置かれ，それにより分断はさらに深まる。

　あらゆる宗教の内部で，ハードとソフトの間の中心的な神学的対話が行われる必要がある。しかしなぜ，ソフトな仏教徒がハードなキリスト教徒に弁明を求めてはならないのだろうか。われわれは皆，戦争と暴力，帝国主義と貧困，生態系の悪化と社会的解体に対するオルターナティブを必死に追求する人類の一部ではないか。もしかしたら，比較的，それどころか一番ハードな信仰者は，そのソフトな対抗潮流よりも，むしろ他宗教に耳を傾けるのではないか。異論派よりも，異教徒との方が理解しやすいのではないか。

　だが，神学的対話の主要テーマは，比較的はっきりしている。どうすれば，宗教的メッセージが，平和にとって最大限生産的なものだと理解されうるのだろうか。ハードになった信仰者に対して，普遍主義・単一主義と１つになった

第11章　宗教　ハードとソフト

超越・選民性・一神論・二元論の「パッケージ」が，普遍的な教会ないし世界政府（これらもそれ自体，あるいはそれに至る道も，平和的ではない）といった条件下以外は，平和にとって決して生産的でないと説得できるだろうか。そして，その人（たいてい男性である）が応答すれば，何が起こるだろうか。おそらく，その言葉自体がハードなものであろう。

　もちろん，両者は別々の道を進むことができる。つまり，宗教と宗教の違いよりも，1つの宗教内でのハードとソフトの違いの方が大きいであろう。それは必ずしも悲劇ではない。ハードな，ひどく分け隔てをする，しばしば国家権力と結びついた教会は，過去の遺物としてますます後景に退くであろう。しかし，原理主義という現下の潮流（ここでは，あらゆる宗教において，よりハードな側面と選択を優先するものと解釈する）は，反対方向に向いている。したがって，独善なき対話以外の選択肢は存在しないし，硬化した紛争を共同で転換しようとするソフト派とハード派，女性と男性の試み以外の選択肢も存在しないのである。

第12章
平和行為の基礎である可逆性の倫理に向かって

1　序——貫こうとする1つの原則

「元に戻せないことはするな」という古いアメリカのことわざがある。本章は，この一般原則を評価し，その限界を検証しようとするものである。このことわざがアメリカ的だという事実は，アメリカがソフトに歴史を歩む（「前進する」と言う人もいよう）ことで有名ではないとの省察に導く。反対に，可逆性は，ほとんど非アメリカ的に聞こえる。実際，後戻りの道はない。植民地としてのイギリスとの繋がりの解消は，その1例である。征服を不可逆的にするため，先住アメリカ人の社会・構造・文化・民衆を根絶やしにしたのも，もう1つの例である。

「2度目のチャンスがあったらうれしいのに」，「もう1回最初からやり直せたらうれしいのに」，「若返ることができたらなあ」。これらはいずれも，過去のある時点で再びやり直す，たいていは別方向の人生に向かうため，時間の流れに抗したいという同じ願望の表現である。

だが，こうした問題表現の仕方は，われわれの目的には一般的すぎる。ここでの関心は，何かがうまくいかないかもしれないとか，もっとうまくいったかもしれないということではない。重要なのは，目的を持った行動の効果，厳密に言えば否定的な影響，もっと厳密に言えば元に戻せないほど否定的な影響である。可逆性の原則は，時間（一方的な時の流れ，つまりクロノス）ではなく，不可逆的であるがゆえに嘆かわしい具体的人間行為の帰結に関係する。焦点は，不可逆的なことをしようと決意する時のカイロス点にある。

第12章　平和行為の基礎である可逆性の倫理に向かって

2　可逆性の原則の論理的結論

　可逆性原則の直接的で根本的な帰結は，暴力が再び元に戻らない損害を引き起こす場合，生命に向けられる暴力に抗する一般的規範である。これは，死刑を含む致命的暴力にまさに当てはまる。たしかに人間は新しい生命を創造できるが，消滅した生命を再び呼び覚ます力はない。まして，「消え去った」種の再生などできない。この不可逆性は，致命的でない暴力にもかなり適用される。肉体的な傷は，表面は治癒するであろうが，しばしば不完全でしかない。精神的な傷は，決して癒えない。もちろん，トラウマが残る。
　もう1つの基本的でよく知られた帰結は，エネルギー資源を含む再生不能な原料の利用に抗する一般的規範にある。資源は消費，つまり破壊され，(劇的な単語を使えば)「殺害」された。自然的であろうが，人間の手によろうが，少なくとも合理的なタイムスパンでは，決して再生過程には至らない。もしそのような過程があるとすれば，同種の資源の創造過程，つまり再生が破壊されなかったのである。このケースは，個人の生命を殺すこととは異なる。なぜなら，個人は代替不可能だが，加工されていないどんな資源も代替可能性を仮定されているからである。どのひとかたまりも，他と同じくらいよい，あるいは悪いからである。だから，「戦争その他の災難で生じた人口減は，直に埋め合わせるであろう」といった類の言い方は，まさに反人間的シニシズムそのものである。それは，戦争を正当化するため時折用いられるが，遺族のトラウマや報復主義など，戦争や暴力による数多くの見えない帰結を無視している。
　しかし，ここでただちに，ボーダーラインの問題と，「代替可能な生命はどうか。代替不可能な非生命はどうか」という2つの除外していた範疇の問題が生じる。前者の例は，私たちが喜んで殺してしまう動物・植物・微生物である。私たちは，それが自分にとって有害だとか無益だとみなすと，個体のみならず，系統として殺すのである。つまり，その種は不可逆的に絶滅され，再生不能にされる。ところが，私たちが（自分にとって）有益だと見なせば，その再生に

ますます注意を払うのである。しかし，本当の再生倫理とは，こうした人類中心主義を越えたものであろう。

　後者の範疇の例は，神聖にされたもの全部で，自然のものか人工的かはどうでもよい。神通力のある土地，民族・氏族・家族または個々人にとっての栄光あるいはトラウマの場である。墓所や聖地は，世界中で，原始的・伝統的な文化と近代的・ポストモダン文化との邂逅を画する。ある文化にとって代替可能であろうとも，別の文化にとってはそうではない。

　今日まで，可逆性の原則は，個人の身体・精神・魂への暴力に反対する倫理を再興するのに用いられた。さらに，生きとし生けるものへの暴力，再生不能な資源を消費するという意味での非生物への暴力にも反対する。取り消しのきかない結果を伴う行動に反対する最も一般的な定義と，あの暴力の3形態に反対する規範との間には，時間の侵害に反対する規範と呼べそうなレベルが存在するかもしれない。これは，選択可能性の減少ということである。現代の人類中心的言説では，「将来の世代に対する暴力」と呼べるだろう。

　この規範は明らかに，ものごとを変えようというプロメテウス的衝動を伴った西洋文明には根ざしていない。可逆性の規範は，ソフトに時と場所を通り抜ける規範であり，一般的には行動の帰結，特殊にはその可逆性の帰結に関する強い意識を伴っている。

　ここに，エントロピーの原則が存在する。世界の変化・多様性を減じないように行動せよ，ということである。だが，この規範は，変化を拒否するものではない。反対に，変化・組み立て・建設により，西洋文明にならった都市の中心部や市場でよく見られるような，さらなる多様性が創出可能となる。

　ただし問題は，この多様性を生み出すために，どれほどの多様性が犠牲となったのかということである。西洋の決まり文句は，最悪の意味で進化論的である。つまり，自然は人間の犠牲となり，原始社会は伝統社会の，伝統社会は近代社会の犠牲となる。そしてそれはことごとく，進化と不可逆性の倫理の助けを借りて起こっているのである。最強の者が生き延びる。弱者にとってさらにひどいのは，強者にその優越性を示す機会を与えるのが任務となることである。

第12章 平和行為の基礎である可逆性の倫理に向かって

　可逆性は，代替不能性により正当化される。これは，個々の要素のレベルと，集団・種のレベルの双方に当てはまる。代替不能性は，個人的・集団的な観察者の眼中にある。その目は，十分よいのだろうか。明らかにここでは，合理的行動理論への直接的影響がある。われわれは，再び有用性と蓋然性にたどり着く。だが，有用性と蓋然性が不確かならどうだろうか？　不可逆的行動の結果はどの程度否定的で，その結果はどの程度確かなのだろうか？

　1つ逸話を紹介したい。私の父は耳鼻咽喉科の医者だったが，1人息子の扁桃腺を切除するのを拒んだ。それで私は当時，無傷の扁桃腺を持つほとんど唯一の人間となった。父の理由は，息子がかけがえのない存在だからということではなかった。彼は，扁桃腺の切除が死を招くとは思っていなかった。拒否の理由はまた，扁桃腺が再生不可能だということでもなかった。扁桃腺は切除されると，髪の毛や爪のようにまた生えてはこない。父が拒否したのは，「扁桃腺があるのは，おそらく何らかの機能を果たすためだ。もし切ってしまったら，どんな害を及ぼすかわからない。そして，元の位置に扁桃腺を戻すこともできない」という直観に基づいていた（メスではなく糸と結び目を使って元通りにできる精管切除とは対照的である）。不可逆的な行動に反対する論拠は，「効能が不明」で「確率が未知」ということにまで拡大した。扁桃腺の切除は，修正できない。可逆性の倫理は，この時点でストップをかけ，メスを入れることを思い止まらせる。不可逆性が，停止信号のような役割をする。

　父はこの原則を，盲腸の切除にまで広げたであろうか。炎症を起こした，傷ついた盲腸は，死を招く可能性もある。盲腸が何かポジティヴな役割を果たす可能性も捨てきれない（たとえば，人体にとってのゴミ集積用コンテナとして？）。そして切除は，取り返しがきかない。こうしてわれわれは，ある悪を別の悪と比較検討する古典的な地点にたどり着く。この場合は，ある不可逆的行動と別の不可逆的行動である。選択に関して疑いはほとんどなく，（より高次の）不可逆性の倫理の原則を依然持ち出せることが指摘できよう。ここまでなら，倫理的仮説，規準として可逆性を包含し不可逆性を排除することにとどまる。

第Ⅳ部　文　化

3　結果・行動・決定の不可逆性

　これまで私たちは，結果の不可逆性と行動の不可逆性を暗黙のうちに区別してきた。結局私たちは，取り返しのきかない結果について語っている。すでに結果がそこにあれば，もう遅いわけである。これが起こらないようにするため，私たちはそうした結果に導く行動を排除する。これは安全上の理由から，有用性かつ／または蓋然性の算定が不明な場合にも当てはまる。

　その行動が，個人あるいは国家の次元で，ある構造・地位・役割・アクターのレパートリーから除外される前に，この蓋然性はどれほど高い必要があるのだろうか。まずは，行動以前に，ア・プリオリの蓋然性を扱う必要がある。つまり，その行動がひょっとしたら取り返しのつかない結果になる蓋然性をほとんどあるいは全然見ることなく，行動の背後にいる個人的あるいは集団的アクターが，善意で行動するかもしれない。決定が下される。時間が経って，否定的な結果が明らかになる。中には，取り返しのつかないものもある。こうして，経済活動の基礎をなすとされるいかなる合理性にもかかわらず，実際には非常に残念な結果が生じる。とりわけエコロジーの問題全体が，まさにこの点の中心である。

　常識はわれわれに，出口が実に単純だと教えてくれよう。そのような結果が発見されるのなら，決定を撤回せよというわけである。そのアクター・役割・地位・構造の行動レパートリーから，この行動を排除せよ。とはいえ，1つの決定を取り消すのは，必ずしも簡単ではない。それは，構造の一部に組み込まれ，かつ／または，この決定を撤回する意志や能力のないアクターによってなされたかもしれない。

　換言すれば，われわれは2つの次元の思考体系を築こうとしている。
　　規範Ⅰ：取り返しのつかない結果を伴う行動をするな
　　規範Ⅱ：取り返しのつかない決定をするな
　この規範Ⅱから，真の民主政治にとって重要な論拠を導ける。民主主義にお

第12章 平和行為の基礎である可逆性の倫理に向かって

いて，議題は原則として未決定である。それは，古いテーマに戻って，すでに行われた決定に，改めて「第2の視線」を投げる可能性も含んでいる。これが保証されているのは，言論の自由が決定の担い手にも当てはまるからである。憲法についてすら議論され，つらい変更を受ける可能性がある。最高裁判所の決定に対してすら，実際には控訴できる。たとえ被告人がずっと前に死んでいたとしても，新しい証拠状況があれば，裁判所の決定は修正可能である。

　この可逆性のポイントに対し，不可逆性の事例を若干対置する必要があるだろう。たとえば，最高決定の担い手（たいてい男性だが）が，誤った決定をすることはありえないとして，自らの無謬性を主張する可能性があろう。可逆性の問題は，当然ここでは生じない。20世紀の独裁者たちはこの範疇に入り，自らを過去数世紀の絶対君主・王・皇帝ないしほぼ2千年期のローマ教皇の真の後継者としている。これらの事例は，言論の自由の制限という視角からも見ることができよう。これらの人々が自分自身の決定の賢明さについていかなる疑念を抱いていようと，そうした疑念の表出は，彼らの行動・役割・地位・構造のレパートリーではもはや識別できない。もちろんこれらの疑念の中には，信頼できる友人に耳打ちされたものもあったが[1]，しかし公にではなかった。

　市民運動や住民投票を備えた真の民主主義では，あらゆる集団に，何らかの問題を取り上げて多数派を獲得する可能性がある。社会的に冷遇された人々の解放の歴史は，幾多の例に満ちている。その際しばしば起こるのは，彼らが支配者たちに不可逆的な被害を与えることで，自分たちに加えられた不可逆的被害の復讐をすることである（この過程の婉曲語法は「革命」として知られている）。

　しかし，民主主義国が不可逆的決定をしていないかのように振る舞える別の道もなお存在する。特に外交・安保政策の分野でその過程を秘密にして，決定を隠すのである。もし人々がある決定が下されたのを知らなければ，リーダーたちは，不可逆的な行動の責めを負う可能性もない。少なくとも，結果が現れ，

---

1) 興味深い1例は，ヴェトナム戦争全体についての疑念で，リンドン・ジョンソン大統領が1964年，ジョージア州選出のラッセル上院議員との内々の電話で表明した。

229

第Ⅳ部　文　化

人々が疑いを抱き始めるまでは、その可能性はない。つまり、決定が可逆的だから民主主義国の方が平和的だというのでは必ずしもなくて、不可逆的な行動に導く決定を民主主義国はうまく隠すということなのである。

「公開の交渉による公開の条約」とは、秘密外交の悪弊に対する古典的標語である。より明示的で、アクターの民主性を前提としないさらなるメカニズムは、再検討会議である。そこで最も重要なのは、その自動作用である。私たちは、この条約や協定がどのような機能を果たすのかわからないし、私たちの仕事の果実が完璧だと言うつもりもない。だから、何年後かに（5年後に？）再会し、2度目、3度目と会おう。不可逆的な否定的結果は、すでに起こってしまったかもしれないが、さらなる発生は防げるかもしれない。

すでに述べたように、規範Ⅱは、自己の無謬性を主張する誰か、あるいは何らかの団体に決定を委ねることへの強力な反論である。1095年11月27日、クレルモン宗教会議で教皇ウルバヌス2世が十字軍遠征を布告したような致命的決定など、ローマ教皇の例はすでに言及した。現代の教皇は、人間や自然への暴力を呼びかけるのに慎重になっている。ひょっとしたらそれは、彼らが、一般的には教皇制度、特殊には無謬性の原則を守るためだけであれ、無謬性が可逆性を暗示するのを前提としているためかもしれない。しかし、この庇護（そもそもそれが庇護だとして）は、十分な保証にはならない。避けなければならないのは、さまざまな決定の可逆性の邪魔になりかねない無謬性の主張すべてである。というわけで、ヴァチカンのための再検討委員会はどうだろうか？

決定を（ほとんど）不可逆的にする、相互に排除しない2つの要素が思い浮かぶ。構造的要素と文化的要素である。

構造的には、「国際社会」（正確にそれが何であろうと）が好例である。実際にはそれは、国連安全保障理事会で拒否権を持つ自己任命の5カ国である。これは、ヴィーン会議の5大国から発展したもので、オーストリア＝ハンガリーとプロイセン（いずれも1945年に正統性を失った）を排除し、代わりに1815年当時まだあまりに辺鄙だった米国と中国を受け入れた。その後、ユーゴスラヴィア紛争のコンタクト・グループでは、中国が再び除外され、プロイセン、つまり

第12章 平和行為の基礎である可逆性の倫理に向かって

ドイツが再度受け入れられた。彼らは，特定の決定を下したり，少なくとも阻む立場にあるだけではなく，事実がどうであるか決めることもできる。彼らの決定は，その過程ゆえに，有無を言わさぬ真理になる。ガリレオに対するカトリック教会と同じようなことである。

　文化的には，おそらくすべての文化が特定の真理を，さらなる証明の必要もなく自明と見なすであろう。これは，偽造可能というだけでなく，現に偽造される総合命題の領域で特に問題となる。それらが反論を許さない，つまりア・プリオリに真実と見なされる時に，その名による決定は，それが仮定として，あるいは結論として，あるいは両方として用いられようと，無謬性の性格を持つことになる。1つのよい例は，市場が計画に優越するとか，あるいはその逆だといった主張である。それに反駁することは，「絶対的真理」に反駁することを意味する。これはしばしば，相当な危険と結びつく。

　そうした前提から出発している国連安保理のことを想像してみよう。安保理は，二重に無謬性の圏内で守られている。言い換えれば，私たちが危険領域にいるのである。これは，総会に安全保障分野の権限も委譲する，つまり国連憲章12条を廃止する強力な議論である[2]。もちろんそれは，総会が間違いを犯すことはありえないというのではなく，単に「大きい」というだけでなく（人口1億人を尺度にすると，うち2カ国は少しも大きくない），しばしば「大国」と自己規定する諸国からなる理事会より，総会の方が間違いを正す状況にあるということを意味する。

　今一度述べておくと，民主主義国が自然・人間・他民主主義国に暴力を行使しえないとは主張していない。特に外交や「大国」の場合，それは当てはまらない。しかし民主主義国は原則として，その決定をさらに熟考し，ひょっとしたらそこから将来のための何かを学ぶ能力がある。だからと言って，この見事

---

[2] 国連憲章第12条は，第1項で「安全保障理事会がこの憲章によって与えられた任務をいずれかの紛争又は事態について遂行している間は，総会は，安全保障理事会が要請しない限り，この紛争又は事態について，いかなる勧告もしてはならない」と謳い，（国際）紛争を扱う際の，国連総会に対する安保理の優位を明記している。

231

な習慣は，可逆性の倫理と同じではない。

4　普遍化可能性の倫理と可逆性の倫理

「汝の意志の格律」が原則的に普遍的統治組織の一部として役立つ，つまり普遍化可能だというカントの規定は，暴力を排除しない。事実カントは，死刑の信奉者であった。彼ならば，規制された戦争の信奉者にもなりえたろう。ハーグ・赤十字・ジュネーヴの交戦協定は，何ら戦争を排除しないが，（必ずしもそう実践されていなくとも）少なくとも自負においては普遍的である。だがカントは，規制されざる戦争の信奉者にはなりえなかったろう。その破壊性は，そもそも普遍化できるもの一切の基礎を消去する可能性があるからである。

カントへのさらなる反論は，構造的・文化的に非常に異なる世界において，普遍化できるとは画一性と同じである点であろう。すべての規範は，別の文脈で意味を変える。これは，規範が普遍化できず，極端な文化相対主義の立場がカントの原則を無意味にしかねないと解釈できよう。受け入れ可能な合意にかかわる，さほど厳格でない解釈は，そのような合意を目指せる強力な中心を優遇することになろう。今日ではそれは西側ということになる。

したがってカントは，画一性・意味喪失・中心主義の3点で頓挫する可能性がある。そこで頓挫しないような余地を彼の原則が十分残しているとは考えにくい。これは，カントがどちらかと言えば，それを気にしない人々から受け入れられるという仮説に導く。彼らは，画一的な世界秩序の信奉者，特筆大書して西側（画一性の特殊事例）の信奉者，あるいは実践向けに考えられていない純粋哲学の信奉者ということになろう。

可逆性の倫理は，同じ行動を異なった文脈で同じように排除しない。なぜなら，すでに論じたように，可逆性の程度は文化や構造に左右されうるからである。しかし，自然，生命一般，人間に対する暴力といった行為は，文脈に関係なく不可逆的であろう。少なくとも，そのように見える。同じことは，決定が不可逆的になる具体的定式にでなくとも，可逆的決定の原則にも当てはまるで

あろう。

　ある文化では取り返しがつかないが，別の文化では取り返しのきく行動の1例は，結婚である。カトリック教会では，結婚は今でも，天上で成立するため，不可逆的（解消できない）と見なされている。それにもかかわらず，カトリック諸国でも離婚は増えているだけでなく，許されてもいる。この変化に伴う見解は，（不）可逆性の問題を非常によく表している。一方では，非常に多くのこと（結婚した両名と子どもの安全，相続，両家の関係，家族に立脚した社会の結合など）がかかわってくるのだから，結婚契約は石に彫るか鋳鉄すべきだと論じる人々がいる。他方で，結婚に挫折もありうると論じる人々がいる。だから，何年か毎に自動的な再検討委員会か，それに似たようなものを設けるべきだというのである。これは，契約から身を引くことで，それを一方的にでも解消する権利を持つというのである。そしてまた，結婚契約解消の際に生じるであろう一方ないし両者の費用を含め，費用と便益のバランスの観点から，結婚などしない方がよいと主張する人もいる。

5　平和政策にとっての含意

　創造性の促進と，紛争における暴力の縮減が，平和政策の中心である。その際，紛争の破壊的側面よりも創造的側面を，はっきりと優先する。紛争を否認するのではなく，紛争と結びついて頻繁に現れる暴力が不可避・合法だということを否定するのである。これまで誰も，平和を守る絶対確実な方法を発展させなかった。今後もそんなことは起こらないし，しかも非常に単純な理由から起こらないだろうと主張できよう。平和 P に導く諸条件の束 $\underline{C}$ を認識することは，非平和の諸条件を認識することである。$\underline{C}$ を否定することで，このことは可能となる（$\underline{C} = C_1 + C_2 + \cdots\cdots + C_n$ で，$-\underline{C} = -C_{1v} - C_{2v} \cdots\cdots _v - C_n$ だということを前提にすれば，これは簡単である）。これらの条件の1つが平和への意志であり，平和に高い，それどころか最高の優先順位が与えられると想像してみよう。この場合，しなければならないすべては，この条件を否定することであ

る。平和がCの自動的な結果となるためには，私たちは，人間がこれを否定できないということを仮定しなければならないのだが。言い換えると，これは，自由意志が存在しない非常に高度な1つの場合である。

　これはある意味で歓迎すべきことである。なぜなら，平和を諸条件の特定の束の自動的な結果と見るいかなるテーゼも，実行を不可逆的にする努力に導きうるからである。そうなると，理論全体が結果的に誤りなだけではなく，破滅的かもしれない。それは，たとえばアーリア人／非アーリア人，資本／労働，イド／超自我といった対立の「止揚」に関する理論に当てはまる。ずっと確実なのは，「CならばーPで，だからーCなのだ」という否定的理論である。ここでは，ーPに導くように見えるため，Cが排除される。だが，それでも注意深く続行し，可逆的な決定と行動に頼る必要がある。

補論　未来がどんな形をとるか

　今私は，チューリップに埋め尽くされたオランダの風景がすぎ去る中，列車のテーブルにパソコンを置いている。逃げ道はない。あの編者たちは，私が自分のことについて書くようひたすら言い張っている。私は彼らに，認識論のごちそうを与えようとした。米国流国際関係の破綻，特に，自称「エリート」大学での破綻についてである。この国際関係論（IR）は，米国イデオロギーに自ら奉仕するように適当に分解・分断・解体されたものである。これはことごとく拒否された。しかも，政治的理由もなく。彼らはとにかく，私がそうありたいと装っている平和研究者に私がいかになったのかに関するエッセイを欲しがった。つまり，私が自分自身について書くことを望んだのである。帝国主義や暴力ではなく，私自身に関する構造的理論である。私の方はと言えば，饒舌が遠慮（これは，ノルウェー人に本質的なある種の引っ込み思案によって基礎づけられた）に譲歩，それどころか屈服するのを感じる。それにより，私が社会科学者として（タブーを破るだけでなく，タブーに——病的に，と言う人もいようが——引きつけられることで）実践を試みている率直さが，ここで内なる限界に達するという恐れが交じり合う。しかも，不誠実で自己弁護的かもしれないとの心配は，能力がないという意識ほど強くはない。とにかく，どうしてよいかわからない！　自叙伝。この表現には，ナルシズムすら芬々と臭う。

　そこで，私以外の話から始めさせていただきたい。父のことである。父は，私より半世紀前，オスロ近くの小さな町に生まれた。ヴァイキング時代からのノルウェー最古の家，一種の貴族の出であった。彼は，実践的キリスト教徒で，ノルウェー陸軍の少尉であった。この軍隊は，1905年に「同君連合」解消がうまく機能しなかった際スウェーデン人を熱烈に歓迎し，1914年にはノルウェーの中立を守るために動員された。父はまた，職業訓練を経て医者になった。1920年代は，保守党のオスロ副市長であった。開業している病院の前で行列を

作る患者たちを看る間をぬって，経済学の学位をとった。また，オスロ市立病院の医長であった。フランスとフランス語の愛好家。聖書の語り部。魅力的で親切で愛すべき男性。そして明らかに，一人息子から愛された。

　私は，父が経歴を終える頃に生まれた。父は，私のための時間があり，ぶっきらぼうな言葉をほとんど発せず，罰も与えず，たくさん誉めてくれた。本当に愛情たっぷりであった（父が死んだ場合に備え，私は——いささか非効率な——自殺計画を練ったほどだ）。父は私に2つのことを言った。1つは，「お前はお前だ。好きなことをやってよい。一生懸命やれば，成功するだろう」ということであった。もう1つは，ノーブレス・オブリージュ（高い身分に伴う義務）。つまり，上流階級のイデオロギーだが，最悪の類ではなかった。

　父は，私を穏やかで上品に甘やかした。私がいろいろ質問し始めるようになると，父は答えるのにベストを尽くした。だがそれ以上に重要なのは，私にもっと質問するよう励ましてくれたことだ。なぜこれはこうで，あれはああで，なぜ私はそれとそれをしなければならないのか，と。

　「なぜお父さんはクリスチャンなの？」ある時私は尋ねた。父の返答も，12歳の子どもが読める本も，私を満足させなかった。1945年10月24日午前9時，私は，国教会から脱退するため，地元の聖職者の事務所を訪れた。それは，私が15歳（この自立行為をするのに最低限の年齢）になった日だったので，9時に事務所の扉を開いたのである。「まったくキリスト教的ね」と，25年後それを知った私の日本人の伴侶は理解を示した。

　この日，別の2つの出来事が起こった。こちらの方がいささか重要なのだが，1つはサンフランシスコ，もう1つはオスロにおいてであった。サンフランシスコでは国連憲章の署名が行われ，新しい大きな平和の試みが始まった。オスロでは，地元ノルウェーのナチ，クヴィスリングが裏切り者として処刑された。「勝利の日」を意味する「Vデー」・「VEデー」（1945年5月8日）から半年経ったこの秋，平和はまだ初々しく新鮮だった。

　私は，父にひどいお返しをしてしまった。ヒューマニズムゆえに，またずっと後年はガンジー研究から仏教に傾倒して，父の信仰から離れたのである。私

補論　未来がどんな形をとるか

は政治的にも，父の立場から離れた。彼の保守主義は，ソフトなノーブレス・オブリージュのタイプで，彼は保健政策，特に予防医療の領域で多くの業績があった。しかしそれは，学校の授業を含め，私が育った社会階級一般の態度ではなかった。全般的な観念とは，労働者は，まさに妬みから革命を計画し，わが家のようなブルジョワ家庭の家を焼き払うことを除いては，愚かで低劣な仕事しかできない，不道徳で危険，潜在的泥棒でセックス狂というものであった。生まれつきそんな人間もいたが，私たちのように，より高次の人間存在のために，つまり，人生・楽しみ・愛において洗練され控えめで，権力や特権に関してはあまり控えめでないことを求めて生まれてきた人もいた。実際にそうだったし，これからも常にそうあり続けるに違いない。非常に近い親戚からも，「社会が機能するには，上にいる人間と下にいる人間が必要だ」と始終聞かされたものだ。

　私は自分で答えを探し出そうと決意した。自転車に乗って，オスロの「わが」市区からどんどん遠ざかり，田舎へと導かれた。もっと楽しく相対することを始める，つまり若い女性を探し始める前に，社会的な心身を探求するため，さまざまな社会空間に遠足した。後から考えると非常に純朴に聞こえるが，私にとってこの社会調査は重要であった。私は，労働者階級の人々に出会った。彼らは，清潔・秩序や所有にはあまりこだわらず，その代わりむしろ自発的で，歌ったり大声で話したり，喜んで分かち合い，自転車乗りを招き入れた。生まれながらの盗癖・虚言癖・怠け癖は，見られなかった。私はまた，彼らが奇妙なことについて話しているのも発見した。彼らは何かを「達成」したくないわけではなかったが，ありとあらゆるものが障害になっていた。特に学校がそうで，高校卒業は，針の穴のような狭き門で，そこを，どのラクダも通りぬけなければならなかった。だが，労働者階級の人々は，そこに至るまでに，家計の足しに稼がねばならず，高校を出る時間はなかったのである。

　この認識は，ある特別な点で私を傷つけた。私は極度に学校を嫌悪したのである。よい成績で進級してゆく間，私は，習ったことを別の本と比較し，あまりに食い違いが多いことに気づいた。学校とはイデオロギーであり，これは確

実に私のイデオロギーではなかった。例外は言語を習うことで，これは父から大いに励まされた。学校は，福音主義ルター派，ノルウェー人の国民的誇り，慢性的なイギリスびいき，まったく使い道のない数学を説教した。どういうわけか，一番魅力的なトピックですら埃だらけであった。疑念は確信になった。どれもこれも，人々を締め出し，くさびを打ち込むために行われていた。ラテン語やギリシャ語はもうなかったが，それを受け継いだ科目があり，同じ目的に役立っていた。

16歳の時，私はノルウェー労働党の青年部に加入した。そこで大変な落胆を経験した。私は，自分が大ブルジョア仲間の外で見つけた暖かさを期待していたのだが，実際に遭遇したのは妬み・貪欲・政治的策略であった。労働党が上級階級について抱いていた観念は，その逆と同様に馬鹿げていた。私は，自分の外でも内でも，両者を橋渡しできなかった。私は居づらくなった（その後明らかになったのだが，地元の青年部長は米国大使館への密告者で，地元のマッカーシー作戦に属していた。うまくいかなかったのも無理はない）。だが，社会の下層の人々と連帯しようという基本的な志向に変わりはなかった。そして，社会的な事柄はおしなべて，一見そう見えるようなものではなく，まして学校で教わるようなものではないことを学んだ（一人の社会科学者にとっては大いに役立った）。嘘，嘘，嘘。私は嘘をつかれていた。これは嫌だった。こうしたことが，永続する私の関心事となった。

私は執念深くなったのだろうか。たぶんそうだ。私は仕返ししてやりたくなった。可哀想なのは，学校の先生たち。私は，教室の後ろに偉そうに座って，どの教科でも文句のつけられない成績を収め（キリスト教を除いて。この科目では謙虚さが欠けていたため成績がよくなかった），質問を連発し，教師と自称する詐欺師一味を悩ませた。彼らは私より賢く穏やかだったので，解決策を見つけた。私に授業をさせたのである。15歳という年齢で，私は，ティーチング・アシスタントのようなものになった。休み時間も同じで，全クラスが校庭の隅で私の「お墨付き」を得た翻訳や数学の答えを手にした。私が準備しなければならなかったのは言うまでもない。私には責任があったのだ。何か破壊的なこと

補論　未来がどんな形をとるか

をしているという思いもあった。ところが，教師たちは喜んでいた。私のエネルギーは建設的に用いられ，クラスメートは，教室でなら「つまらない」と忘れ去ったであろう知識を私から喜んで得たのである。私は感動した。それに加えて，人は何か挑戦を受けると伸び，誰かがすでに処理・整理したものを座って受動的に受けると，いかに萎縮するのかがわかった。

　その間，国際関係が非常に具体的な形で身近になった。1940年4月9日，緑の制服を着たドイツ兵がオスロの街路を行進した。それもわが家の近くだった。映画「未知との遭遇」風に言えば「第三種接近遭遇」〔訳者注：UFO添乗員との接触〕を通して国際関係を始めたと言えよう。ナチ政体に賛同して従順に行進するドイツ人が，本当に「未確認」だったわけではない（よきUFOのF（flying）を満たしたとしても）。だが彼らは，オスロの街におよそ属さないという単純な意味において宇宙人で，武器を満載し，周章狼狽の当局を放逐した。市民社会はドイツ人の手にわたった。

　そういうわけで，IRはひどい味がした。ドイツ人が「千年王国」方面への乗り物に乗るよう父を招いたことで，「第三種接近遭遇」の質が高まっただけになおさらであった。要するに，オスロ近くの強制収容所に，である。毎日曜日，私は収容所を見下ろしに，冬はスキーを履いて，少し離れたところに寄ることができた。眼下には，黒い服をまとった何百，何千という囚人がいた。手に銃を持って見張るドイツ人の警備隊員が，緑の制服で1人ポツンと立っていた。黒い点々の1つが父なのだ。緑にも親切なのがいたとは，後に知った。そのほかは実に嫌な連中だった。

　母は素晴らしかった。父が強制収容所に連行され，姉が2人ともスウェーデンに政治亡命したため，家族は2人になってしまった。毎朝私は，ビクビクして新聞を取ってきた。「ガルトゥング博士，何々の報復で処刑」というおぞましい見出しを恐れていたからである。実際，父の医長仲間にそれが起こった。私たちは幸運だった。父が戻ってきたのだ。

　IRとの第2の出会いは，1949年であった。当時私は18歳で，徴兵制がある国の他の男性と同様，兵役に召集された。それは，「第二種接近遭遇」であっ

239

た。どういうわけか、国際関係、「東西対立」といったものは、依然見えていたのに、（遠く離れた安全な場所では）すべて後景に退いてしまった。はっきりと前景に出てきたのは、ノルウェー語でミンディヘンテネ、ドイツ語でオープリッヒカイトと言われるものとの関係である。これは、元来翻訳不能なものを表す断然最良の表現で、「お上」のような意味である。私の存在にかかわる疑問は、兵役と呼ばれるものが、ノルウェーのお上との関係なのか、従属国ノルウェーを通じて米国との関係なのか、それとも仮想敵国ソ連との関係なのかということであった。そもそもソ連とは何か。私たちは本当に脅威にさらされているのか。国のため、軍のために人を殺すことが答えなのだろうか。

　答えを見出すチャンスは、1953年に訪れた。西側初の学生代表団の1つに参加し、私はソ連に行った。ちょうど私たちの滞在中に、スターリンが死んだ。訃報が届いたのは、彼の生地、グルジアのゴリ市にいた時だった。話は単純だ。ソ連について言われていたひどい、それどころか身の毛のよだつ事柄の大半が真実であることを私が見出さなかったということではない。

　ポイントは、私がさらに多くのことに気づいたことにある。またしても私は、人を馬鹿にした宣伝の犠牲になっていた。中にはお手製のものもあったが、多くは米国製の「天の声」であった。ソ連は1つの単位、単一の国民として記述され、国際関係なるものの「アクター」として登場した。私を苛立たせたのは、ある国の何人かの悪しき特性を全員に帰する「一事が万事」論法ではない。別の言葉で言えば、偏見である。これはほとんど避けられない。さらに言えば、8割方当たっているステレオタイプは無視しがたい。だが、この世界を構成するのに、1人の人間も登場しない。善人も悪人も、普通そうであるように善悪両面持った人も、誰一人登場しないのである。唯一目に見えるのは、国民国家とそのシステムであった。これは狂っていると思った。歴史からひどく扱われたこれら魅力的な人々は皆、「ソヴィエト連邦」に還元された。それで終わり。狂っているよりひどい。実にくだらない。

　国際関係との3番目の出会いは、後に訪れた。それは、「第一種接近遭遇」で、IRの教科書であった。どの本かは明かすまい。ただ、著者は大いに賞賛

補論　未来がどんな形をとるか

されたヨーロッパ人で，彼のアプローチは現実主義的と絶賛されていた。だが，この本は抽象的でしかなく，現実的な観念からはるかに遠ざかっていた。私は世界を諸政府と民衆（世界中で民衆は，自国政府に関して同じ問題を共有している。その1つは，政府が，国家が定めメディアが宣伝する理由のために命を差し出すよう若い男たちに要求する権利があると考えていることであった）に分けて見ていたのだが，彼は世界を諸国家に分けて見ていた。彼が間違っていて，私が正しいというのではない。もちろん国家は現実である。だが，国家は「国際関係」の唯一の現実ではない。この抽象に基づく政治が現実政治（レアルポリティーク）と呼ばれるのであろうが，決して「現実的」ではない。そのうえ，世界は利己的で貪欲な国民国家のアナーキーなジャングルだというイメージがことごとく，諸国をまさにそうさせるのである。

　だから私は，良心的兵役拒否者となり，父に3度目の裏切りをした。今度は父の中の将校に対して，である。私は，これが何の矛盾もない完璧な立場だと考えていたわけではない。事実私は，法務省に良心的兵役拒否者としての承認を求める書簡の末尾に嘆願を添えた。これが後年わが人生のテーマとなったのだが，そこには「これらをさらに研究するため，私は生涯を平和研究に捧げたいと思っています」と記した。当時（1951年），父が教えてくれた「さらにもう1つ質問する」ということで3年苦しんだ後であったが，私は平和研究が本当に何を意味するのかほとんどわからなかった。ともあれ，私がそうしたのは，ノルウェーの兵役義務のおかげである。

　良心的兵役拒否者用の収容所は，馬鹿馬鹿しかった。私は，木を切ったり，墓を掘ったり，自分より上手な人たちのために料理したりして，兵役の長さに相応する12カ月を過ごし，良心的兵役拒否者の信念の誠実さをテストするために考えられた追加の6カ月をまっとうするのを拒否した。「国に奉仕」している間，私はよりましな国際関係に貢献したいと思った。私は，相互に協定された平和プロジェクトで働く許可を願い出た。聞いたところでは，この請願は閣僚会議に届いたそうだ。首相は賛成したが，NATOで鍵を握る両閣僚，外相と国防相が反対した。私は彼らの「ノー」に「ノー」と答えた。結果，オスロ

241

の地区刑務所に6カ月繋がれた。部屋代と食費は，ミンディヘンテネが払ってくれた。

　これは有益な体験だった。どこか心地よかったというのではない。居心地は悪かったが，刑務所共同体を研究できたのを通じて，人生のテーマがしっかり固まったのである。また私は嘘をつかれた。刑務所の囚人が素晴らしかったというのではない。素晴らしくはなかったが，ワルはごくわずかで，大半は社会の間違った隅で生まれ，犯罪・逮捕・有罪・刑務所への直行が予測可能であった。そこから道は環状になり，刑務所の外だったり中だったりした。多くの場合，困難な状況に深刻な病気，特に精神傷害が加わった。彼らの誰も，怪しげな「理論」に支えられて，平和の名の下に核のジェノサイドを計画することに携わっているように見えなかった。ワルだったとしても，大したレベルではない。処罰は，一般的にも個人的にも予防にならないように思われた。私の場合も例外ではなかった。初春の美しい日に，私は出所した。他の全員と同じく，権力者と私のような人間との理解のギャップについて思い知らされながら。

　私の囚人仲間は，革命家ではなかった。ある日，私が刑務所病院で働いていて，床掃除をしていると，2人の仲間に出会い，「おまえ，どのくらいの間もらっていた？」と聞かれた。これは刑務所で「職業は何？」と尋ねる仕方である。私は「6カ月」と答え，兵役拒否について少し話し，今度は自分が質問した。答えは殺人を示唆し，数年前の紙面から顔がわかった。彼らから離れて体を洗い，戻ってたまたま食器棚の陰でいると，2人の会話が聞こえてきた。人殺しAが人殺しBに，「国に尽くす気のない奴」と言っていた。犯罪者の国のただ中での，ブルジョア的な「愛国的」（「家父長的」でもある）因習主義であった。

　父は月に1度面会に来た。いつものように，とても穏やかかつ好意的で支えになってくれた。私は，この希有な人間から何を学んだのか考え始めた。私が小さな子どもだった頃の父の年齢に達した今，よくわかるようになった。まとめると，

　・子どもをあるがままに愛せよ。子どもを支え，自分のクローンにしようと

するな（どのみち成功しない）。
- 子どもがよいことをしたらたっぷり誉め，間違ったことをしたら穏やかに話せ。子どもを罰するな。絶対暴力に走るな。
- 自立を励ませ。子どもに自信を与えよ。できると言われれば，子どもは，大きなことをできるようになるだろう。
- 「この小さな男の子が，目上の人の足をなめたり，下の人を踏みつけたりしませんように。」これは，私が父の親友から洗礼を授けられた際に言われた言葉だ。彼は，保守的な将校仲間で，1940年のナチス侵略の際，ノルウェー軍司令官だった。悪くない座右銘だ。
- 人生ではいろいろなことが結びつけられる。医療と経済学，職業と政治というように。不当な自制は禁物だ。
- 「予防は半分治療である。」だが，いかに病気（つまりは暴力）を予防できるか知るためには専門性が必要だし，実現には政治が必要だ。組み合わせ，折衷せよ。

平和研究の基本的要素がここに込められていると，わざわざ指摘する必要もあるまい。そして，私から特に父を取り上げた戦争体験によって2つの問題，つまりどうしたら戦争と占領を回避できるか，もし占領されたらどう戦うのが1番かを考えざるをえなかったということも，言わずもがなであろう。

私はキリスト教徒でも保守主義者でも軍人でもないので，家庭条件が波瀾万丈だったと思われるかもしれない。そんなことは全然なく，人が考えるよりずっとよかった。おそらく私は父から，無用な争いは起こさず，重大な紛争に集中するよう学んだのであろう。1つのことでは，父を裏切りたくなかった。父は医者で，祖父も医者，母は看護婦だった。母方の祖父は，ノルウェーの保健局長だった。叔父は私が生まれた時，「医者が生まれた」という電報を父によこした。ほとんど誰もが私にプレッシャーをかけ，私自身も当然と思うほどであった。12歳で私は医学の教科書を読んだ。13歳の時，父に手術室に連れて行かれた。その次は化学で，大学の授業を盗み聞いた。結果は明らかで，16歳の時私は内心，医者にならないだろうとわかった。私の情熱は別のところにあっ

たのだ。自然科学，特に化学と，ありとあらゆる社会科学である。だが私は，父を4度までも裏切りたくなかった。そこでぼんやりと，医学の勉強の一部になるので化学をやると言った。

　問題なかった。父は，私よりずっと前から何もかもわかっていたのだ。さらに父は，医学という職業の短所を詳しく話してくれた。俗物主義や傲慢，それに知ったかぶりである（私は近所で扁桃腺を切除されなかった唯一の子どもだった。父は他人の子どもの扁桃腺は取り除いたが，息子にはしなかった。「扁桃腺がなぜ存在するのか，理由があるはずだ。なぜだかわからないというだけでは，まだメスを使う理由にならない」と言った）。それから貪欲さ，「治療医学の方がずっと儲かるので」適切な予防医学はやりたくないという思い。父は「予防は半分治療だ」と唱えたが，彼の同僚の大半はそれに唱和しなかった。

　その後は，長くたいてい素晴らしい学生生活だった。2つの学部を並行する旅で，当時は組み合わせ不可能だったものを組み合わせた。化学は，事前に消費していたので，日程から消えた。数学，応用数学，物理学，統計学を某学部で学び（博士論文は「確率相関マトリックス」），哲学，社会学を別の学部で修めた（博士論文は「囚人共同体」）。道のりは長くて時には辛く，いつも曲がりくねっていた。直観に導かれた8年の勉強の後，父が，終わりが見えるのか慎重に聞いてきた。もし彼が今でも生きていたら，私は正直に「いいや」と言えるだろうに。全然見えなかった。研究とは求め直すことで，終わりはありえない。しかし，その行程にはいくつか停留所がある。

　夢中になって旅をし，自転車に乗り，ヒッチハイクをし，オートバイに乗り（それであの5年を生き延びたのは奇跡だ），自動車を乗り回し，モーターボートで美しいノルウェー沿岸を上がり下がりし，小型飛行機（旅行にはまるで不便だ）

---

1)　学問的に名状できないものを含め，すべてが組み合わせ可能な大学制度は，ヨーロッパにはない。
2)　この経験の知的残滓は，Johan Galtung, *Methodology and Ideology,* Copenhagen: Christian Ejlers, 1977（ドイツ語版 *Methodologie und Ideologie. Aufsätze zur Methodologie,* Bd. 1, Frankfurt/M: Suhrkamp, 1978）の第4章に見出せる。

を操縦し，大喜びでさまざまな言語に聞き入り，私は，自分が国際的放浪者に不可欠の資格を持っている感じがした。さらに，曲がりくねった学業は，私を国際的放浪者として確立した。つまり，世界が故郷となり，あらゆる学問分野の境界を越えて平和と暴力への見方を追求することで，平和研究者が姿を取り始めたのである。だが，肝腎なことが欠けていた。国際的とか超国境的，学際的とか超学問分野的であるのはよい。しかしそれは手段であって，目標ではない。目標は，平和的手段による平和，すなわち戦争の廃絶その他なのである。

いかに平和に近づくか？

すでに述べた通り，私は平和研究に自分を捧げようと誓った（自分を一他の誰もさして興味を持たなかった）。最初の本当のチャンスは1953年の春に訪れ，私はもう1人の注目すべき人物，オスロ大学教授の哲学者アルネ・ネス〔訳者注：邦訳書に『ディープ・エコロジーとは何か　エコロジー・共同体・ライフスタイル』文化書房博文社，1997年〕と出会った。ノルウェー労働党政府は，左翼反対派をなだめすかすために，インド最南部のケーララで，「開発援助」漁業プロジェクトを始めた。アルネは，これを相互貿易にするという素晴らしい考えを持ち，「インドから何を学べるのか」という今まで出されたことがなく不人気な問題提起をした。彼の答えは「ガンジー」であった。アルネは，1930年代からガンジーの政治に魅了され，連続講義を行い，その助手を求めていた。この助手は私に打ってつけだった。私は熱心に仕事をし，共同の原稿を完成させた。1954～55年の冬，獄中にいたのはもってこいだった。アルネも私も，後年それぞれ独自にガンジーに関する著作を著した[4]。

---

3)　結局これは挫折した。
4)　私の著作は Gandhi Today という題名である（*The way is the goal. Gandhi today*, Ahmedabad, Ahmedabad (India): Gujarat Vidyapith, 1992）。これは，*Gandhis politiske ethikk* の題で，1955年ノルウェーで出版された〔ドイツ語版は *Der Weg ist das Ziel. Gandhi und die Alternativbewegung*, Wuppertal/Lünen: Hammer, 1987〕。

暗い20世紀におけるこの灯火との出会いから，私は4つのことを学んだ。弾丸で即座に殺す暴力も，飢餓や病気でじわじわ殺す暴力も，ともに犠牲者や遺族にとって悪であること。原因がわかれば暴力は取り除けるという楽観主義。原因は相手側の悪いアクターではなく，誤った構造にあるという構造主義。そして，非暴力は誤った構造への非協力を意味し，同時に，できる限り相手側のアクターに敵対するのではなく，別の構造のために発言・行動することである（もっともその点で，私はあまりよくないかもしれない。私はファシズム，他者を非人間化し，他者へのありとあらゆる絶滅・搾取の権利を持つと考えるほど自己を高く評価する人間すべてに，一線を画している）。刑務所滞在は，これを実践する試みであった（10年後，私は褒美をもらった。電話口で法務大臣の声がした。彼女は，私が良心的兵役拒否者を研究助手として迎え入れるか尋ねてきた。大祝賀会になった。今日では，それは西欧のどこでも日常茶飯事だ）。

　米国の博士号に相当するものを2つ（1つは数学，もう1つは社会学）認定され，私はコロンビア大学社会学部の専任講師に採用された。当時ここは，ポール・フェリックス・ラザースフェルド〔訳者注：邦訳書に『質的分析法　社会学論集』岩波書店，1984年など〕とロバート・マートン〔訳者注：邦訳書に『社会理論と社会構造』みすず書房，1961年など〕の全盛であった。2人の偉大な社会科学者の近くで，私は素晴らしい3年間を送ることができた。1人は私を数学的社会学，もう1人は一般的社会理論に予定していた。私は，反セム主義と人種主義をめぐる紛争を研究するつもりで（「あまりシックでない」と2人のうちの1人は言った），アメリカ・ユダヤ人が進歩的だった頃隆盛期にあった反差別連盟で働いた（後で教えてもらったのだが，2人の同僚がこんな会話をしたそうだ。「ガルトゥングはユダヤ人かい？」「違うと思うよ。けれど，十分利口だからユダヤ人になれるさ」）。

　1959年，私はコロンビア大学から1学期間休暇を得て，4人の仲間と，後にオスロ国際平和研究所（PRIO）となる機関を立ち上げた。その際われわれは，敬愛する師オットー・クラインバーグ〔訳者注：邦訳書に『国際関係の心理　人間の次元において』東京大学出版会，1967年〕から素晴らしい助言をもらい，ノルウェー社会科学の急速な発展の背後にいたエリック・リンデ・オスロ社会研究所

補論　未来がどんな形をとるか

長から初期の資金援助を受けた。思い出されるのは，教育省の親切なトップ官僚で，彼は私に「だいたい賛成だが，①「平和研究」とは何と嫌な名前だろう，②君は米国に戻り，この分野でこれまでどんな成果があるのか研究し，ノルウェーの状況に適した模写を試みるべきだ」と伝えた。

　彼は冗談を言ったのではなく，知的ベビーシッターをしてくれたのだ。私がこの嫌な研究領域で有望な経歴をふいにしかねないと，ことのほか心配してくれたのである。私たちはこの助言を受け入れなかったが，それは，この分野で米国から学ぶことがほとんどなかったからだけではない（今日でもそうである。実際アメリカ人は，世界における自分たちの役割と取り組むのに四苦八苦している。彼らには，米国が多くの国の1つとしての役割を果たす平和的な世界が想像できないし，平等・正義といった概念や自分たちの支配・搾取に対する闘いなど考えられないのである。超大国であるのは，高くつく）。

　われわれ5人の若きノルウェー人は，独立独歩を実践し，一般紛争理論，開発援助プロセス，時代遅れの暴力的紛争解決メカニズムとしての決闘，ニュース・コミュニケーションの構造，外交モデル，首脳会談の理論と実践，帝国主義構造の作用などの分野で，最初の一歩を印した。[5]

　数学と社会学を修めたおかげで，私には何につけ構造を追求する傾向があり，特に複合的構造が好きになった。それから，国民国家というビリヤードの内部も探究したがった。そうすると，国際関係論の主流，特に超大国アメリカが発展させたような形態に対する不満が高まり続けた。何年か前ある「エリート大学」の招待で，私は，米国IR族をフィールドワークする包括的で新鮮な機会を与えられた。インテリのホラー・ストーリーで読者を退屈させるつもりはない。だが，自分の立場はつけ加えておきたい。主流でも，逆流でも，その両方でも，二重の否定でもない。追究はさらに続く。国際関係のシステムは複合的で，国家間システムはその一部にすぎない。それを物神化すると，恐ろしい知

---

5) この分野における最初の15年の論考は，'Essays in peace research, vol. 1-5, Copenhagen: C. Ejlers, 1975-80。

247

的・政治的結果を招く。それを忘れるのも，相当な知的・政治的危険を冒すことになる。その危険の1つは，政府が蓄積し，自分たちの「利益」だと定義するもののために戦う時に放つ恐ろしいパワーを忘れるという無邪気さかもしれない（だから私は，米国が国益の名のみで，何百万人も隠密行動で殺害するとは思わなかった）。さらなる地平が意味するのは，多くの立場や見方を同時に持つことである。世界を，国家間の関係，民族間の関係，さらにそれ以上のものとして見る。自然，構造，文化。だが，何より人間である。君，私。始終争うだけでなく，協力もするのである。

　それほど簡単ではないが，難しくもない。しかしここでは，4点だけ研究に触れておきたい。もし高度の慎重さを必要とする微妙な分野で仕事をしたいなら（「平和」はこの分野で，冷戦期たしかに破壊活動的だ），①さまざまな筋から資金を得るようにせよ，②国内では認められなくとも国際的に認められることで身を守り，③率直かつ誠実であり，「秘密研究」はするな（それ自体矛盾だ。間主観的であるためには，当然学問は公的なものだからだ），④やりがいのある分野なのだから，一生懸命仕事をし，最善を尽くせ。道楽，自己検閲，金持ち・権力者との親密なつき合いは役立たない。

　だが，まだ本質的なことが欠けている。私は国内社会を下から，刑務所から眺めた。だが，まだ地球社会を下から見ていなかった。当時の妻（政治参加に熱心な素晴らしい女性で，後ノルウェーの政治家になった）と私は，メキシコを含む北アメリカを旅行し，もっと下からの目を初めて開かれた。だが，1960年6月のキューバ訪問の方が，教訓に満ちていた。米国で言われていることが，ほとんど例外なく，ほとんど全部嘘以上に悪質だとわかったのである。世界「共同体」の深部で見られるような諸課題を知的に把握することに失敗していた。

　本当のチャンスは，1962年にやってきた。PRIOが創設されたのである。平和が国際的・学際的方法で研究可能だという見方が通ったのである。私たちは，資金面で新たな契約を期待していた。ユネスコが私に，チリのサンチアゴで方法論を教える仕事を提供してくれた。私の任務は，自分がよく知っている福音，カイ2乗分布〔訳者注：統計学の用語〕の福音を与えることで，ラテンアメリカ

補論　未来がどんな形をとるか

の若い社会科学者に,「現代的」社会科学の方法を講義することであった。本当に素晴らしい学生たちだった。彼らは搾取・帝国主義といった聞き慣れない事柄について論じていた。これはコロンビア大学時代,「空疎なスローガン」とみなすよう学んだものである。「近代化」・「経済成長」が, 客観的で確実に価値自由な言葉であった。

　私は, ラテンアメリカ中から来た彼ら若い男女から非常に多くのことを学んだ。結局3年長くラテンアメリカにいたが, これは純粋にこの地域への愛着からだった。学生たちは,「カイ2乗」は貧しい人間のために何をしたのかといった奇妙な質問をしてきた。もちろん, そうした小うるさい無教養でイデオロギー的な質問への回答はあったが, そうした回答は私の耳にはだんだん説得力を持たなくなった。あちこち数え切れない旅行をしたことで, ディーテールが加わった。最後に取引がはっきりした。学生たちは「カイ2乗」を得, 私は, 世界がどう機能するかについてかなり理解した。いつもながら, 第一世界がよい部分をかすめ取り, 第三世界はそっけなくあしらわれる。

　1965年に本当のテストがやって来た。プリンストンを経て, サンチアゴでの2度目の任命への途上, 私は, 紛争と開発の交差に関するキャメロット計画に協力するよう頼まれた。ラテンアメリカ, スペイン語, 同地の社会科学者を知っており, 紛争理論・開発理論の分野で仕事をしていたからである。「ヴァージニア州アーリントンで小さな週末の会議が行われ, 敬意の印にささやかな報酬2000ドル（1965年当時少しもささやかではなかった）が支払われます」という手紙が, サンチアゴの研究室に遅れて届いた。打ってつけだった。たしかに国連は世界中で建築事業をするけれど, オスロの自宅の抵当権は, ユネスコの給料では賄いきれなかったのだ。すると, 封筒から小さな紙片が落ちた。そこには,「国防総省が後援するこの計画の目的は, 米軍がいかに友好国政府の軍隊を危機の時に救援できるかを案出することにあります」とあった。

　深夜の研究室だった。学生たちの発言が正しかった最終的な証拠だ。介入主義的帝国主義という考えが現実的だというだけではない（それを疑えるのは, 米国史を漠然としか知らない者だけであるかのように）。米国社会科学一般と, IRを

249

実践する特殊なやり口との間に，基本的適合性があるようにも思われたのである。ちょうど，新古典派経済学と軍事独裁との間に，基本的適合性があるようなのと同じである。

　このプロジェクトにかかわっている米国人社会科学者のリストを見てみた。最も優秀なトップ20のリストであった。答えが「ノー」だというだけでなく，このキャメロットと戦う必要があると全身で思った。ただ，抵当権弁済の素晴らしい可能性を考えると，少し心が痛んだ。だが，頭は別の問題を考えていた。狂っているのは私か，彼らか，両方か，どちらでもないか，あるいは以上のどれでもないか。そこで私は全員に手紙を出して説明を求め，自分はこのプロジェクトに暗い見通しを持っていると述べた。答えようとしたのは，たった2人だった。1人は中心的なオーガナイザーで，別の機会に「説明」すると言った（結局，全然しなかったが）。もう1人は，「いいかいヨハン，これが何百万ドルになるだけでなく，社会科学者に必要な声望を得られる道だと分からないのか？」と言った。

　私は残業として仕事を始めた。これが，ラテンアメリカ社会科学に広めるべき私のユネスコの任務と一致すると思った。もし社会科学者がこの計画中現行犯で取り押さえられたら，それは多くの人（少なくとも自分の知識や研究成果を誰にも売ろうとしない人）にとって，終わりを意味したであろう。だが私は，強大な加盟国を向こうに回して，ユネスコもそう見るか，正当にも自信がなかった。ともあれ，必要な書類が，ちょうどよい時機にチリ大統領のデスクに届き，怒りを引き起こした。米国大統領リンドン・ジョンソンは声明を出して，計画を取り消した。公聴会が開かれ，パニックが起こった。[6] 学生たちは「あなたが信頼できる人だと分かっていました」と，私に最大の敬意を表した。同僚たちは，失われた計画の資金のせいで，それほど朗らかではなかった。だが，言うまでもないが，ワシントンは別の場所で，名前を変えて計画をスタートさせ，庶民をスパイするために社会科学者を利用した。裏切り者たちは，何らかの方法で

---

6) *Papers on Methodology,* Copenhagen: Ejlers, 1979の「キャメロット後」の章を参照。

カネをもらった。よくある話だ。愛国心，国益，もしくは家の抵当の名前で。または1度に全部の名前で。

　ラテンアメリカから戻った後，地固めの年月が続いた。PRIO はうまくいっていた。私たちは注目の的となり，世界中からの訪問を受け，グスタフ・ヴィーゲランの彫刻公園とともに旅行ガイドに載るほどであった。素晴らしい同僚・助手・学生がいて，彼らの多くは，戦争・紛争・開発学よりずっと難しい平和学の複雑さよりも，知的「興奮」に魅了された。一種の達成感が心身に堆積し始めた。それが私を不安にさせ始めた。

　政治的には何も達成されなかった。平和はなく，平和研究がごまんとあるだけだった。私の国は今も昔も従属国で，それが私にとって基本的な不幸であった。いろいろな面で気前がよく，親切，穏やかで，発展途上の研究努力を支援してくれ，素晴らしい人たちがいた。だが，しょせんは従属国で，平和の未知の水域にあえて入り，たとえばヴェトナムへの明白なファッショ的侵略のような殺人を現に今も続けている指導的超大国に対して反対することはなかった。スターリン主義の意味するところがなかなかわかっていないと，わずかに残った共産主義者にありとあらゆる侮蔑を浴びせるくせに，歴代大統領下の米国が外国で何をしてきたか見る力がない。ノルウェー政治家の不誠実さを目の当たりにし，私は気分が悪くなった。もし自分がスウェーデン人かフィンランド人に生まれたら，と思う。立ち上る意志と能力を持った非同盟の国だ。だが，出生地は選べない。それから誕生の時期も選べない。これが私の第2の不幸だった。すなわち，70年余の人生の40年以上，私は，まったく不要な「冷戦」の中で過ごさねばならなかった。

　世論調査では，十分はっきりしている。NATO は支持するが，米国外交は支持しないというものである（アメリカ人にはしばしばわからない矛盾だが，西欧「同盟国」を理解する鍵を握っている）。しかし，従属諸国の政府は，米国との結合を維持するために，ありとあらゆる手練手管を用いる。自閉症の水準は，双方で顕著であった。相手が何をしようが，ほとんど気にも止めなかったのである。私は，新しい地平にあこがれた。

チャンスは1968年1月にやってきた。ユネスコが，日本の技術開発に関するプロジェクトの顧問を探していたのである。2カ月間の仕事だった。私に話が回ってきたが，私は，日本のことは全然知らないし，技術のこともわからないと答えた。

　ユネスコにとって，それは拒否ではなく同意であった。先入観のない顧問というわけである。私はサイゴン経由の旅をしたが，サイゴンでは「情勢」に関し専門意見を述べる米国大使に会った。彼は，平和化はうまく行っており，「われわれ」の村の数が増え，ヴェトコンは打倒され，「悪い兆候はない」と言った。3日後テト攻勢が始まったが，私はその2日前に旅立っていた。

　日本は私に稲妻のように突き刺さった。あの日曜日の朝，日本ユネスコ委員会の若く聡明で美しい女性が来日初日の外国人を案内するために空港に出迎えてくれた。現在私たちは結婚30年以上になるが，彼女ほど私が多くのことを(今でも)学んでいる人間はいない。この種の東西プロジェクトは簡単ではないが，不可能でもない(2人の素晴らしい子どもたちは，今でも父親を教育できると楽観的だ)。それ以前私は，刑務所の監房から下から社会を見，ラテンアメリカのスラムから下から世界を見ていた。今や私は，西洋の実践全体を外から見ることになったのである。

　私たちは数え切れないハネムーン旅行をしたが，最も重要なのは，1969年春，ニューデリーからオスロまでの自動車旅行だ。ヨーロッパが近づくと，文子は「あなたはよく，世界の構造を10分か15分で話すけれど，同じようにヨーロッパの歴史を話してくれない？」と言った(後に同じ質問を上の息子がしてきた。翌日歴史の試験にパスしなければならなかったのだ)。私は今でもそれに取り組んでいる。だがそれは，私の仕事の最も重要な部分と見なしているもの，つまり，文明のコードの研究，すなわち私の言うコスモロジーの探求，そしてそれを通じて(これが平和研究の中心になるのだが)直接的暴力・構造的暴力に正統性を与える文化的暴力の研究の基になっている。1例のみ挙げると，ユダヤ人，キリスト教徒，ムスリムが実践している，自分たちは選ばれた民だという観念の問題。東洋では神道における選民思想である。今日では米国人，ロシア人，ボーア人

補論　未来がどんな形をとるか

が似たような観念を抱いている。昨日はドイツ人，イギリス人，フランス人だった。明日は誰だろうか。

　しかし，これでおしまいにしよう（ここまで読み通してきた読者の皆さん，もう報告することがないとか，なぜか旅が終わってしまったというわけではない。旅は全然始まってすらいないかも知れない）。野には今でもチューリップがたくさん咲いている。チューリップを摘んで殺すのではなく，それを楽しみ，それから学び，それに感嘆するために。ただ私は，自分がやりたいと思い，結局編者に約束したこと，つまりどのように自分がコード化し，このコードを自分自身に埋め込んだのか話すことを果たしたのである。決して生まれつきそれが備わっていたわけではないからだ。この目的のために，人生の昔の部分は，ある文化の生命の昔の部分のようになる。すなわち，形成要素となる未来の事物の形はすでにあって，周囲に相応して展開しようとしている。コードが変化しえないというのではない。だがそれは，多くのことを求めている。そしてこのコードによって私は，ある進路を進んできた。それは今でも自分のものだが，努力に値する国際関係唯一の目標，つまり社会制度としての戦争の廃止に向けて貢献することである。歴史の排水溝に戦争を流し，奴隷制や植民地主義と一緒にせよ。家父長制・選民思想ともども。

　今私は，大好きなハワイに向かう飛行機の機内に座っている。この合衆国とは，うまくやっていける。椰子の木，山々，大海原のせいではない（われわれノルウェー人は，山と海がないと長く生きられない。私は贅沢になってしまい，3つ全部必要だ）。いかにしてワシントンが平和の王国を「併合」し，その文化を破壊し，住民をかつての断片に引き下げ，沈みゆくアメリカ帝国での役割を群島に与えたのか甘く考えているわけではない。私が好きなのは，太平洋半球の人々であって，エコノミストたちの言う「パシフィック・ベイスン」の貿易商やその召使いではない。人間が生産能力を発揮してきた多様性を今でも示す彼らの素晴らしい異種性なのである。人間が共生的で公正にならんことを。栄えんことを。太平洋がただ「平和的」だと意味せんことを。この分野におけるプロ向けの訓練プログラムや，ハワイ大学の平和学修士といったわずかな努力が，

253

(単に世界で最初の平和学修士というだけでなく) それへのささやかな貢献にならんことを。

　なぜか？　私たちの専門分野である平和学が一人前になったからである。私たちは一家言持っている。平和は教えられる。人間は教育できる。私たちは十分長い間，資金，紙，インクを消費してきた。払い戻す時機だ。平和学の主要課題である「平和的手段による平和」を果たすために，私たちの能力を高めねばならない。

　そして私は，安全，経済的公正，自由，意味（いずれも平和パッケージの重要な要素である）を求める人類の営為のささやかな一部であることに誇りを感じている。特権に浴したことは明らかだ。これまで素晴らしい人生を送ってきたが，すべては平和の戦いに加わるのに打ってつけであった。ひとたび基本的な決定が下されたなら，すべてが何らかの寄与をしてくれるのである。

訳者あとがき

　本書は，Johan Galtung, *Die andere Globalisierung. Perspektiven für eine zivilisierte Weltgesellschaft im 21. Jahrhundert*, Münster: agenda Verlag, 1998 の全訳である。原題を直訳すれば，『もう1つのグローバル化　21世紀における市民化された地球社会への展望』となるが，邦題は，読者が本書の内容をイメージしやすいように，『ガルトゥングの平和理論　グローバル化と平和創造』とした。

　ドイツ語の原典は，第9章「グローバル化され私有化された市場という場」と補論「未来がどんな形をとるか」を除き，未公刊の英語原稿を独訳したものである（英語原文は，第9章が *Forum for Utviklingsstudier*, Nr. 1 (1990)，補論が Joseph Kruzel / James N. Rosenau (eds.), *Journeys through world politics. Autobiographical reflections of thirty-four academic travelers*, Lexington, Mass.: Lexington Books, 1989 にそれぞれ収められている）。また，第3章「NATOの東方拡大　あるいは第二次冷戦の開始」の長文ドイツ語版は，European University Center for Peace Studies / EPU (Hg.), *Schlaininger Schriften zur Friedens- und Konfliktforschung*, Band 1: Is small beautiful? Die Leopold Kohr-Vorlesung 1997, Wien 1998に掲載されている。

　ノルウェー出身の世界的な平和学者である著者ヨハン・ガルトゥング（1930年生）については，ドイツ語版の監修者，ハーヨ・シュミット・ハーゲン通信教育大学教授による解題があることでもあり，ここで改めて紹介するまでもないだろう。日本においても，京都YWCAの平和学習グループ「ほーぽのぽの会」による『平和を創る発想術　紛争から和解へ』（岩波ブックレット No. 603, 2003年）と，本書訳者の一人である藤田が共編著者となった『ガルトゥング平和学入門』（法律文化社，2003年）がそれぞれ3刷に達するなど，熱心な読者が数多く存在する。

「平和」・「紛争」・「開発」・「文化」の主要4部で構成される本書は，ガルトゥングの平和学に初めて接する者にも，年来それに取り組んできた者にも，大いに関心を喚起される記述で溢れている。加えて，彼の生い立ちや学問的・実践的遍歴を，平和研究の発展と関連づけて綴った補論は，非常にユニークな文章で，本書をいっそう魅力あるものにしている。

　冷戦の終結は，平和研究をめぐる状況にも重大な変化をもたらした。超大国による地球大の対立から，より小規模な地域紛争へと問題状況が移行したことに関連して，ガルトゥングは，暴力の主たる源を，人間の基本的ニーズにかかわる紛争に見出している。その際，いかなる場合でも，暴力は不可逆性をもたらし，紛争転換を阻害する。言い換えれば，紛争の暴力的解決は，相手側に報復主義の芽を残し，自らも暴力の文化を内在化してしまうのである。

　本書はまず第Ⅰ部「平和」において，平和ワークとしての政治，診断から予後を通じて治療に至る平和研究の課題，平和維持における軍の新たな役割の可能性を論じている。とりわけ重要なのは，平和を創造する上で，さまざまなアクターが，非暴力・創造性・共感の原則に則って，紛争転換の準備を行うことである。

　第Ⅱ部「紛争」では，冷戦後の地政学が「アジェンダ喪失」（未来を約束した社会主義とこれに敵対する戦いの双方が意義を失った）と解釈され，米国・EU・ロシア・トルコ・インド・中国・日本という新しい覇権勢力を伴った21世紀の多極世界が予測されている。

　第Ⅲ部「開発」では，経済発展に即して，5つの道を色別に区分している。社会主義（赤）は国家・計画・官僚制，自由主義／資本主義（青）は資本・市場・企業に規定され，その中間に社会民主主義（ピンク）がある。それに対し，日本主義（黄）は，国家と資本，計画と市場，官僚制と企業を結びつけている。第三世界になお根づいている第5の道（緑）は，ローカル志向で，家族・仲間・村落を最も重要な基準点とする。ガルトゥングは，「商人の時代」が冷戦という軍隊の時代に取って代わったものの，地球の生態系的バランスを保つのはもとより，万人の基本的ニーズを満たす状況にないため，アナーキズム・ガ

訳者あとがき

ンジー主義・毛沢東主義とも結びついた「緑」の道にこそ，将来の展望があると論じている。世界のあちこちで，市場経済システムへの異議申し立てが起こるとの予測から，彼は新しいローカルな運動とNGOの国際ネットワーク化に期待を寄せている。「成長」概念に固執して，無限の「経済発展」を目指し，画一的な「合理的経済人モデル」を強要するのではなく，生存・福祉・アイデンティティ・自由の人間開発・社会開発を志向することこそが，原題にある，公正で連帯的な「もう1つのグローバル化」の実現に繋がるのである。

　第Ⅳ部「文化」は，1960年代に「直接的暴力」・「構造的暴力」のパラダイムをうち立てたガルトゥングが，90年代に入って「文化的暴力」という概念を提起するに至った考察の深まりを反映している。とりわけ，宗教（より一般的には世界観）の「ソフト」な要素を強めることの重要性を説いているのは，サミュエル・ハンチントンの「文明の衝突」論に対する重大なアンチ・テーゼと言える。

　ドイツ語原典の出版が1998年であり，英文の元原稿の執筆がさらにそれ以前の時期であったことから，本書の叙述が，一定の時代的制約を受けていることは，もちろん否定できない。しかしながら，平和研究者であり，平和活動家であり，政治助言者であり，紛争調停者でもある著者の基本的な分析視座と世界認識は，確固として旺盛な知的生命力を放ち続けている。それどころか，「『平和＝指導者が署名した文書』という誤解が支配しないように，100，1000の平和対話が栄えなければならない」（本訳書193頁）といった指摘など，本書は，「9・11」事件を奇貨として，「対テロ戦争」の名の下に，国際的には，単独覇権国家が，日本など忠実な「同盟国」の支援を得ながら地球大の軍事化を推し進め，国内的には，各国の権力者がそれぞれに，強権的な治安・福祉解体政策を繰り広げている今日の閉塞的状況を克服する重要な手がかりさえ与えてくれているように思われる。

　訳出に当たっては，シュミット教授から元の英文原稿の提供を受け，ドイツ語版と比較対照しながら作業を進めた。両者の間で食い違いがある場合には，その都度どちらの文言を採用するか判断した。本文の記述のみでは難解と思わ

れる箇所には最小限の訳者注を施すとともに，脚注の文献データも逐一点検し直して適宜補正し，読者の便宜を図った。手順としては，まず，日本語版への序文・第Ⅱ部・第Ⅲ部を小林が，解題・第Ⅰ部・第Ⅳ部・補論を木戸が下訳した上で，藤田が加わり訳文の再検討を重ねるという形態をとった。

　正直に告白して，あらゆる過程において，翻訳作業は円滑には進まなかった。言語系統上，同じインド・ヨーロッパ語族ゲルマン語派に属する英語からドイツ語への翻訳ですら相当苦労した様子が窺えるのに，音声・音韻も文法もまったく異なる日本語にどのように正確かつ平易に直せるのか，訳者たちはしばしば立ち往生せざるをえず，著者にも幾度となく直接問い合わせた。世界的に高名なガルトゥングの膨大な著作数に比べ，日本語に限らず，翻訳ものが必ずしも多くないのはなぜなのか，今にして納得した思いがする。それはともかく，簡潔で高度に洗練され，時には詩的でさえあるガルトゥングの文章を丁寧に訳出するよう心がけたつもりではいるが，なお思わぬ誤りがあれば，ぜひご教示いただきたい。

　本訳書の出版を思い立ってから，実に丸4年が経過してしまった。遅々としてはかどらない翻訳作業を忍耐強く見守ってくれた法律文化社編集部の小西英央氏には，感謝の言葉もない。

　　2006年5月9日

　　　　　　　　　　　　訳者を代表して

　　　　　　　　　　　　　　　木　戸　衛　一

著者　ヨハン・ガルトゥング

　　　1930年生。前オスロ国際平和研究所所長。現在，平和と開発のためのネットワーク「トランセンド」を主宰。1987年度ライト・ライブリフッド賞（もう1つのノーベル賞と呼ばれる）受賞。著書は *Peace by Peaceful Means : Peace and Conflict / Development and Civilization*, SAGE, 1966 など多数。2003年よりトランセンド平和大学（TPU）を主宰している。

訳者　木戸衛一（きどえいいち）　大阪大学大学院国際公共政策研究科助教授

　　　藤田明史（ふじたあきふみ）　立命館大学・大阪女学院大学非常勤講師

　　　小林公司（こばやしこうじ）　北海道東海大学国際文化学部教授

2006年8月10日　初版第1刷発行

ガルトゥングの平和理論
―グローバル化と平和創造―

著　者　ヨハン・ガルトゥング
訳　者　木戸衛一
　　　　藤田明史
　　　　小林公司
発行者　岡村　勉

発行所　株式会社　法律文化社

〒603-8053　京都市北区上賀茂岩ヶ垣内町71
電話 075(791)7131　FAX 075(721)8400
URL:http://www.hou-bun.co.jp/

© 2006　E. Kido, A. Fujita, K. Kobayashi
Printed in Japan
印刷：共同印刷工業㈱／製本：藤沢製本所
装幀　白沢　正
ISBN 4-589-02957-X

ヨハン・ガルトゥング／藤田明史編著
ガルトゥング平和学入門
A5判・242頁・2625円

ガルトゥングの平和理論の概念装置を体系的に提示し，その実践方法である「紛争転換」について概説。また，同理論的立場からテロを巡る言説，東アジアの平和構想，平和的価値創造，非合理主義批判などを検討する。

岡本三夫・横山正樹編
平和学のアジェンダ
A5判・242頁・2415円

平和学の到達点をふまえ，グローバル時代に求められる新たな構想・方法・対象を提示する。戦争，テロ，憲法9条，NGO，沖縄，大学，セクシュアル・マイノリティ，エンパワメント，エクスポージャー等を対象に真の平和を探求する。

郭　洋春・戸﨑　純・横山正樹編
環境平和学
——サブシステンスの危機にどう立ち向かうか——
A5判・260頁・2100円

生存のための自然環境・社会基盤（＝サブシステンス）崩壊の危機に有効に立ち向かう理論として脱開発主義・サブシステンス志向の環境平和学を提唱する。深刻化する諸問題の解決のために新たな分析ツールの必要性を訴える。

川村暁雄著
グローバル民主主義の地平
——アイデンティティと公共圏のポリティクス——
A5判・256頁・3360円

公正なグローバル社会の実現は可能か。D.ヘルドやJ.ハーバーマスの理論をもとに解明。地球的な公共圏と地球市民アイデンティティの役割の分析をもとに，グローバル討議民主主義の可能性をさぐる。

ポール・ロジャース著／岡本三夫監訳
暴走するアメリカの世紀
——平和学は提言する——
A5判・242頁・2310円

21世紀のいまもなぜ戦争が起こるのか。紛争を生み出す根本原因について，軍事的要因のみならず，不公平な世界システムや環境破壊なども含め，包括的に分析。暴力を増大させる既存の安全保障を再考し，新しい安全保障パラダイムを提言する。

ロレイン・エリオット著／太田一男監訳
環境の地球政治学
A5判・350頁・3675円

地球環境問題の歴史的変遷をふまえ，諸問題群を理論的に考察。最新の研究成果をふまえて今日的課題を検討し，問題解決への方向性を示唆する。「持続可能な開発」と「環境の安全保障」を詳細に検証し，女性と先住民族にも言及。

――法律文化社――

表示価格は定価（税込価格）です